文化与主体

董尚文 霍桂桓 主编

中国社会科学出版社

图书在版编目(CIP)数据

文化与主体／董尚文，霍桂桓主编．—北京：中国社会科学出版社，2020.6

ISBN 978-7-5203-4344-2

Ⅰ.①文… Ⅱ.①董…②霍… Ⅲ.①文化哲学—中国—文集 Ⅳ.①G02-53

中国版本图书馆CIP数据核字(2019)第080111号

出版人	赵剑英
责任编辑	冯春凤　刘亚楠
责任校对	张爱华
责任印制	张雪娇

出　版	中国社会科学出版社
社　址	北京鼓楼西大街甲158号
邮　编	100720
网　址	http://www.csspw.cn
发行部	010-84083685
门市部	010-84029450
经　销	新华书店及其他书店
印　刷	北京君升印刷有限公司
装　订	廊坊市广阳区广增装订厂
版　次	2020年6月第1版
印　次	2020年6月第1次印刷
开　本	710×1000　1/16
印　张	18
插　页	2
字　数	293千字
定　价	108.00元

凡购买中国社会科学出版社图书，如有质量问题请与本社营销中心联系调换
电话：010-84083683
版权所有　侵权必究

《中国文化哲学研究》学术编辑委员会

李鹏程	霍桂桓	邹广文	丁立群	张再林
陆杰荣	何　萍	洪晓楠	邴　正	张曙光
董尚文	鉴传今	贾红莲	薄洁萍	赵　涛
赵　虹	许　明	肖俊明	何蔚荣	胡传胜
段　钢

本期主编　董尚文　　霍桂桓

编 者 按

经过了比较漫长的等待之后，这部作为《中国文化哲学研究》第二辑的《文化与主体》，终于在华中科技大学人文学院和中国社会科学出版社的继续支持下，即将面世而接受广大读者的批评和检验了。为了便于大家更加充分地了解本书，下面把相关情况尽可能简要地介绍一下。

本辑《中国文化哲学研究》之所以定名为《文化与主体》，主要是因为在我们看来，我们的研究者在进行文化哲学研究的时候，往往倾向于努力把作为被研究对象的文化对象化、进而尽可能将其客观化；尽管从严格的学术研究规范出发来说，努力贯彻价值中立的基本立场、使被研究对象对象化和客观化是完全必要的，但是，作为被研究对象的文化毕竟不同于一般的、纯粹客观的自然科学研究对象，而是与包括作为主体的研究者在内的任何一种现实社会主体都有着千丝万缕的紧密联系——其中最根本的，无疑就是文化既源于主体、又塑造主体。这样一来，在进行文化研究和文化哲学研究的时候，作为主体的研究者便显然不应当再仅仅停留于简单地照搬原来的、以价值中立的名义来坚持的、完全把文化视为与主体无关的纯粹客观对象的方法论立场，而是应当通过进行可能严格深入和系统全面的哲学批判反思，通过对研究主体和被研究对象都进行必要的学术定位，通过逐步厘清主体与文化之间存在的诸多复杂的相互生成关系，来逐步探讨和运用真正适合于进行文化哲学研究的方法论立场，从而使我们的文化研究和文化哲学研究能够得到进一步的健康发展！这样一来，探讨、研究和论述文化与主体的诸方面复杂关系的任务，也就自然而然地浮现出来了。

正是基于这样的基本考虑，当以董尚文教授为首的华中科技大学人文学院提出愿意参与中国文化哲学论坛的学术活动、承办我们的第十一届"中国文化哲学论坛"的时候，我和他便一拍即合，当即达成了以"文化与主体"为研究论题，在 2016 年 11 月底之前于武汉召开第十一届"中国文化哲学论坛"的合作意向。

在以欧阳康教授为代表的华中科技大学校方暨人文学院诸位同人的积极参与和大力支持下，此次"中国文化哲学论坛"如期于 2016 年 11 月 25—27 日举办，并取得了圆满成功！尤其令人欣喜的是，此次论坛不仅和以前一样得到了以往积极参与的学界同道的热情关注和大力支持，而且还涌现出了不少"新面孔"，而这显然从一个重要的侧面表明，我们"中国文化哲学论坛"的学术关注度正在快速提升、学术影响力依然在不断扩大！毋庸赘言，作为本届论坛的学术成果之集大成的本书，其所收集的诸篇论文也比较突出地说明了这一点。当然，无论是本届论坛、还是作为其学术成果之集中体现的本书，都不可能是十全十美的——比如说，由于本届论坛的论题具有一定程度的超前性和不同于以往的复杂性，加上国内学术界在十多年之前就曾经热议过主体性问题，有些朋友当初对此论题的反映便是"似曾相识又不易下手"，因而本届论坛的研讨和论文在比较充分地体现研究者从各不相同的角度探讨文化与主题的关系的丰富多彩性的同时，也在一定程度上表现出了论述不够集中、探讨不够深入的缺陷。显然，这既表现了这个问题的复杂性和我们在研究并解决它时所面临的艰巨性，同时也表明了我们在这个方面所进行的工作仅仅是一个"开端"。既然如此，就让我们怀着"良好的开端就是成功的一半"的美好心愿，继续努力探讨、砥砺前行吧！

最后，衷心感谢一直以来关心、爱护、积极参与和大力扶持"中国文化哲学论坛"的所有学术同道，特别感谢以欧阳康教授、董尚文教授为首的华中科技大学人文学院诸位同人！让我们继续秉持纯洁的学术旨趣，把"中国文化哲学论坛"办得越来越好，让《中国文化哲学研究》能够为不断推动中国的文化研究和文化哲学研究健康发展，发挥越来越大的作用！

是所望焉，谨序。

霍桂桓

2018 年 8 月 25 日于北京西郊世纪城寓所

目　录

从"主体性"到"主体间性"再到"MITSEIN" …………李鹏程（ 1 ）
论主观随意性在哲学研究和文化哲学研究中的主要表现……霍桂桓（ 16 ）
论"自我" ……………………………………………………张曙光（ 30 ）
文化自觉的主体性维度 …………………蔡后奇　洪晓楠（ 44 ）
文化大发展抑或文化大危机 ………………………………王晓升（ 60 ）
文化工具论 …………………………………………………韩东屏（ 73 ）
生活世界视域中文化传统的现代性意蕴 …………………梅景辉（ 86 ）
全球化境遇中的文化主体性守护的三条可能进路 ………胡军良（ 98 ）
伽达默尔"游戏论"的现象学意义 …………………………何卫平（112）
无法消解的主体性：论德里达对于语言学的后主体性建构 …曹　瑜（147）
语言—历史中展开的场域 …………………………………陈艳波（158）
自由意志与物理世界的相互作用 …………………………蔡恒进（171）
"主体"与"结构"的双重变奏 ………………………………李　聪（179）
康德的"喜悦的心情" ………………………………………袁　辉（198）
对罗尔斯式正义的主体性分析 ……………………………舒年春（212）
词语有其自身的生命 ………………………………………何　涛（224）
当代中国话语体系的三原色 ………………………………陈　刚（231）
法哲学的缺失与中国传统法律文化的终极预设 …………董尚文（242）
试论李泽厚"天人新义"的思论路径与现实指向 …………罗绂文（251）
传统文化的思想工作维度 ………………别祖云　赵若兵（260）
走向社会主义的澄明之境 ………………冯旺舟　罗玉洁（269）

从"主体性"到"主体间性"再到"MITSEIN"

李鹏程[*]

从改革开放解放思想以来,"主体性"这个概念已经被时冷时热地持续讨论了三十多年,今天再把它拿出来作为学术话题,看起来似乎有点过时。但回顾三十多年来中国学人的普遍的思想文化倾向的真实状况,我觉得哲学界似乎仍然有必要对这个概念进行继续深入的讨论和探索,以至于很有可能还要进行一些必要的争论。

根据这种情况,我认为主要应该在下述两个方面进行工作。一方面,是对"主体"与"主体性"概念本身进行进一步的研究;另一方面,就是把"主体性"概念看作中国现代思想史上第二次思想解放运动[①]的一个持续性话题,反思这个概念在"文化大革命"之后的三十多年间对中华民族文化重建的发展的思考的意义,以及这个概念本身在它被应用的过程中的"持续生成史",包括对这个概念的研究史(诠释史),这样我们就有更多的可能性对它在文化进步意识的维度上所经历的概念升华过程,做出一些有意义的逻辑化诠释。

本文试图对这两个方面都进行一些议论,想法中如有失之肤浅和偏谬之处,敬请各位同行友好不吝指正。

---

[*] 作者简介:李鹏程,中国社会科学院哲学研究所研究员。
[①] 中国现代思想史上第一次思想解放运动是五四运动。

第一　主体性概念意义的再探索

1. 对这个概念的思想史和概念史的一些自我回顾

早在 36 年前的 1980 年，人民出版社出版了一本论文集《人是马克思主义的出发点》。其中收入了我写的一篇文章，文中的一个小标题就是："人是主体"。那么，当时对主体性的理解是怎么样的呢？文中写道："人不但不能安于如本文第一部分所述的那种劳动力的奴隶地位，而且决不能安于大工业生产中作为机器的附属物和技术的信徒的地位，不能安于社会化大生产给人自己造成的社会灾难。""因为人是主体，人应该是主体。"[①]接下来通过对马克思主义创始人思想的阐述（援引《德意志意识形态》手稿和《1844 年经济学哲学手稿》）论证了这个论断。在我的这篇文章中，主体性概念与另外三个概念有关：一个是在该文第一部分"人是创造者"中所说的"创造者"，另外一个是社会化大工业生产的"主体"，还有一个判断式的概念，就是"人是目的"。创造者概念要求"重视劳动者的主人地位（他们的人格和人的尊严），重视人的现实的物质生活和精神生活，重视人是一个丰富、完整、具体的人。"[②]而生产主体的概念要求"致力于消灭体力劳动和脑力劳动的差别，文化教育应该普及化，技术只在对人有利的条件下才被采用"。"完全可能防止人向愚昧和智慧的两极分化，也并不形成对反人性的技术的迷信和宗教崇拜。"[③]同时，第三个概念，这个判断式的概念"人是目的"，学哲学的人都知道这是康得道德哲学的核心命题。我在文中写道："人是四个现代化的唯一目的。""四个现代化是属于人的社会的现代化，所以它的核心是人的现代化，是为了人的现代化"[④]"人是目的，就表现为现实的人是目的。离开了现实的人的目的去谈'人的目的'，这个目的就必然是反人性的。"[⑤]文中提出了把人这

[①] 李鹏程：《四个现代化与人》，《人是马克思主义的出发点——人性、人道主义问题论集》，人民出版社 1981 年版，第 30 页。

[②] 同上书，第 27 页。

[③] 同上书，第 33 页。

[④] 同上书，第 36 页。

[⑤] 同上书，第 41 页。

个主体从"文化大革命"时代盛行的"依附论""对观念和神的崇拜""对虚幻的过去与未来的迷信""对抽象的集合概念的神圣化"等反人性的思想牢笼中解放出来的拨乱反正的文化批判任务,提出了以"解放人、发展人、造就新人"为基本方向从而使人主体化成为社会和历史的主体的文化任务。当时对人的主体性的这些看法和阐述,在今天来看是否有意义?似乎这也是我们在历史已经天翻地覆的36年后的今天讨论主体性问题的题中应有之义。

可以看出,30多年前对问题的处理态度,明显表达的是两个方面的思路,一个思路是对马克思著作文本中关于"人的解放"为大构架的社会历史思想作一种挖掘式的学习和有理有据的理解,另一个思路就是密切针对当时的社会问题,其中包括了把自己社会生活经历的感性材料哲学理论化的尝试。因而在今天看来,这些论述显得有些老套,话语情景已经过时。但其思路中尚有可鉴之点滴。

2. 当下讨论主体性概念的几个维度

从总体上说,经过多年的讨论和争辩,主体和主体性这一组概念的肯定性的(positive)含义,即它在文化逻辑思想史上的积极含义,逐渐被国内哲学界所认同和接受。这个积极的逻辑意义就是:人通过自我肯定和对自我意识的领悟与发挥,达到人在思想上和行动上的文化解放,从而进一步达到自由。自由是文化概念和文明概念的思想逻辑的高点,尽管每一个时代这个高点的形态是具体的、各不相同的。马克思继承"德国古典哲学"[①]的财富而进一步发展和升华了从自我意识到自由这一文化思想的理论逻辑的过程的指称意义。

今天,为了在一个新的思想高度上来理解和阐释主体性这个概念,我们应该关注从文化哲学视角来研究主体性问题的下述维度:

A. 主体与客体。这是在认识论维度上对主体性的阐释。"认识"是人的文化活动的一个层次。在这个文化层次上,主体是认识者,他所面对的"对象"以至于认识者思想关注的全部身外之物(即"思想对象"),则是被认识者,也就是"客体"。在认识论维度上,对象,即客体,可以

[①] 这个表述之指称是大家都理解的。对这个词组的翻译暂且不作讨论。

是自然界中的物体，也可以是社会历史范围内的他人，还可以是设定自身为认识对象的自我。在这种主体—客体的认识论结构中，主体的活动（此时是认识活动）的目的是力求获得关于对象即关于客体的"知识"。在这种情况下，主体活动就是知识活动，活动的成果就是"科学"体系和在这个体系中具有理论逻辑自洽性的判断和结论——真理。所以，科学门类的划分就是主体的知识活动的各个领域和各个方面（如数学、物理学、天文学、化学、生物学等）。而此时进行活动的主体所持有的哲学方法（如观测方法和实验方法）实际上就是科学方法。这就是人类的"知识"文化。人作为知识文化的主体，是人作为文化主体的奠基性的、初级的形态。整个人类文化史都显示，人成为文化主体的第一步，也是世世代代人要做有资格的文化主体的必要之步，就是掌握知识。所以，在这个意义上，人要成为主体，就必须在"客体"意义上把握"对象"：知道自然界、知道他人、知道自我。

B. 主体即实体。上述把握，即"知道"，存在于主体与客体二分的"对待"（相对而存在）的态势中。主体对客体的实践活动，即观测和试验（反复试错的对待活动），对于主体来说仍然是一种二分的、外在性的文化活动。但在这种文化活动过程中，主体逐步意识（中国人所说的体悟）到，对客体的把握就是外部世界主体化（归属于主体、为主体而存在）的过程，至此，主体就有信心把自己和自己把握客体的能力，即"主体能动性"，理解为使世界成为自己的世界的一切可能性。因而，此时主体就意识到自己是文化世界的实体。这个主体（即实体）通过对对象进行"自我能动性的把握"（高于观测和实验的外在性把握），通过设定外物、使之成为意识的对象化（物化、外化）形成差别世界的文化意识，然后"知道"这个被外化了的差别就是自己本身的差别，因而就能够使这个差别复归于主体自身，把外在客体内在化为主体的一种存在形态，而统一于主体自身。这种兼有实体属性的主体，它的根本特性就是"主体能动性"。因而我们可以称它为"能动性主体"或者文化"过程主体"。这种主体能动性，实际上是对人类的文化能动性和文化创造力的一种描述方式。

C. 主体论的局限性。是否为主体只是相对的，例如它与客体是相对的。这个时候我们是在知识学的维度上来谈论主体的：主体是相对于客体而言的，没有客体也就谈不上主体；换言之，一谈主体，必然要涉及客体，所以，主体客体二者密切相连，是互为存在条件、互为关联性的概念。那么，进而言之，在哲学本体论的层面，在社会哲学和文化哲学的层面，主体论并不可能成为绝对主体的理论。我认为，一切主体都是有外界条件即周围条件（Umwelt）的，没有绝对主体的存在。例如，我在1988年曾经写道："当代人类社会历史发展的现实状况，一方面要求人能够认识并充分发挥自己认识世界和改造世界的主体能动性；另一方面要求人们要有现代性的自知之明，要求人们无论在对待自然界还是在对待社会问题上都必须采取更加理智的态度。人类必须把自己的能力、愿望与自己的有限性联系在一起进行思考。"[1]我在1991年写道："人只是在十分有限的范围内成了自然的主宰，而在宏观的乃至以天文的尺度衡量的浩瀚宇宙之中，人仍然是被物所主宰着。从这个意义上说，人的主体性是有限的，而人的非主体性是无限的。"[2] "社会哲学中人的主体性理论，只是一种批判性的意识形态。……强调人的个体的主体性的人文主义对于旧的封建的社会体制和社会秩序，有着强烈的批判和瓦解的功能，但是，它只具有这种破坏性，而……缺乏关于社会结构和社会秩序的意识。这正是主体性理论作为一种社会哲学的根本缺陷之所在。"[3]在文化哲学维度上，生命的主体性因现实生命的有限性而具有有界性、有限性和被制约性，它并不是绝对主体；在价值领域，价值"人的任何动机、目的、意志和理想等，都是在一定的文化条件下的价值表现。如果没有外在于人的文化条件，这些动机、目的、意志和理想，都是无原由、无根据的。"[4] 进一步在大文化的维度上来说，绝对主体的思路，即"人的太阳的升起"，实际上是西方中世纪神学的世俗版："人学代替了神学"，"人也就代替了全知全能全善的神""天国的理论被原封不动地搬到了地上"[5]。

D. 探索"绝对主体"问题的可能性。那么，到底有没有"绝对主体"呢？谈两点。第一点，从当代文化哲学研究来说，从哲学人类学的

---

[1] 李鹏程：《论人的主体性层次》，载于《江海学刊》1988年第3期，第94页。
[2] 李鹏程：《论主体论哲学的意义及局限》，载于《社会科学》1991年第1期，第54页。
[3] 同上书，第55页。
[4] 同上书，第57页。
[5] 同上。

"文化动力学"的研究来说，我们可以看到，文化"动因"的主体性，确实是一个只有人才具有的、内在于人自身的"绝对规定性"。这个绝对规定性，就是绝对主体的概念。从这个意义上来说，"文化主体性"似乎应该被设定为"先验"的（这里暂时回避对先验方法论的各种复杂的哲学诠释），是人作为文化主体的先验属性。这样一来，文化哲学中所说的文化创造性活动，就是人以自身的先验规定性来"干预"（干涉、涉入）生活世界的活动。关于"这个绝对主体性的问题"，这里暂时不展开论证，现在先把它提出来，需要我们大家在文化哲学的维度上，以实践哲学方法论和形而上学方法论进行更深入的探索。此外，第二点，绝对主体的另外一个意义，就是从个体修养和个体成长的文化使命来说的。东方的诸家文化思想都十分看重个体修养或者修炼、修行的问题。个体在自身的生命途程中如何培养自己，如何使自己成为一个高素质的人，这对个体的"立身""处世"是大问题。不管人信奉哪一家学说，"修己"都是人生必须承担的文化使命。这也就是对主体的绝对意义的另外一种诠释。

第二　从主体性到"主体间性"

1. 多主体文化世界的形成

主体性问题的视域，在人类文化（文明）历史发展还没有形成"多主体存在意识"的阶段，尤其是在西方启蒙运动的文化史时期，有两个问题意识：一个是人如何发挥自己的强大的能力改造（征服）自然界、使自然界"人化"的文化问题，另外一个是人作为生活世界的主体如何通过受教育提高自己的独立个性的（文化）素质（从而一起来建构一个文化社会）的问题。西方启蒙运动大体上就是在这样的思想维度上进行思考的。今天在中国鼓吹启蒙运动的学者们大体上也是在这样的思想维度上阐述自己的文化理想的。

同时，在"多主体存在意识"出现以前，西方思想家观察和处理人的问题，基本上有三种理论。第一种，人就是（天赋的）"普遍人性"的承载者。这就是人类"同质论"；第二种，在普遍人性基础之上，人有上智下愚之分，拙劣与德行之分，从而形成"统治"与"服从"的非平等关系。黑格尔在《精神现象学》中概括"前平等时代"的人间关系为

"主奴关系"，这就是"主奴关系论"；第三种，针对非欧洲人、非基督徒而言，他们都是应该被归属于禽兽动物类的"野蛮人"，这就是"异类论"。主奴关系论在西方启蒙运动中被批判，强化了对普遍人性的诠释，西方启蒙运动的一个强概念——"平等"被（以不同的方式）推出，随此而来的是对人的知识能力的（潜在）平等和精神价值平等的论述的展开。而异类论则仍然是启蒙运动思想家观察欧洲以外的世界人类的基本思维方式（如黑格尔在《历史哲学》中对东方世界的信口妄言。福山甚至在前几年还在重复黑格尔的陈词滥调[①]）。

那么，是什么样的实践力量和思想力量推动了欧洲思想家开始改变他们在主体性问题上所持的欧洲地方性的偏狭成见而不得不对全世界人类文化（文明的多种形态及其差异）逐渐形成一种比较客观公允的态度，从而逐渐达到对所谓的"野蛮的""未开化的""他者"的主体性的"承认"呢？应该说主要是三个推动力因素：一个因素是欧洲民族文化（文明）内部的市场契约论作为资本主义的普遍秩序理论的形成；另一个因素是"大航海时代"伴随"新大陆的发现"的海外掠夺和殖民主义的所谓"开拓"，天主教耶稣会士在传教过程中对欧洲之外的人类诸多文化（文明）的知晓和熟悉；最后一个因素，就是"人类学"研究世界诸多民族文化（即文明）的学术成果对欧洲学术界的启发。这些学术成果告诉欧洲人，天外有天，国外有国，人外有人。总而言之，"多主体文化世界"的概念，不仅是以文化（文明）意识的"一与多"的逻辑关系推断出来的，且在文化的实践哲学的维度上，它是人类近代历史从地方史向世界史演变的实际过程的产物。

2. 多个文化主体间逐步走向承认的交往过程的诸形态

多个文化主体的存在的思想意识前提，是属于不同文化（文明）的人的互相"承认""他者""为""人"。"承认"是一种主体行为，"为"（als…, as…）是一个判断的可能性，"人"是作为判断的宾词，这个宾词具有（即内涵有）人性的基本规定性加上各个不同文化（文明）内在的特殊人性规定性两部分内容。也就是说，在多个文化主体存在着的文化维

[①] 可参见福山《历史的终结与最后的人》，广西师范大学出版社2014年版。

度（文化场域）内，不同文化（文明）中的每一个人的主体性，都由两部分人性内容所构成：第一部分是人性的基本规定性，第二部分是人所从属的文化（文明）的特有的人性规定性。这样一来，主体性概念由原来的一个同质的诸规定性的单纯概念，变成一个既有同质要素、又有不同质要素的复合概念。用主体性含义的这种构成性的变化，我们可以考察主体间相互承认的历史（与逻辑相统一的）过程的阶段性。

在第一阶段，在抛弃掉"唯欧洲人为人"的狭隘意识后，承认世界上各地不同文化（文明）的人也都是"人"，而其他文化（文明）的人也承认欧洲人为人。但是，各自都认为对方是与自己不同的人。这个阶段，还是互相开始接触、互相观察和进行了解的阶段，都认为各有地盘，各有风俗习惯，各有自己的语言（文字）和生活方式，人种不同，不好来往。这个阶段是文化（文明）多样性"呈现出来"的阶段。在这个阶段，不同的文化（文明）相互间到底有哪些共同的东西（共同普遍性的东西），有哪些不同的（差别性的）东西，还没有明确的认定。

第二阶段，是对互相的共同性和差异性进行互相认定的阶段。在这个阶段，互相通过交往开始逐步熟悉起来，开始"知道"并"判断"对方的实际情况，也就互相开始设定与对方进行交往的可能性。这个阶段的主要的进展是在互相比较中明确"差异"，从而形成"强"文化（文明）与"弱"文化（文明）的相对性概念。强弱差异的意识，决定了互相的对待态度。这个阶段的互相沟通与来往，完全以强弱关系判断为基础，并设定以自己对对方的实际需要为交往目的。所设定的这个目的的实现，一般采取两种手段：一种是以绝对的强力进行掠夺（抢劫与战争，又堕落到非主体间关系的逻辑，在此不予继续论述）；一种是在认为可和平交往的情况下，利用双方需求的差异性，满足对方的目的，以实现自己的目的，比如进行互通有无的贸易（甚至是以互通有无为形式的、随机性的不平等贸易）。在这个相互交往的过程中，双方都逐步对对方的优势和劣势以及（通过与对方交往逐步了解）自己的优势与劣势有了逐步深入的理解。这种"差异性交往"是形成文化间性的交往的真正开始阶段。

第三阶段，如果说差异性交往是以图谋自己的需要和利益为单纯目的的话，那么，随着差异性交往的经常化和继续深化，双方都逐步形成需要和利益的"互相相关性"意识。逐步认识到自己的需要和利益与对方的需要和利益的"正相关"的关系。于是，开始形成"互助意识"，随着互助意识的发展，再进一步地形成"合作"意识。主体间关系到了这个阶段，构建"文化间共同体"的意识也就水到渠成了。

为了简要地表达这三个阶段的关系，我在 2000 年对跨文化交往的这三个阶段，分别使用了三个英语词来表述[①]。这三个英语词是：crossculture、interculture 和 transculture。我们在过去多年的资料翻译中把这三个词都翻译为"跨文化"。在跨文化研究的初起时期，以拉丁语为基础的欧洲诸语言的研究写作者，表述"跨文化"概念时，对各自分别使用了这三个词。英语写作者目前使用比较多的是 interculture 这个词，而现在我们用这三个词分别固定地表达跨文化交往关系的三个不同阶段，这三个不同的拉丁语前缀与我们所说的三个阶段的意义大体相吻合。

3. 文化主体间性：交往规则与世界秩序

多文化主体的时代，是一个诸种文化存在着且互相承认为主体、并根据各主体的自我需求有意进行交往的时代。

这就形成一种在多元文化存在、在多元文化相互承认的基础上的交往关系。这种交往关系的性质，就是文化主体间性。

文化主体间性的内在规定性基本上有三个。首先是质的规定性：交往规则和世界秩序；其次是量的规定性：交往规模和交往频繁程度；最后是间性的升华水平，即文化间性转化为新文化实体性的成熟程度。

对上述三个规定性具有决定性意义的一个重要概念，就是文化主体间的均衡。这里所说的均衡是什么意思呢？用古典人文主义的话语来说就是"平等"。如果把平等不是只看作抽象的人文理想目的，而要探讨现实世界的真实的文化主体间的关系，那就需要讨论主题间的均衡问题。而均衡与我们前面谈到的"强文化"与"弱文化"的概念有关。

主体间的交往需要"规则"和"秩序"。规则就是交往双方或者多方都要遵守的行为规范，而秩序就是一系列理性规则在交往空间和交往时间中的系统化模式，如西方社会的契约原则和市场秩序。

[①] 我在 2000 年北京第二外国语学院举办的一次跨文化研讨会上的发言中，提出了对跨文化交往进行三个不同阶段划分和对其进行表述的意见（未发表过的发言稿）。

一般来说，规则的内容，最初决不是抽象地从商议（相互商量）中产生的，而是由强主体一方或者"主动交往"一方提出的。如果强主体一方又是主动一方，那么，它提出的规则要能够成为双边的或者多边的交往规则，它就不能只从自己的利益需求和兴趣出发，它必须考虑（顾及）对方（或者诸他方）的利益需求和兴趣，这种顾及实际上总是以一种"均衡化"的理性原由而被陈述的。如果没有这种"顾及"，没有在利益方面的"一定让渡"，主体间交往关系就不可通过商议而成立；同样，如果弱主体是主动要求交往的一方，那么，交往关系只有在强主体一方对弱主体一方提出的包含着双方（或者多方）利益需求关系的均衡性意向的理性陈述"允诺"后，即在实质上是"愿意让渡"自己作为强势主体的部分利益的情况下，交往关系才能成立。西方市场契约论所描述的自由市场上的双方"同意"的"平等"地进行买卖交易的自由平等，确实是对中世纪贵族与农奴的封建附庸式的"主奴关系"的超越与批判，但是资本主义市场交换过程中双方似乎"轻轻松松""高高兴兴"达成的"公平"交易的情景，也并没有从实质上达到一种主体间性关系，这种平等只不过是资产阶级启蒙思想家的抽象的世俗乐观主义的天真理想而已。有产者同意发给工人可以养家糊口的工资，工人同意到工厂来从事繁重的体力劳动。在双方这种"同意"的条件下签订的契约，难道也算是"平等"契约吗？从这里我们可以看出，在资产阶级启蒙运动的契约论中，并不存在均衡理性这种平等，所以，有产者和工人的关系并不是主体间关系。也就是说，资本主义的"契约平等"理念所阐述的关系并不是主体间性。

立足于对"契约论"的抽象化的"平等"概念的缺陷的反思，我们可以看到，均衡（化）理性，作为主体间交往的实质理性，它高于表面上貌似公正的、实际上很抽象的"平等"理性。所以，主体间交往，必须以交往双方（多方）对"均衡（化）"理性的共同理解的达成为条件，也以此形成主体间交往从"承认"到"互助"到"合作"各阶段间的逐步过渡和升华。所以应该说，均衡（化）理性是扬弃抽象平等的更高一阶的平等理性。

在主体间性的均衡（化）理性并不否定平等概念的文化史意义的同时，均衡（化）理性并不能被简单庸俗地理解为"平均主义"。而且它解决反对前现代思维的"平均主义"。

而且均衡（化）理性并不力图使人类文化"均一化"即构建平面化的同质同构体，即以均衡来消解多主体性的人间世界、从而消解主体间性；而是以立体性的文化场景思维，在守护历史性的主体间性存在的基础上，形成主体间性的上升性的综合化（整合化）的"新文化生成"运动，保留并激励历史的文化主体间性的生命活力，同时建构时代发展所需要的新的文化主体，以此引导人类文化的升华式发展。

我们将在下面部分进一步阐述这种观点。

第三　从主体间性到 MITSEIN

1. 从文化主体间性的"关系"概念到"共同体"的实体概念

我们说，对多文化主体关系共同存在的承认，以至主体间的互助、主体间的合作，都是从主体作为"个体主体""绝对"理性地存在着的立场来讨论"文化体"的。这是一种以"分隔性"、以"个别性"的宇宙观为基础的研究文化问题的立场。这是一种以西方哲学的思维逻辑为隐蔽（未显现）逻辑话语的陈述立场。而与此不同的另外一种立场，就是中国思想在研究人类文化及其历史时，普遍地是从天地人"共在"的宇宙论和人的"群体""共在"肇源，而并非从文化"个体"生成论的基础立场出发。关于中国文化思想的这种立场，只需要研读中国文化思想史就会逐渐习得。

那么，中国的群体共在论的文化思想，在我们以西方哲学的方式研究"主体"问题时有什么意义呢？这应该是在中国"这块""思想域"中进行当代文化"主体"研究的题中应有之义。为了在中国这个文化境遇（horizon）内理解主体这个概念的实际语义和实际语用，我们不妨做一些中西文化比较的尝试。

这里还是先从西方哲学的语境来谈问题。应该认为，胡塞尔的主体间性概念在它的绝对自我意识的理论中是无法继续进行推理的棘手难题，问题就是主体间是如何进行意识沟通的。尽管胡塞尔进行了很多辛苦的研究和艰难的阐释，尽管他也有导致"人类共同体"概念的思想意向，但具有彻底说服力的论证和论断似乎并没有形成。只有他把纯粹意识哲学转变为"生活世界"哲学之后，在通过海德格尔对生活世界的进一步阐释之后，我们才可能获得对主体性问题的一个更高一阶的理解。

大家熟悉海德格尔讲的"MITSEIN"这个德文词，我们一般把它翻译为"共在"（Being-with）。海德格尔使用这个词，有两个意思，一个是在自己的理论系统内，为他设定的"此在"（DASEIN，或译为"缘在"）找到一个较为感性化的具体化的普通表述，另外一个意思，就是从哲学史上消解笛卡尔（"我思故我在"）的个体理性主义，并结束胡塞尔现象学的绝对主体意识理论及由其推断出来的"主体间性"设定所导致的逻辑难题。海德格尔认为，个人在此世界中存在，就是与他人一起在此世界中存在，所以，世界是一个"MITWELT"，即"共在世界"。海德格尔的这个思想，在内容上达到了中国思想的人以"群体"而非个体存在论主体的意识。

如此一来，我们就可以在中西哲学比较研究中尝试以"群体存在作为主体"的概念来"融通"海德格尔的 MITSEIN。也就是说，我们可以扩大我们的研究眼光，以中国思想的"群体"理论和西方思想的主体间性理论一起为方法，来继续研究文化主体性问题。

2. 现代文化主体间性的社会共同体——生活世界作为公共空间

首先来看看西方文化现代条件下以主体群体化方式所形成的具有主体间性特征的文化（文明）形态，即现代性的、社会化了的文化公共空间。在西方文化中，人的群体性在现代性文化陶冶下经过了数百年的发展，以自由个体的间性关系作为"公共性"，逐步形成现代的社会共同体。这种共同体不同于中国传统思想中所论述的以血缘关系为内在结构的共同体，而是西方现代性的、以现代社会化生产组织系统为基础的、以现代性社会活动功能化为趣向的、以政治公民权益"平等化"为特征的、以公开化交往方式为公共规则的、主要的是以社会身份和政治身份相叠加的身份识别为出场条件的共同体。这"主要的"就是指以城市化为文化空间特征的西方文明形态。这个文化（文明）形态的主体是一系列现代西方规则和秩序。所谓"科学""民主""平等""自由"再加上"民族"（地区、本地）特色，是这些规则和秩序的主体概念。这就是"现代社会共同体"。在这个社会共同体中，由于社会结构是以现代规则和秩序为原则的，人本身的个性主体趣向与共同体的一般趣向有各式各样的复杂关系，其中既有人的解放的趋向，也有人的被束缚的问题。

在声势浩大的经济全球化的世界潮流中，由于中国的改革开放政策，中国社会的现代化在很多方面都对西方现代化模式（包括现代社会共同体的规则和秩序）形成"路径依赖"。这促进了中国社会构建现代性主体间性公共空间的发展速度，促进了中国社会的文化（文明）在一定程度上的进步，但同时，也连带性地输入了西方社会现代社会共同体结构的弊端，冲击了中国传统文化（文明）。例如，城市化使农村凋敝，社会化角色的主流化，现代商业利益共同体的急速兴起，都使人的血缘亲情间性关系角色以及传统的社会伦理淡化，并使人在许多行为选择上处于尴尬境地。所有这些，都应该引起我们在全球化跨文化交往的时代形势下，在中西文化（文明）比较和融汇的"间性"维度上，寻找新的、可能有的万全之策。同时，全球化的情势也启发我们，东西方文化构建文化主体的公共空间的历史的和现实的经验互补，可能会对形成现代全球文化（文明）的间性关系的公共空间理论重设一个思考和研究的突破口。

一个十分重要的文化间性处置策略，就是并不把"文化间性"关系的实体化趋势理解为厚此薄彼或者兴此灭彼的"二者择一"，而是在保留地方性传统的维度"之上"，在对全球诸种文化（文明）的"检视"和"审核"中，寻找具有生命活力的构成性要素，并对其进行结构化的组合处理（形成系统性的综合），来构建具有全球普适性的现代化的公共文化空间，即新的文化（文明）主体性，把此作为建设全球人类文化共同体的思想活动和实践活动，也即承担建构高一阶的、适应人类文明发展的理性趋势需要的"文化普遍性"的主体形态。

为了说明这个观点，我们可以拿语言文化作为例子。大家知道，在江汉各地，都有各地的地区方言，例如宜昌话、荆州话、襄阳话、随州话、咸宁话、黄石话，等等。如果你出生在上述某一个地区，在出生地生活，讲当地方言完全能够满足你一辈子的表达和交流的需要。但是如果你到武汉来上学或者工作，你还继续讲你的老家方言，你的非同乡的同学或者同事，就可能并不是完全能听懂你的话，你必然达不到百分百表达自己和与人交流的交往目的，你只有逐步学会讲武汉话，才能改变这种困境。同理，在北京生活的来自外地各省的人，不管你是来自广东、福建、浙江、江苏，还是西藏、内蒙古、新疆，你都只有讲汉语普通话，才能进行无障碍的语言表达和与别人进行无障碍的语言交流。而进一步说，你要参加国际组织的会议，因为大多数国际会议的官方语言是英语，只有你在会议上使用英语（不管是你自己讲还是别人给你翻译）进行表达和交流，你才能获得在会议上活动的有效性和预期目的。在这里，武汉话就是超越湖北各地方言的高一阶的公共语言文化空间；汉语普通话就是超越全国各地方言和民族语言的高一阶的公共语言文化空间；英语一般来说就是超越世界各国（各个民族）语言的高一阶的公共语言文化空间。相对高一阶的文化空间与基础性的、相对低一阶的文化空间的关系是：它们共同地存在于人类文化总体之中，而并不因为你在北京说汉语普通话就不准你再说武汉方言，也不会因为你在武汉说武汉话就不准你回到宜昌家乡说家乡话。人类的个体主体和个别性文化空间共同体，都会为了拓展自己的文化生存空间、在更高阶的文化空间中生存而逐阶提升自己的文化主体间性的质量，提升自己的文化共在的水平，即提高自己所在的文化共同体的阶次。

3. "共在"的生命哲学性质

文化作为人类的生活样式（规定性、形态、特质），它归根结底在本质上是生命活动的形态。因而文化主体性问题归根结底是人（个体）的生命的主体性问题，是人的族类生命的主体性问题。在这个意义上说，人的个体的主体活动，人的社会化的主体间性活动（包括经济活动、政治活动、社会组织活动包括宗教活动，以及审美的文化艺术活动），以及人的共同体层次的主体活动和主体间性活动，都是以人的生命的枯荣兴衰即人的生活世界的凋敝或者繁荣昌盛为皈依的，而且这种生命活动归真为（作为、as、als）一种"生命共同体"之道。在这里，按照思想感悟层次而言，生命共同体既是人间社会的生命共同体，也是人与伟大自然界的生命共同体，还是人与自己的无限精神可能的生命共同体。因而，人没有任何理由把个体的文化主体性、把社会化的文化主体间性，以及"共在"形态的文化主体性与文化间性，似乎可以看作某种绝对概念（理念、观念），某种可以凝固的形而上学，某种可以成为任意的学派自由风格的价值旨归，而只能把它们权作人（思想者、学者）进行思考、研究和探讨"人类生命"进行"文化"活动的这一神奇的宇宙现象的奥秘的诸种散文式的或者主观系统性的、且形式多样的丰富"设定"。所有思考探索研究只有清醒地、牢固地把握住（归真到）"生命才是文化主体"这个觉悟，我们的文化哲学才会有促动人类文化（文明）进步（升华）的意境和意义。

呼吁在"生命共同体"高度认识和深入探究我们当下的生活世界的文化主体性、文化间性和我们的文化共在，应该是当代文化哲学的现实任务和迫切任务。

论主观随意性在哲学研究和文化哲学研究中的主要表现[*]

霍桂桓[**]

　　无论对于一般性的哲学研究来说，还是就比较具体的文化哲学研究乃至更加具体的跨文化研究而言，对研究者的主观随意性进行严格清晰的学术定位，实际上具有枢纽地位和无可取代的重要意义！之所以如此，既是因为哲学研究者们通常所谓的"主体"，实际上不仅意指通常作为被研究对象的一部分而存在的、因而是处于主体—客体关系之中的"主体"，同时也应当意指作为研究者的主观世界而存在并在实际研究过程中发挥作用的"主体"[①]；而且也是因为，无论对于哲学研究、文化哲学研究和跨文化研究来说，还是就包括自然科学研究和社会科学研究在内的任何一种学术研究而论，由研究者的主观随意性从根本上施加影响的具体研究过程和研究结论的客观性，无疑都是至关重要的、都具有无与伦比的根本性意义的[②]！而这样一来，对于任何一种竭力确保学术研究过程和研究结论的客

---

[*] 本文初稿系基于作者为参加"第十一届中国文化哲学论坛·文化哲学视域下的主体问题"准备的详细发言提纲，后经过进一步扩充、整理而成；该届论坛由"中国文化哲学论坛"、中国社会科学院哲学研究所"哲学与文化研究室"和华中科技大学哲学系共同主办，华中科技大学哲学系承办，已于 2016 年 11 月 25—27 日在位于武汉的华中科技园内的"荷田大酒店"成功举办。

[**] 作者简介：霍桂桓，中国社会科学院哲学研究所"哲学与文化研究室"主任。

[①] 实际上，就人类的各种学术研究而言，研究过程和研究结论的主观随意性，与其说来自作为被研究对象的一个组成部分的、与被研究的客体相对的主体，还不如说来自作为研究主体的研究者的主观世界，亦即来自研究者的自我——我们会在另一篇相关文章之中再比较详细地涉及这一点。

[②] 毋庸赘言，如果这样的客观性不存在、甚至可以说得不到起码的保障，那么，这些作为人类学术研究之诸分支而存在的学术研究，实质上也就没有什么存在的价值和必要性了。

观性学术研究基本取向来说，通过认识和把握研究者的主观随意性发挥的主要影响、进而实现对其进行的严格清晰的学术定位，其枢纽地位和无可取代的重要意义，便是一目了然的了。

有鉴于此，本文试图概略展示未经哲学批判反思和严格学术定位的研究者的主观随意性，在一般性哲学研究、文化哲学研究和跨文化研究方面的某些主要表现①，从而将对研究者的主观随意性进行严格清晰的学术定位所具有的，对于包括哲学研究在内的所有各种学术研究来说的枢纽地位，以及举足轻重的理论价值和学术意义，尽可能以富有说服力的方式展示出来。

一 作为纠缠不休的"梦魇"（Ghost）的主观随意性

一般说来，对于人类的（包括自然科学、哲学、人文科学和社会科学在内的）所有各种学术研究来说，研究过程和研究结论的客观性无疑都是至关重要的。因为只有这样的客观性得到了基本保证，这样的学术研究及其结论才有可能成立，才有可能对人类的现实社会实践活动发挥其特定的指导作用，因而才从根本上说具有其存在的价值和意义。正因如此，古往今来的研究者们往往都是一方面竭尽全力地追求其研究过程和研究结论的客观性；另一方面则是千方百计地尽可能回避、避免必定会由各种主体因素导致的研究者的主观随意性。也正因为如此，从与此密切相关的另一个角度出发来看，纵观整部西方哲学史、乃至整个人类学术史，即使我们不夸张地说与学术研究过程和研究结论如影随形地纠缠不休的主观随意性，是这些研究者们最恐惧、最头痛的因素，而是说它是令这些研究者最恐惧和最头痛的因素之一，是其一直都在竭力试图摆脱、但又始终无法根本摆脱的"梦魇"（ghost），至少也可以说是符合实际的。

那么，如此令研究者头痛和避之唯恐不及的主观随意性，究竟为什么在研究者的一再努力之后，还始终像梦魇一样与研究者本身如影随形、纠

---

① 毋庸赘言，包括下文即将探讨和研究的"主观随意性的某些主要表现"，实际上都只是主体的某些方面，因而是不能与主体所发挥的全部作用、乃至与主体本身完全等同起来的。在本文的语境之中，我们只能局限于探讨和研究以主观随意性为最突出表现形式的主观性的这些弊端，其他方面则只能留待以后的机缘了。

缠不休呢？在我看来，通过简要地审视其基本内容、考察其最突出的表现，我们或许就可以找到这个问题的答案。

首先，简要地说，主观随意性之所以与研究者本身如影随形，是因为无论研究者对其研究过程和研究结论的绝对客观性的竭力追求，还是直接对其难以彻底摆脱的主观随意性的竭力摒弃，这两种做法本身实际上都是作为其在研究过程中所特有的主观态度和主观愿望而实际存在并发挥作用的，也就是说，无论研究者对其研究过程和研究结论的绝对客观性的竭力追求，还是对其难以彻底摆脱的主观随意性的竭力摒弃，这样的追求和摒弃本身就是他/她的带有浓厚的情感色彩的一厢情愿，因此，这样的做法本身实际上已经把接下来便会通过研究过程和研究结论具体表现出来的主观随意性的种子和萌芽，完全包含在自身之中了。[①]

之所以这样说，不仅是因为从一方面来看、即从主观角度出发来看，包括研究者的主体在内的任何一个认识主体，都无不由于其特定的历史文化传统、现实生存环境、个体先天禀赋、知识积累程度、人生感悟层次、眼界宽窄范围等方面的各种限制，而体现出根本不可能完全消除干净的、包括主观随意性在内的各种各样的主观性方面的弊端。所以，研究者要想达到彻底消除包括主观随意性在内的所有各种主观性弊端的目的，显然就必须通过一劳永逸的方式，一举把上述所有这些方面的基本限制因素全都消除干净。对于实际上只是作为现实社会个体而实际存在的研究者来说，这样的美好愿望难道是可能实现的吗？显然是根本不可能的。或许只有全知全能的上帝，才有可能完全做到这一点吧。

不仅如此，从另一方面来看、即从客观角度出发来看，任何一个作为被认识对象而实际存在的客体，也都不仅仅是以完全固定不变的方式存在于特定的时空范围之中，而是同时也处于其自身的持续不断的动态性发展变化过程之中——在这里，前者意味着，它在特定的此时此刻展现在作为认识主体的认识者和研究者面前的，只能是以某种特定的结构层次为基础和依据的，必定是具有片面性的"如此这般"，因而根本不可能让认识者通过一蹴而就和一览无遗的方式，将基于其自身的所有各种结构层次的存在状态全都一次性地具体展示出来。而后者则意味着，任何一个作为被认

[①] 关于这一点，我们到下面探讨研究者的基本态度的时候，还会比较清楚地看到。

识对象而实际存在的客体,都会因为其在时空方面的特定的此时和此地,而仅仅以其共时性的现状的维度把自身具体展现出来;这样一来,即使在能够自觉地进行追根溯源式的探究的情况下,研究者充其量也只能在一定程度上认识和把握该被认识对象的"来龙"(以往的发展过程)、而根本就不可能真正全面地认识和把握该被认识对象的"去脉"(未来存在状态)了。

以有关上述这两个方面的这种并不完全的研究结论为依据,我们显然便可以看到,无论研究者究竟有多么尽心竭力,都是根本不可能一蹴而就地形成对其认识对象的客观而全面的认识的,所以,任何一个认识者、研究者对特定认识过程和认识结论的绝对客观性的竭力追求,以及出于这样的追求而对主观随意性的竭力摒弃,本身都只能是一厢情愿之举,因而这样的善良愿望都是根本不可能实现的!

此外,似乎有必要稍加补充的是:为了论述的简洁和理解的方便,我们在这里对研究者的认识过程所面临的主客观限制因素进行的上述论述,仅仅是以比较抽象化和简单化的方式进行的,因为我们并未把绝大多数主流哲学研究者都不曾问津、直到20世纪中叶之后才开始主要由知识社会学家和文化社会学家们加以集中关注的社会环境和社会互动过程对知识形成过程的影响,纳入我们探讨和阐述的范围,否则,实际情况显然还要更加复杂的多。当然,囿于篇幅,我们在这里不可能对此做进一步的展开论述,只能通过简要考察主观随意性在西方哲学史上的某些非常引人注目的表现,来认识一下它究竟是不是一直都在一般性哲学研究之中对哲学家纠缠不休的"梦魇"。

首先,只要从严格的学术研究所必需的基本立场出发、即以尽可能客观冷静的批判眼光来浏览一下西方哲学发展的历史,我们就可以非常清楚地看到,绝大多数主流哲学家,包括那些曾经作为其时代的思想巨人而存在的一流哲学家在内,几乎都具有非常突出的"独断论"(dogmatist)倾向[①]——概略说来,无论是古希腊哲学家们对世界本源的学术设定和竭力区分"意见"和"真理"并使之截然对立的做法——柏拉图对"理念"

---

① 毋庸赘言,这样的独断论倾向本身实际上就是研究者的主观随意性的一种非常突出的表现形式。

世界的充分肯定和竭力推崇、对现实世界的极力贬斥;还是德国古典哲学中康德对"物自体"的设定和以"先天理性论"为核心来构建其批判哲学体系、黑格尔哲学体系对"绝对理念"的全面阐发和极力弘扬的做法;抑或是尼采有关"上帝死了"和"超人"的种种言论、柏格森对"绵延"的极力推崇、胡塞尔对现象和本质区分、对"严格科学的"现象学还原方法推崇等,以后人的眼光来看几乎无一不包含着这样的"独断论"倾向。

我们之所以说这些哲学史上的前贤们几乎都具有独断论倾向,不仅是因为在提出和阐释各自的基本观点的时候,这些哲学家所采用的都是未加系统分析和详细论证的(亦即所谓"不知自明的")论断性论证方式,而且也是因为,他们几乎都对自己所提出的学术设定、研究结论进行了无与伦比的肯定和推崇,使之带上了无以复加的"唯一性"和"权威性"、进而最终使之变成了具有极其强烈的排他性的"绝对真理"。因此,如果说所有这些诸如此类的观点和做法不是出于研究者本人的一厢情愿的主观随意性,那它们又会基于什么客观的基础和依据呢?在我看来,显而易见的是,与这样的肯定和推崇相关的客观基础和依据是根本不可能存在的。实际上,不仅从西方学术思想史的实际发展历程来看,以"青出于蓝"为基本特征的学术后进们往往都证明,这样的学术设定和研究结论根本不像这些先哲所认为的那样言之凿凿、无懈可击和完美无缺,而且,就严格的学理性探究而言,这样的做法本身也越来越因其所具有的、非常鲜明的主观性和因之而来的独断性,在逻辑上显得越来越站不住脚了——一言以蔽之,尽管这些哲学家都以类似上帝那样的牧羊人[①]对待羊群那样的态度和方式,来对待、探究其特定的哲学问题并论述其相应的观点,但是,随着时间的推移、学术的发展、社会的进步和这些思想大师的"权威"光环的逐渐暗淡,这种态度和做法的可信度必定会逐渐丧失,其基于一厢情愿的主观随意性弊端也就逐步显现出来了。

其次,富有悖论意味的是,与这些以"类先知"的身份对其学术设

[①] 参见《圣经·诗篇》第23:1—6。在这里使用此典是为了突出表明,这样的、处于此时此刻的哲学家,往往以为自己就像上帝那样至高无上和唯我独尊。

定和研究结论加以全盘肯定和竭力推崇的基本态度和做法截然相反的是，所有这些作为研究者而出现的哲学家之所以这样认为、之所以这样做，几乎无一不是为了竭力摒弃他们认定的、其研究过程和研究结论所可能具有的主观随意性——即使我们在这里囿于篇幅不进行系统和详细的分析论证，这些哲学家对主观随意性的厌恶乃至惧怕也都是显而易见的：无论是古希腊先哲们对意见的竭力贬斥，还是几乎贯穿了西方哲学史的绝大部分发展历程的、研究者对绝对客观的"终极本原"的不尽探寻，乃至诸如具体的哲学家而言，当代大哲胡塞尔在阐述其"先验主体间性"观点的时候表现出的、为了解决另一个人的自我究竟如何才能由我的自我构造出来的问题，所进行的殚精竭虑的反复努力[①]，实际上都无一不是从某个特定的角度出发，展示了这些哲学家对主观随意性的既极其厌恶惧怕、又无可奈何的矛盾心理。

由此可见，对于西方哲学史上的绝大多数主流哲学家来说，作为研究主体的主要弊端之一的主观随意性，确实一直都是某种纠缠不休的、为他们既厌恶又无可奈何的"梦魇"。在我看来，既然这样的"梦魇"既难以摆脱、又无法彻底消除，那么，相应的、唯一可行的基本立场和研究方法，也就只能是哲学研究者在充分认识和正式承认这种"梦魇"的实际存在的情况下，努力通过进行尽可能系统、全面、深刻和严格的哲学批判反思，通过对研究主体进行尽可能清晰和严格的学术定位，来化解、规避、或者说尽量减少这样的主体弊端了。

不过，简单地回顾可见，迄今为止，我们在探讨和论述作为研究主体的弊端之一的主观随意性时所涉及的，还只是研究者的主观随意性并不特别突出的一般性哲学研究，而尚未涉及有可能使这样的主观随意性表现得更加突出的文化哲学研究和跨文化研究，为了使我们的考察和研究结论不至于过于失之片面。下面，让我们再分别考察一下主观随意性在文化哲学

[①] 胡塞尔不仅称这个问题"费解得令人头痛"，而且明确指出，它所涉及的领域就是一个"唯我论、心理主义或者相对主义的幽灵们反复出没的黑暗角落"，这显然已经非常清楚地表明了他本人和其他研究者对主观随意性的既极其厌烦、又无可奈何的基本心态；参见其《形式逻辑和先验逻辑》(*Formale und Transzendentale Logik*)，第 95 节，或者参见许茨 (A. Schütz) 的《文集》第三卷 (*Collected Papers*, III)，第 53—55 页 (此书中译本名为《现象学哲学研究》，浙江大学出版社 2012 年版，第 59—61 页)。

研究领域和跨文化研究领域有可能导致的、与研究过程和研究结论的客观性直接相关的突出表现吧。

二 置于貌似难以破解的"鸡—蛋相生"式循环(Circles)之中的主观随意性

如果说就上述一般性哲学研究的发展历程而言,通过研究者的学术设定和研究结论而体现出来的、作为研究主体的主要弊端而存在的主观随意性,还主要是由于哲学家所研究的主题并不是纯粹的主观领域[①],因而往往只是以潜在的方式发挥作用、并未将其对学术研究客观性的破坏性影响直截了当地表现出来的话[②],那么,当哲学研究者所集中探讨的主题领域不再停留于一般性哲学研究的基本层次,而是进入了哲学研究的某一个主要以主观世界诸方面为对象的分支学科,其研究对象也基本上都是由纯粹的主观现象构成、不再包含纯粹的客观世界的成分的时候,那么,这样的主观随意性及其对学术研究的客观性和有效性的不良影响,则显然不仅表现得更加直接得多了、显著得多了,而且也彻底得多了——一言以蔽之,在这里,由哲学研究者的主体因素导致的主观随意性不仅有可能达到登峰造极的地步,而且似乎会陷入某种貌似难以破解的"鸡—蛋相生"式循

[①] 在我看来,尽管自从笛卡尔以来,西方近代哲学先后出现了所谓"主体转向"和"认识论转向",哲学家们的关注焦点已经越来越多地转向了主体的各种维度和方面,但是,即使在这种情况下,由于哲学家们追求建立绝对普遍有效的、大而全的哲学体系的基本倾向并没有变,作为主体的对立面的客观世界并没有消失,而且,哲学家们用于进行其哲学研究和思考的、以自然科学为典范的思维方式和研究模式也没有变,因此,其关注焦点和研究重心出现的这种变化,实际上并没有对其主观随意性的表现方式和发挥作用方式产生根本性的影响(比如说,虽然笛卡尔开始将"心灵"作为其研究的重要一极,但他毕竟是将其当作"实体"来看待和研究的),因此,囿于篇幅,我们暂时不再进一步探讨和研究这种仍处于一般性哲学研究层次之上的、研究主体的主观随意性的表现形式及其影响。

[②] 毋庸赘言,在这里,无论是因为作为研究者的哲学家本身所具有的声望,还是由于被研究对象的领域本身包含了非主观的因素甚或以单纯的客观对象为主,研究者的主观随意性在绝大多数情况下都被遮蔽了,以至于除非后世的研究者采取尽可能客观冷静的基本态度和严格的批判反思精神对其加以审视,否则,这样的主观随意性便往往都是潜在的、为人们所忽略的,其所产生的严重影响也只是通过基本观点的巨大变化抑或颠覆性更替,而间接地表现出来——胡塞尔从前期的拒斥"自然态度"到后期的推崇"生活世界"可谓前一方面的例子,而牛顿经典力学向爱因斯坦相对论的转变则可谓后一方面的例子。

环（Circles）。

　　实际情况真的有如此严重吗？确实如此——实际上，即使就那些诸如德国 19 世纪弗莱堡学派的著名代表人物李凯尔特所强调的、并不是纯粹由主观现象构成的社会历史领域[①]而言，这样的被研究对象也都呈现出了与作为自然科学研究对象的自然界现象截然不同的种种基本特征，因而实际上会使相应的哲学研究者们无法再像研究纯粹客观的自然对象那样、通过直接照搬自然科学的思维方式和研究模式来展开对社会历史领域的研究，更不必说诸如文化哲学研究和跨文化研究这样的、几乎以完全纯粹的主观现象为研究对象的哲学分支学科和研究领域了。

　　在这里或许有必要稍加说明的是，为了叙述的方便，我们有必要先集中探讨一下在进行文化哲学研究的时候，作为研究主体所体现出来的主观随意性究竟可能有哪些具体表现，然后再进一步集中探讨和论述这样的主观随意性在他们涉及跨文化研究的时候的突出表现。那么，作为研究主体的主要弊端而表现出来的主观随意性，在文化哲学研究领域之中是如何更加突出地表现出来的呢？或者换句话说，在进行文化哲学研究的时候，哲学研究者的主观随意性究竟为什么会表现得更加突出、多少有些登峰造极，甚至有可能陷入某种貌似难以破解的"鸡—蛋相生"式的循环呢？

　　之所以如此，首先是因为在这里，不仅作为文化哲学研究者的研究对象的诸多文化理论和文化现象，都既不再像自然界的客观事物那样具有比较纯粹的客观性，也不像作为社会哲学的研究对象的各种社会理论和社会制度那样具有一定程度的客观性——也就是说，无论文化哲学研究者加以研究和批判反思的各种文化理论、还是这样的研究者进行批判探究的各种文化现象，其本身都无一不是由特定的现实社会个体从其主观世界出发而建构（construct）出来的，亦即，各种文化理论和文化现象无一不是特定的社会个体进行主观建构活动的结果，无一不是由这样的现实社会个体在发挥其特定的主观能动性的过程中产生的主观结果。这两类对象的唯一区别或许只不过在于，在这里，作为前者的各种文化理论由于本身便是特定

[①] 之所以这样说，是因为无论社会制度、还是历史事件，严格说来都不纯粹是主观的，都具有一定程度的客观性。参见 H.李凯尔特《文化科学和自然科学》，商务印书馆 1986 年版。

的文化研究者进行学术研究活动的结果,因而具有比较突出的理智化、学理化、逻辑化的基本特征(毋庸赘言,这样的基本特征并不能彻底改变它们都是由特定的文化研究者从其自己的主观世界出发进行建构而带有的主观特征),因此,它们通常几乎都带有比较明显的"客观真理"色彩,因而很少有人会质疑它们的客观真实性、认为它们都是由特定的现实社会个体进行并不可靠的主观建构活动的结果;而相比较而言,作为后者的各种文化现象则显然与此有着非常显著的不同了:因为人类社会自古以来出现的所有各种文化现象,无一不是某个现实社会个体为了追求和享受更加高级、更加完满和更加自由的精神生活,而从自己的主观愿望出发、用包含着情感的感性符号来文饰和美化特定的对象的观察和结果。因此,就后者而言,当作为研究主体的文化哲学家面对如此纯粹主观的研究对象的时候,其主观随意性有可能受到的客观限制显然是极少的,因而是完全有可能以更加突出的极端形式表现出来的。

其次则是因为,如果说在其涉及各种文化理论和文化现象的过程中,文化哲学研究者的主观随意性还只是有可能以极端的形式突出表现出来的话,那么,与相比较而言的更深一层的原因,则随时都有可能使这样的可能性变成现实——所谓"更深一层的原因"在这里指的是,文化哲学研究者在从事其研究过程的时候涉及的各种文化现象,实际上就是特定的文化传统和文化活动本身及其各种具体表现,而这些作为特定的文化传统和文化活动及其具体表现的文化现象,则是对作为他/她的精神性母体而使其得以在其中孕育成长并最终脱颖而出的现实生活环境本身的具体表现而存在的。或者换句话说,研究主体在这里所面对、所探讨和研究的,实际上就是使他/她得以从其中产生出来的,因而与他/她的主观世界有着难以彻底摆脱的、千丝万缕的亲密联系的文化现象。也可以比较形象地说,在这里,作为被研究对象而存在的特定的文化传统、文化活动及其各种表现,实际上是作为孕育和塑造了文化哲学研究者的主观世界的"鸡"而存在的,而这样的文化哲学研究者的主观世界则是作为被塑造出来的"蛋"而存在的。显然,这样一来,就研究主体的主观随意性及其有可能受到的客观限制而言,作为文化哲学研究者的他/她便与这些作为其被研究对象之一部分(或者作为其被研究对象的全部的)的各种文化现象,构成了尽管常常隐而不现、但却实际存在并有可能在关键时刻发挥不良影响的"鸡—蛋相生"式循环过程（Circles）。也正因为如此，这样的文化哲学研究者所产生的、基于其主观性的研究主体的主观随意性，不仅从情感的深刻依赖方面来说几乎是根本无法彻底摆脱的，而且，从理智上来说，他/她实际上也往往都因为这种极其深刻的情感依赖关系，根本意识不到自己受到了这样的主观随意性的种种操控和限制。

总而言之可见，由于各种文化理论和文化现象都是特定的现实社会个体进行的主观建构过程的结果，由于作为研究主体的文化哲学研究者本身往往就产生于其所探讨和研究的历史文化传统和现实文化氛围之中，所以，在这里、就文化哲学研究者对各种文化现象的探讨和研究而言，研究主体的主观随意性所受到的限制基本上可以说是隐晦难辨的，尤其是在研究主体与被研究对象相互之间出现了难以避免的情感共鸣的时候，情况就更加是如此了。而这样一来，哲学研究者的主观随意性便因为几乎没有受到多少实质性的客观限制，因而更容易得到很大程度的释放和发挥，进而达到无以复加和登峰造极的地步。①

三 主要通过"圆周式循环"体现出来的主观随意性

在概略地探讨并阐述过作为研究主体的哲学研究者的主观随意性在一般性哲学研究中主要表现为"纠缠不休的梦魇"、在文化哲学研究中由于"鸡—蛋相生"式循环而表现得更加突出之后，现在，我们终于来到了本文论述的最后一个阶段，可以简要地探讨和论述一下研究主体

---

① 在这里，我们还仅仅是从"学术研究的唯物主义立场"出发，亦即按照"被研究对象的存在状态、基本内容、本质特征和具体表现形式，决定研究者的基本立场、思维方式、研究模式和研究方法"的基本观点，来概略论述文化哲学研究者的主观随意性有可能出现的这些突出表现的；实际上，学术研究的情绪化倾向、或者说带着情绪去进行学术研究的基本倾向，根本不是只有文化哲学研究者才有的，而是在许多哲学研究者那里都屡见不鲜的——比如说，以"法先王"为基本取向的、作为传统儒家正统和国学基干的儒学研究，就有着几乎是贯穿始终的突出表现（不少研究者常常把批评者对自己所推崇的某种观点的驳斥，看作对自己所崇敬的"圣贤"的"冒犯"、甚至进而将对方当作"挖了自己的祖坟"的恶徒来对待和痛斥，便是这个方面的一个极好的例子）。只不过本文囿于论旨和篇幅，无法对此进行比较系统的探讨和论述，只能留待以后的机缘了。

的主观随意性在跨文化研究领域之中的主要表现了。那么，与上述两种情况相比，在这里，哲学研究者的主观随意性的具体表现又有哪些主要特点呢？为什么要把它在这里的具体表现与所谓"圆周式循环"联系到一起呢？

首先，毋庸赘言，在这里，就作为研究主体的哲学研究者所面对的被研究对象又有了比较明显的变化——虽然这里的被研究对象同样不仅包括了作为纯粹的主观建构物的本土文化理论和相应的本土文化现象，也包括了作为纯粹的主观建构物的异域文化理论和相应的异域文化现象，但是，其根本性不同却是由被研究对象的"异域性"这个基本短语表现出来的；也可以说，恰恰是由于哲学研究者在这里进行的跨文化研究，必定涉及异域文化理论和相应的异域文化现象，所以，其主观随意性也因此而表现出了更加独具特色的不同之处。当然，哲学研究者并不是仅仅在进行跨文化研究的时候才会涉及异域文化理论，但是，在他/她具体涉及与异域文化理论相应的、与之紧密联系在一起的异域文化现象的时候，其主观随意性却会表现得比他/她在进行比较纯粹的异域文化理论研究（亦即以理论研究为主、基本上不涉及具体的文化现象）的时候更富有独特性，这却是显而易见的。一言以蔽之，哲学研究者在这里之所以表现出更独特的特性，就是因为这里的被研究对象主要是"异域的"，因而对于他/她来说都产生了程度不同的陌生感。

或许有必要简单补充的是，有人也许会认为，仅仅因为这种"异域性"而产生的陌生感，未必会导致哲学研究者的主观随意性在这里表现出多少独特性，因而这个问题从总体上来说似乎并不值得加以探讨和论述。可惜的是，实际情况并非如此！我们之所以这样说，是因为这个研究领域实际上隐含着一个有关"研究者在这里究竟是否能够进行严格的学术研究"的关键性问题——之所以如此，是因为一方面，如果我们认为尽管这种陌生性存在，但却并不是什么关键性问题，那么，我们就有可能只是在常识层次上对哲学研究者的主观随意性的表现进行粗略的探讨、甚至根本不对之进行必要的探讨和研究，因而对之充其量只是停留在绝非真知的"熟知"水平上，而这样一来，我们显然就不是对这个问题进行严格的学术研究了；另一方面，如果我们希望对之进行真正严格的学术研究，希望使这个问题最终得到彻底的解决，那么，我们马上就必定会面对实际上隐含在这种陌生性背后的、可以由所谓的"他心问题"① 表现出来的、究竟如何才能对异域文化进行恰当的认识和理解的关键性问题。毋庸赘言，如果对作为他心的直接表现之一的异域文化现象的理解都是极其艰难的、甚至可以说都是不可能的，又何谈对之进行真正严格的学术研究？

既然哲学研究者在进行跨文化研究过程中具有的主观随意性，主要是由作为被研究对象的异域文化的陌生性造成的，而我们又觉得有必要并且希望对这样的主观随意性进行尽可能严格的学术探讨和研究，那么客观地看，我们究竟应当通过了解这种主观随意性的哪些主要特征，才能尽可能准确地认识和把握它、进而对它加以正确的探讨和研究呢？

实际上，对于哲学研究者来说，由于研究主体的主观随意性在这里也主要是通过该研究主体与被研究对象的潜在主体进行的、以前者力求认识和把握后者为基本特征的、实际存在但却无形无影的精神性互动过程体现出来的，所以，研究者的主观随意性具有的独特性，实质上也是通过这两种主体的精神性互动过程展示出来的独特轨迹而体现出来的，而这样的所谓"精神性互动过程的独特轨迹"便具体体现为动态的、由这两种主体共同构成的"圆周式循环"②——所谓"圆周式循环"指的是，在这种由研究者的主体和被研究对象的潜在主体共同构成的精神性互动过程中，研究者主体由于既受到被研究对象具有的、非常突出的陌生性的种种限制，又竭力追求不断地认识和把握被研究对象的潜在主体的方方面面，所以，他/她便于无形之中使自己变得像一颗不断围绕地球运行的卫星那样，不断地围绕着这种潜在主体及其诸方面运转，令这种颇具独特性的精神性互动过程进一步展现为某种动态的、其半径不断发生变化的"圆周式循环"，因而研究主体的主观随意性实际上便是通过这样的动态性变化而具体体现出来的。

---

① "他心问题"（problem of other-minds）：又称他人心灵问题，它既是由怀疑论提出的一个传统的哲学知识论问题，也是被 20 世纪中叶以来崛起的心灵哲学重新加以突出强调并一直都悬而未决的重要疑难问题。这个问题简单来说就是：因为人类虽然可以透过内省来确认自己拥有心智，但却只能观察到其他人的外显行为并进行一些推断，而不能直接观察到其他人的心智；如果我只能观察到其他人的外显行为，我怎样才能知道其他人也拥有心智以及这种心智是什么？

② 毋庸赘言，我们在这里之所以借用了"圆周"这样的几何学术语，并不是说这里真的存在这样的几何图形，而完全是为了既形象直观、又简明扼要地阐明我们的观点。

这里有必要补充说明以下两点：

首先，这种"圆周式循环"之所以能够形成并在一段时间内得以维持，是因为这里同时存在着被研究对象那既发挥"吸引作用"、又发挥"排斥作用"的陌生性——似乎颇具悖论色彩、但实际上确实存在的是，异域文化的陌生性因为其"陌生"，而会发挥不断激发研究者对之进行探索性认识的魅力，因而具有异乎寻常的"吸引作用"；与此同时，也因为其具有的陌生性使研究者所进行的、以一劳永逸的愿望为主要特征的认识过程不断受挫，迫使认识者在这里的特定认识过程中只能以不断"试错"的方式艰难前行，因而对认识者发挥着"排斥作用"。正是这两者的同时存在使哲学研究者的主体像卫星绕地球运行那样不断地围绕着被认识对象的潜在主体运转，从而使其主观随意性的独特性也随之体现出来。

其次，这样的循环并不会永远保持同一种状态，更不会永远存在下去。因为一般说来，随着哲学研究者的认识过程的不断推进，这种"圆周式循环"的"半径"必定会随着这种陌生感的逐渐减小而越来越短、乃至最终走向消失；不仅如此，只要这里的哲学研究者对异域文化的认识和把握最终达到了接近完满的状态（最终达到了几乎和认识、对待本土文化相同的地步），这样的"吸引作用""排斥作用"乃至由它们共同构成的"半径"，自然也就完全消失了，因而这种"圆周式循环"自然也就无影无踪了。

综上所述可见，就本文所探讨和论述的、哲学研究者的主观随意性而言，它在不同的研究领域之中的具体表现还是略有差异的——如果说它在哲学研究领域之中主要表现为研究者不断尽力加以祛除的"梦魇"、在文化哲学研究领域之中以"鸡—蛋相生"式的循环为主要特色的话，那么，在跨文化研究领域之中，它则主要是通过研究者主体与被研究对象的潜在主体进行的、精神性互动过程所遵循的"圆周式循环"体现出来的，而对于尽可能确保哲学研究、乃至自然科学和人文社会科学研究的客观性来说，这样来认识和把握哲学研究者的主观随意性的这些具体表现特征，乃至在此基础上进一步对其进行系统全面的研究和系统严格的哲学批判反思，最终逐步实现对它进行的严格清晰的学术定位，无疑是具有无可替代的理论意义和学术价值！

最后，毋庸讳言的是，由于这是一个为前贤极少涉及的话题、相关参考资料几乎完全是空白，所以，我们为了达到上述目的而对哲学研究者的主观随意性进行的这些概略梳理和论述，只能是探索性的和非常粗浅的，而且，其中也必定会包含着各种各样的、有待进一步加以完善的不准确和不恰当之处；不过，在我们看来，所谓"良好的开端是成功的一半"在这里也是完全适用的。只要我们不畏探索的艰辛、不惧失败的羞惭而持之以恒地坚持下去，我们终究是可以实现初衷、得出比较满意的结论的。

参考文献：

1. ［美］弗兰克·梯利：《西方哲学史》（增补修订版），商务印书馆1995年版。
2. ［德］许茨：《现象学哲学研究》，浙江大学出版社2012年版。
3. ［德］李凯尔特：《文化科学和自然科学》，商务印书馆1986年版。
4. ［美］海尔：《当代心灵哲学导论》，中国人民大学出版社2006年版。
5. 霍桂桓：《文化哲学论要》，中国社会科学出版社2011年版。

论"自我"

张曙光[*]

说明：本文对"我"（I）与"自我"（Self）未做严格区分。现代西方有学者将"自我"界说为"第一人称"的我、笛卡尔以来的 ego，以区别于第三人称即作为宾语的"我"（me）；古汉语中有"我"，同时可以做主语与宾语，虽然没有"自我"，但"己"强调是"我自己"。"自我"是"自"与"我"的组合，有突出"我自己"的含义。

引子

康德：人可以在他的表象中具有自我，这使他无限地区别于在地球上生活的所有其他生物。

这里的无限地区别，应当是积极评价，带有肯定的褒扬意义，即作为自我的人无限地高明、优越于其他生物，虽然人也可能无限地低于其他生物。

康德：我能认识什么？我应当做什么？我可以希望什么？人是什么？

值得注意的是，康德问题的最后不是"我是什么"，而是"人是什么"，他通过三大批判给出了什么结论？人是具有知情意并且追求真善美的目的性生物，因而不应当把人仅仅作为手段，人还是目的。

那么，"谁"不应当把人仅仅作为手段而作为目的？当然是"人自己"。这里人自己应当指所有人，所有人都不应当把自己以及别人——所

---

[*] 作者简介：张曙光，北京师范大学哲学学院教授。

谓他人——只是当作手段而应当作为目的,我们通俗地表达是:"人是为自己活着的""要把人当人看"。这样,人自己,就变成每个人自己,即每个人的我,和这些个人之间的相互关系,也就是我你他的关系。于是,在人是什么的解答中,"我"又出现了,当然,不止是我,还有你与他。所有人都是我,而所有人之间又相对地区分为我你他。人与我,人与我你他似乎构成了互为前提和因果的循环。

看来,"自我"的问题是一个开放的并且要以循环的方式敞开和推进的问题。我们在今天最应当关注的,也许是自我的亲身性与非亲身性、私人性与公共性、充实性与虚无性、本真性与偶然性;又内在地蕴含或直接关联着自我与他者,自我与世界的关系问题。我们的重点放在关于自我认识(意识)的本体论与方法论上。

一 哲学史的回顾

早在两千多年前,苏格拉底就以镌刻在阿波罗神殿上的神谕"人,你要认识自己"作为座右铭,老子提出"知人者智,自知者明",人的自我认识就成为哲学的最高任务之一;与之相关的另一任务,是认识世界。关于认识自己与认识世界,我们主流的说法是,认识自己是明确人的尺度,认识世界是明确物的尺度,我们要把两个尺度统一起来,实现合规律与合目的的统一。这思想来自于康德与黑格尔。把人自己与世界关联起来思考,是一个很好的思路,但要真正做到这一点,就要进入人与对象世界的主客二分,又要跳出这种主客二分,形成人在世界之中生存,并参与世界运动或变化的内在性视界(Inner vision)。在这样的视界中,人对自己的认识,包含并通向对世界的认识;对世界的认识,也必定包含对人的认识。虽然这两种认识中蕴含一定的主客关系,可以相对分开,但根本上不是二分,而是内在贯通的。由此,我们所探讨的"人"和"我"的问题,就不可能在人的自我意识中空洞地旋转,而必定指向人参与世界运动变化的丰富内容,形成开放的循环。

在传统社会,人们对于自己的理解,还未完全走出人与世界的"互渗"律,我与我们,我们与人类,都没有清晰的边界;甚至人与周围环境,与环境中的某些植物、动物,也没有真正区分开。个人依赖于共同体的"我们",而我们来自于某种神圣之物。对于属于每个人的"我"的理解或反省,最高成就大概是柏拉图的"灵魂"说。灵魂有三个等级:理性、意志与欲望,对应着社会上的三大等级,三大等级各安其位就形成和谐的也是公正的秩序。后来,奥古斯丁突出了"意志"即"自由意志"并暴露出人的自由的矛盾,矛盾的克服在于接受上帝的恩典。总体上,传统个人的"我"的"认同",是对自己的命运和身份的认同,因而也是对所属群体和境域的归属。即使古希腊的一些优秀人物,自己也不能选择与城邦相左的生活方式,而只能将其先天的禀赋实现出来;任何人都受着不可认识的命运的支配,也是神学目的论的支配。

使自我获得哲学本体论与方法论思考的是笛卡尔,他通过种种怀疑得出的"我思故我在",内在地确定了认识的主体性,是"个体"性的也是属于"类"(像任何人和所有人那样思考)的"自我"主体,这一主体在认识乃至人与世界的整个关系上都具有优先性,是思维坐标的原点。他以此为近代哲学奠基。笛卡尔之后,有人重视对内在自我的探讨,有人重视对外在自我的探讨。

值得注意的,是那些更重视外在自我或者把自我客观化为社会个体的政治哲学家如霍布斯和洛克的观点:对于人来说最重要的是自我保存,当然是生命的自保,为了自保而寻求权利、和平并让渡部分权利结成国家;人不可让渡的是生命、财产和自由。这样,自我就主要不是普遍的意识或思维,而是从人的生命或身体中产生出来并指向生命或身体的自为性活动,直白地说,"我"作为人的身体或生命的自身意识,是必须要为身体或生命服务的,这既涉及每个人与周围世界的关系,也涉及每个人的生死以及与后代的关系。关于自我的这种解读,突出了人的生存"目的"或"利益",并直接敞开了人在共同体中的存在方式。当然,这也会带来在笛卡尔的思维自我所要把握的"真理"与"利益"的纠葛。

康德的贡献在于把"自我"二分为"自身"与"现象",本体的自我是原始的活动的"我自身",决定并表现为现象自我,这表现为理性自我在理论和实践两方面的运用:先验自我(先验统觉)与经验自我,实践自我与感性自我,还有审美自我。"物自身"不可知,"我自身"是否也不可知?理性的人能够做到的是为现象世界立法并为人类感性的生活立法。那么,人是否具有统一性?当然有,德福的统一,但这是一个过程,即"自为"和"自主"的认识与实践过程。

到了费希特那里,他干脆把康德的两个不可知的本体,合为一个自我本体,并且认为这个自我本体不仅首先创造了自己,还创造并克服非我,自我从而充分实现。这是绝对的主体主义,也是行动或实践主义。

黑格尔依据"主体即实体"的原则展开"绝对精神"的辩证运动;"自我"(意识)是作为从感性上升到理性的能动环节;在法哲学中,"自我"是自由(意志)从抽象到具体、从主观到客观的"过渡":自我由一般的"人格",通过享有权利即对外物的占有而成为所有者,成为个体性的社会公民,这些作为个人的公民之间是相互承认的;自由意志通过外物即权利又通过内心的法即道德,而得以充分的实现,即达到善,也称之为伦理。

马克思认为,每个人都拥有自己的身体和劳动,所以劳动产品归劳动者所有,并依据自觉自由的活动这个标准,批判了资本所导致的人的活动的抽象化特别是异化;但在批判费尔巴哈的人本学唯物主义和施蒂纳的"唯一者及所有者"的"我或自我",创立唯物史观之后,认为人类首先要解决物质生活需要,因此进行生产劳动(能力)并构成以经济关系为基础的社会关系,在现实性上,人的本质是社会关系的总和。由于对抗性的生产关系而区分为对立的阶级,无产者要凭借自觉的"阶级意识",推翻资本主义统治并实现自由人联合体。这样,属于政治概念的权利、正义等就都被超越或扬弃了。

海德格尔的个体性的此在及人在世界之中说,重视的是人生在世,即具有每个个体性的人始原性地在世存在的方式与意义,这就超出了人与世界的主客二元。但他后来认为仍未走出他要走出的人类中心主义。

列维那斯,直接从他者并且是大他者出发,演绎出他人优先的伦理学(我认为,只是相对于笛卡尔到海德格尔的自我观,列维那斯才凸显其意义。这意味着,我们并非也要主张他人优先的伦理学,除非我们也经历了自我优先)。福柯等人则指认作为主体的人死了;弗洛伊德区分"自我""本我"与"超我"的意义;在德文中,"本我"即 Es 是"它"这个代词。

中国主流思想的基本思路是:人是天地之造化,又能参天地赞化育;所谓天命之谓性,率性之谓道,修道之谓教;主张为仁由己,重视己人关系，成己成人成物；尽心尽性知天；万物皆备于我，直到致良知，仁者与天地万物为一体；是宇宙论与伦理学的合一。

二 自我认识（理解）的进路与根本性问题

以上概述表明，人对自己的认识或理解是不断变化和扩展的，而人的自我认识的扩展，既是人自身的变化和扩展的反映，又推动着这一进程。人处于开放的自我循环中，这种循环也会陷入封闭和停滞。

从以上论述，我们大体上总结出关于自我或自我认识的三条进路：

一是从我自己的意识、体验或直觉出发，主要依赖"自识"，辅之以"反思"，是内在性的自我开显之路，其目的或归宿在于人生意义的充实特别是精神世界的自满自足，并往往要"预设"或"反推"出一个超验的大我或神；

二是从感觉经验即外部对象出发突出人对自己的反思，重视经验性的自我，或自我的客观化，甚至走向对人的主体性和"自我"的解构，极端的看法是人充其量是某种"结构"及其"功能"的人格化身；

三是从人在世界中的生存（生命）活动及由此发生的关系出发，让人的自我与人的各种自然生理的和社会文化的规定性贯通起来；但这往往要基于人自己的两重性，进入并跳出主客二元的思路，将人的内在性与外在性、先天性与后天性关联起来，并给出人生在世的可能的方式与意义。

那么，从哲学上说，关于自我的最根本的问题是什么？

泰勒在《自我的根源：现代性的认同》中，将其归结为深度的"认同"，相当有道理，但又有局限，"认同"是趋于"同"，消除"异"或差异，但自我的意义并非这种单向度的精神需要，即使产生于人的宗教感的信仰可视为人的深度认同，自我对"自由"的追求却不能归结为认同。可以由自我功能的发挥理解自我，但自我不等于其功能，那样就只有经验自我而无超验自我了。

我认为，自我的问题包含着康德的"人是什么"，和舍勒的"人在宇宙中的地位"这两个密切相关的子问题。这两类问题都难有一个最终的定义，也不能指望纯粹客观的科学的研究，或心理学的研究，它必须诉诸于我们每个人自己感性的和有意识的活动。自我似乎就是自己感性的和有意识的活动，感觉与意识是我与世界连接的通道，还是隔离开来的屏障？这曾是认识论哲学长期争论的问题，但既然感觉和意识都是"活动"，这种活动既要有所"凭借"，还要指向"对象"，它就不可能只是囿于"感觉和意识本身"，政治哲学家特别指出人的自我旨在自我保存，这是感性的社会活动，每个人的自我意识当然就要引导他自己既由内而外地投身于外部世界，而又要带着从外部世界获得的财富或信息返回自身，充实和发展自身。

诚然，自我与世界、存在一样，不能是谓词，但也不是单纯的主词，不表现为谓词的主词。自我的人不能完全对象化，而又必须不断地对象化，从而由内而外或由隐而显地发挥出某种功能，实现某种属性。否则别人就无从认识你，也无法与你共事，人也就谈不上自为自主和自我实现了。

既然自我直接依赖于并表现为自己的感觉与意识，我的活动中就会渗透我的主观性，以及情感与意志。当我只会以第一人称说话做事，而不会以第二人称和第三人称看待自己即"反省""反思"时，我的主观性最强，但这种"主观性"其实是任性滥情，儿童的自我中心即是如此，这时，甚至还不能说一个人真正有了"自我"，因为他没有在认同的基础上形成人格意识，不懂与别人的界限和对别人的尊重，也不懂自我的普遍性。当自我转换到第二人称时，我就有了反思和自我批评，这种反思和自我批评是具有价值倾向性的，它既为了自己更好地生存，也是为了别人或群体更好地生存，所以是道德性的，其中有"应当"的权威性，又一定伴随着"爱"与"信任"。如果我试图进一步从第二人称转换到第三人称，像某种"批评"或"批判"所要求的：不要总是手下留情，不要犯温情主义，要完全理性地看待自己，像冷眼旁观一个陌生人一样，完全价值中立，从而达到对自己最大的"客观性"认识。只不过在这种"客观"的视界里，我大概就成了一个半生物人了，如我的身高、胖瘦、性别、种族、体力、智商等用仪器可以测量出来的指标，还有必有一死的生物学结论。这些客观性的认知是重要的，过去那些以为自己是"真龙天子"的皇帝，甚至相信自己真可以长生不老，或以为自己无所不能，凡想到的就能做到，这种无限膨胀的"自我"，必定陷入虚妄和狂妄。因而这种第三人称的认知，可以让自我不至于变成伪神，为自己确定底线。还有一种第三人称视角，即"以己为敌"，以反向的价值倾向对待自己，这大凡是对待自己的缺点、弱点，或要超越自己的现有状态，"以今日之我攻昨日之我"，磨炼自己的意志，提升自己的品格，进入新的境界，所以，根本上不是否定自己，而是通过否定达到新的肯定。至于作为极端事例的"以死谢罪"，则恰恰是为了向别人证明自己的真实的自我。

个人自我的三种人称的视角，从何处来？

当然是从生活交往中相对区分的我你他中来。我与你直接构成同一群体，甚至就是朋友关系，而朋友是"我们"，我们之间当然有情感与信任；即使做诤友，说话不留情面，也是"出于好意"。我与你的相对性，便让自我中生成第二人称视角。那么，"他"呢？他是外在于我们的存在者，他要么是与我们没有感情，也不敢信任的陌生人，要么是居心叵测甚至居心险恶的恶人、敌人，总之是异己的存在者，所以，在古汉语中，"他"来自于"它"，他与它相通，只要与"此"相对的东西都是他或它，并不专指人，"其他"一词即可说明。我能力弱小时可以顺应它，能力强大时就要改造它。"他"虽然是人，但与我未必是同类，我对他首先要警惕和防范，并且，正是因为他，我与你才要加强团结。而在理论和事实上，由于你毕竟不是我，你有你自己的利益，你也可能离我而去，甚至与他结盟；所以，我就要重视对你的"统战"；而对他最好的办法，要么是驱逐消灭，要么是同化收编，同化收编就是让他变成你，由异变同。你可以变成他，他也可以变成你。而我似乎只是我，是不变的自我认同，其实在形式上说，我的不变是对于自己而言，对于别人而言，我就成了你或他；而就内容即具体的规定性而言，我也是变化的，如从小孩变成成人、从一种身份角色变成另一种身份角色，即使没有变得面目全非，内心也会变得丰富。在生活中，我你他总是相对的，这种相对性形成了任何一个自我，都可以取三种人称视角。

我你他三方固然是相对的，但这并不意味着"自我"就失掉了第一位的优先性，每个人也是所有人都有一个自我，这个自我虽然往往要靠别人的刺激、作用来唤醒，但它毕竟是自己内心的觉醒，是自己的开悟，仿佛是人的心底有一种灵明，或有了一双内视的眼睛，让人把自己照亮了，因而，即使在感性经验的层面，人也不至于完全处于外在的因果决定论中，或者与世沉浮，随波逐流，而有了属于自己的内心世界，它是外人不容易涉足更能改变的内在"堡垒"。这个自己、这个灵明，这个光源，自己也不可能完全认识到，可思可信却不可知，因为它有先验性、先天性，它不仅如同维氏所说人不能直接看到自己的眼睛，因为它是出发点，而且因为它是康德所说如同"物自身"的"我自身"，用柏拉图的话说，是来自于前世的灵魂，用弗洛伊德的话说，是前意识或本我。总之，它对自己来说总有某种陌生性和神秘性，我们对它应当保持敬畏。这就不是同质性的唯我论，因为它属于总是具有差异的每一个人即所有人。就此而言，在经验层面的我你他的关系其实是复数的我们之间的关系，是所谓主体间性。

但是，如果个人忘记了这一点，在经验层面认为第一人称的自我具有优先性，从而自我中心、自以为是，那就会导致各自我之间的对立和冲突。所以，孔子早就有"勿意、勿必、勿固、勿我"的教诲。自我的优先性只是意味着每个人都应当自觉，应当自力更生，应当有自知之明，即唤起自己的良知良能，承担起自己应当承担的责任，甚至身先士卒，率先垂范，此即所谓"从我做起"。自我如此之优先性，恰恰能够带来人与人之间的良性关系。并且，正因为每个人对自己都所知有限，都是既熟悉又陌生，那么，认为他人（心）不可知，或他人就是另一个我，与自己没有什么区别，便都是站不住的。

值得进一步思考的是，进入现代社会，我你他的关系其实不再是传统熟人社会中的那种直接的"人际"关系，而是以权力和金钱为中介的关系，由于复杂的社会分工和分化，人们只能生存于社会特定的领域、界别、行业之中，承担特定的职能，充当特定的角色，享有一定的权利。因而，从社会的角度看，人与人之间就变成了各种职业、职能之间的关系，这种关系当然是"工具理性"的。这可以说是对原来处于人际关系中的人的符号化抽象化，今天的中国就正在经历着这种符号化抽象化：买者与卖者、开发商与拆迁户、城管与摊贩、政府官员与平民大众，这是由权力与资本所主导的人的抽象化，但这种抽象化却不等于对全社会的理性化，因为如同马克思当年所揭示的，一部分人的特殊利益采取了普遍利益的形式，甚至随处都能发现某些有权有势的人的任性，任性造成的是偶然和乱象，因而当代中国人的感受与意识，也出现了撕裂的情况，一方面，越来越重视自我，即自己当下的感觉、感受，要跟着感觉走，痛并快乐着，重在参与等,突出的是一种"亲身"性的"存在"感;另一方面,他们又处于被摆布、漂浮、茫然的状态,不仅缺少充实感、方向感和意义感,甚至连安全都成了问题。

我们不妨分析一下这种状况:

就这些个人的感受与意识的"依据"而言,其感受似乎越来具有"私己性",如钱财和权力都在"我"手里,"我"终于有了属于自己的房子,"我"终于挤上了这一班车,等等,完全是排他性的占有,基于生理需要和欲望的占有,实则是进入一种物化的物性的状态,这种状态当然是人性的扭曲和退化,也是本真自我的丧失,因为人的本能和欲望在冒充"自我"。这种本能和欲望似乎是自然生物性的,其实是社会造成的,体现着特定社会关系或社会的制度性安排,却不是罗尔斯所说的以"正义"为原则的"基本结构"。在这种情况下,"自我"为了实现自己,就要做两方面的努力,第一是在伦理道德上重新提出我你他的直接人际关系,如即使我们与学生有着商品交换关系,即马克思说的互为主客体,互为目的与手段的关系,但我们直接面对的是"你"或"你们",我们就不仅要尽职尽责,还要讲道德与感情,讲人格上的相互尊重。各种服务业也有"微笑服务","人性化服务"的职业伦理要求。那么,这种伦理性要求与他们作为社会职能和角色的要求,又是什么关系,是对它的补充或修正,还是更为根本?这就涉及"社会"以及作为其代表的"国家"组织的性质与目的的问题,如果说社会是由许多个人组成的,国家是为这些个人服务的,那么,如果它体现不出服务或服务不好,就有了第二,即公民反抗或变革"体制"的合理性,而这正是今天的政治哲学所要研究和解答的问题。

总结一下,从个体或个人主义出发看待自我,还是从社会整体出发看待自我,构成两种相反的思路。个人与社会的确有一定的区别,因为社会不是个人的简单加和,而是这些个体在互动中形成的关系网络和整体性的效能,如黄宗羲所言,公不只是众私之集合,还有兴公益除公害的要求,所以要有国家和政府,前述霍布斯洛克已论述过这一问题。社会学家往往用社会有机体表示社会的整体性。但社会有机体毕竟是"拟"机体,而非真正的生命,即使它有更为高级复杂的性质。所以,着眼于每个人的活动也是其相互关系的理论,才能将上述两种视角或方法统一起来。

三 自我在世界中的觉悟和澄明

目前,"自我"一方面在心理学和心灵哲学中得到研究,另一方面成为政治学和政治哲学的问题。除了个人主义的自我观,社群主义的自我观;有的主张政治的首要任务是区分"敌我友",有的主张政治的宗旨是"化敌为友"。这两类研究似乎没有融通。

到目前为止,人的确经历了从宗教性到伦理性再到政治性的变化,今天,世界上的多数人还在争取属于自己的权利,争取成为现代公民的资格,这一切争取到了,当然是人自身的巨大进步,因为人们普遍实现了生命、财产与法律给予的自由。自我由此而在社会中获得独立性,在相互交往中结成多方面的关系,从而使人性变得富有弹性和张力。这是自由主义一贯致力的。然而,成为社会存在物或政治存在物,并非自我的、人的目的或归宿;成为现代政治人也不等于人生的圆满,不等于人生意义的充分实现,现代政治并不能给人以完满的自我,它甚至不关注人的爱与信仰。而人的先天与后天的各种差异,人与人之间的竞争与算计,以及生活中难以避免的天灾人祸,总会使人的目的受挫受阻,人的经验性自我总是会感到"破缺"甚至"丧失",引起人的忧郁、焦虑甚至对生活失去信心,需要给予慰藉、舒解和修复。现代人由政治而重返伦理、重返宗教,从而通过寻找共同体的价值,寻找神的眷顾并超越世俗,而让自己变得充实和获得意义,已成趋势。

如果重视社群和历史传统的社群主义,有助于人们走出个人中心,那么,它是否有助于人们走出社群中心、民族中心,乃至走出人类中心主义?

如果着眼于人的自我,这里有一个自我对自身到底应当并能够发挥什么作用和多大作用的问题。我们不妨从童话说起。

在童话中,狼啊、羊啊,都被拟人化了,因而,也都有了自我意识。但童话告诉我们,即使小狼和小羊可以做朋友,一旦它们长大,其本性就会发挥作用,狼仍然要吃羊;并且,食草动物的合群习性,食肉动物的单独活动的习性,也会一仍其旧。童话中的动物即使有了自我意识,也不可能改变自己的本性,它们的意识和自我意识不过是意识到了的生物本能而已。那么，如果童话让它们改变了自己的本性呢？狼改变了吃羊的食肉动物的本性，那到头来，食肉动物与食草动物之间的平衡就会彻底打破，整个生物界的食物链就会中断，大自然的逻辑或合目的性就要被破坏了。所以，就自然而言，谈不上"万物并育而不相害"，只不过"害"在这里不是人为的"害"（恶或罪）。

那么，有了自我意识的人，能够在个体生理与社会结合或社会组织两方面，发生多大的变化？

我们知道，人是由高度的灵活性与合群性的类人猿"脱胎"而来的，在外部环境的压力下，类人猿发展出前后肢分工的活动而向人转换，他更主动地制造和运用工具，从主要草食变成杂食，逐渐学会了驯养动物和培植植物，从逐水草而居变成定居，生存条件不断得到改变，环境也不断打上人的意志的印记，还从定期发情变成随时可以发情，因而也相应地有了乱伦禁忌；有意识地维护自己和所属血缘群体的需要，推进着内部的信任感和爱的情感的发展，形成对"我们"整体的认同和团结，尤其是创造出一系列的象征性的符号，如本群体的图腾，集体行动的号声等。这个过程不仅与"我们"应对自然对象的活动相伴随，还与应对其他群体的生存竞争相伴随，由此发展出对"他们"的冷漠和排斥，甚至对"他们"的敌视心理。应当说，人的动物性发生了重大的变化，这种变化甚至以生物遗传的形式遗传下来。

但即使如此，我们也仍然说，人之所以成为人，不在于人的身体有什么优越性，相反，人的生理机能的弱势却成就了人的强大，促使人类发挥自己的意识功能，形成知识，发展技术，工具成为人的肢体的延伸，语言符号则成为人的智力的延伸，并发挥社会分化与整合的功能。所以，即使人的自然本性变化有限，但人们在共同的活动中创造的器物，自生自发地形成的习惯与规则，则不仅使人跳出生物界的食物链，而且居于食物链的顶端了。但是当着人变乱了自然的秩序，同时变乱了自身的秩序，包括人的行为方式和相互关系，人们原来的生活首先会出现混乱，造成失序，甚至威胁到共同的生存。人的"自我意识"的产生，恰恰要对此给予思考并提出解决的办法，摸索出适合人们新的能力的新的生活方式和秩序。这标志着人的文化与社会的产生。文化不仅让人的生存变得更有效率了，而且由于宗教和伦理意识的产生而变得"文明"了，所以人并非简单的超级动物，尤其是对内部而言。

那么，人类由于自我意识而导致的自身变化是否有一个界限呢？变化的方向是什么？人的身体的生物性及由此直接决定的心理方面，是不容易改变的，如趋利避害、恋生畏死的本能，不仅不会轻易改变，还会因为人的意识与文化而加强，人的意识与文化都有对人的本性的顺应，也必定有对人的本性的某种违逆。人的意识与文化，正是在人与外部世界，以及人与自身既一致又冲突的矛盾关系中形成的，尤其是对个体能力及欲望的限制与开放，如乱伦禁忌，就有对个人性欲的克制或克服，这当然不是简单地禁止人的性行为，而是让人们到其他氏族寻找自己的性伴侣。这是有利于氏族共同体发展的要求。所以，人的自我意识及由此导致的人的行为和生物性方面的变化的"逻辑"，是个体发展与群体共同生活的一致。但所谓群体，无非是所有的个体的集合，这些个体相互间的一致，就只能被理解为他们的良性互动，即有利于合作与共生的良性竞争，否则，竞争就变成了一种一部分人对另一部分人的压迫性与盘剥性关系，或所有人之间的互害模式，而显然是不利于群体的正常生存和繁衍生息的。

因而，人的自我意识哪怕把自己想象的极其伟大，神圣，也改变不了两个东西：

一是个人身体的生物性和两性结合的繁衍模式，除非克隆自己；我们关心的环境问题、地球生态问题，都是对人的身体的威胁，所以如老子所言：吾所以有患，谓我有身，及吾无身，何患之有。如果说只有人的肉身才需要一个由物质和能量构成的世界，那么，自我意识或心也只有通过肉身并支配肉身的活动，才能与世界相贯通；而自我意识或"心"总是寓于身体及其活动中，所以可以相对地承认身心两重性，但不能认可灵肉二元。

二是所有人在互动中自然地趋向所有人的共生共存，因为每个人的自我，自发自主地追求自由平等，只要有了相应的社会条件，就要将其实现出来。除非把内部一部分人或外部群体的人消灭，——由此引发的问题也必定反作用于那些消灭别人的人。当然，人先天与后天的差异，使其在竞争中往往导致不平等，在历史上最显著的是垂直式的差别即等级差别，如果说传统社会多是靠上下流动减弱这种差别带来的高低贵贱和不公不义的话，那么，现代社会则致力于变垂直式差别为水平式差别，即劳动分工意义上的职业、职务的区别，以及政治上的民主与自治，从而使所有人之间形成互动互补的关系，在这一基础上的等级式差别，将主要取决于人的能力和贡献，也包括承认某种天赋，如选美，而并不具有人格或政治歧视的性质。

对任何概念或主题的理解，都离不开一定的背景和语境，对自我的理解同样如此，即使自我是一个极其特殊的对象，那就是它不能完全对象化，并有自明性，但这种自明性往往伴随难以自知的"无明"，而每个人的自我感觉与意识，其实总是关联着与其相互作用的两类对象，一是自然现象界，如同我们从醉酒中醒过来，首先要确定自己处于"何时""何地"？"此在"就是时间性的"此"与空间性的"在"的统一；二是他人，我看着这张纸是红的，为什么别人都说是绿的，我是否有色盲或色弱问题。至于超越时空的"我自身"，我们也会参照"物自身"的概念加以想象，尽管我们的想象是极其有限的。

在传统社会，人们对自我的理解也是上下垂直式的，或者说是纵向的，下面是肉是物，上面则是灵是神，处于中间的我具有两重性，并且有着上天堂和下地狱两种可能性。这种理解对于人的生存和发展曾经发挥了极其重大的作用，也伴随着对人自身的严重戕害，至今也不无正反两种意义。但进入现代，另一种左右水平式的，或者说是横向的理解方式，逐渐地处于主导地位，这就是，自我的一面是"自我"之"自"，自然、自在、自发、自觉、自为、自由，而自由就是中国人常说的"自在"，可以说，自然本身就是大自在。"自我"之"我"，作为自觉、自为、自由，既缘于前者，又成于后者，这就是自我的另一面，即与自我相对的"你"与"他"，自我与你构成共同生活的我们，与他则形成竞争性关系。"他人"其实并不具有固定的终极的意义，前述他与我，与你的相对性，已说明了这一点，也只有这种相对性，才为自我的自为与自由提供了现实的可能性。而具有固定的终极意义的"他"，不是其他人，而是"物的世界"，因而，构成全人类的是我你他，当着人类成为命运共同体，一方面，他人就成了你，人类成为"我们人类"；另一方面，那作为终极意义的"他"即物质世界，就会全面地成为人类必须应对与适应的"对象"或"境域"，而让人类超越与对象世界的主客二分的，用康德的话说，就是"我自身"与"物自身"的作为人的统一的信仰对象，因为它是人类永远要信靠的基础或母体。在此基础上或母体中，我们人类才能最终实现自由，也就是重回大自然；而在此基础上或母体中，与我们发生着具体关系的对象，与我们的关系是"亲兄弟，明算账"，亲兄弟是本体论或存在论关系，明算账是认识论和方法论关系。

  有这样的认识与信仰，人类方能不断地逼近"道并行而不相悖，万物并育而不相害"的理想，自我作为觉悟者，有道者，才能进入澄明之境。然而，当下在全球范围内，反全球化的民族主义民粹主义正在重新兴起，而民族主义民粹主义无非是一些人的"自我"在受到挤压或感觉被边缘化时，采取的一种抱团取暖的行为，是一种具有一定历史的合理性和正当性的本能行为，其利益与感情应当受到照顾，并且即使阻拦不了全球化的大趋势，也会不绝如缕地出现。就此而言，上面说的境界，或许是我们永远的愿景。

文化自觉的主体性维度*

——对文化自觉"时间轴"的哲学反思

蔡后奇　洪晓楠**

文化自觉的提法，最早由许苏民先生在1986年提出。1997年，费孝通先生将文化自觉定义为："生活在一定文化中的人对其文化有'自知之明'，明白它的来历，形成的过程，在生活各方面起的作用，也就是它们的意义和所受其他文化的影响及其发展的方向。"[①] 后来，汤一介先生又确认了文化自觉的主体是中华民族。文化自觉论虽然主要是在社会性和人类学的领域中展开的论述，"然而'文化自觉'的理念及费老的论述涉及的内容远远超出社会学、人类学范围。"[②] 我们主要从哲学的视角来反思文化自觉论。许苏民先生、费孝通先生、汤一介先生告诉我们文化自觉是什么，但是没有从主体性的视角，告诉我们文化自觉从哪里来，文化自觉的现状如何，文化自觉要通过什么途径到哪里去。费孝通先生曾用数学修辞的方式，给文化自觉画过一个坐标轴，其中的纵轴是从传统和现在创造性的结合中去创造未来，这是文化自觉的时间轴。遗憾的是费老并没有太多的论述，没有澄明出文化自觉在历史、现在和未来的发生机制和动态发展图景，也没有明确指出历史怎样和现在创造性的结合。在建设社会主义文化强国成历

---

* 本文系国家社科基金重点项目"扎实推进社会主义文化强国建设研究"（13AZD016）阶段性成果。

** 作者简介：蔡后奇，大连理工大学人文学院博士研究生；洪晓楠，大连理工大学人文学院教授，博士生导师。

① 费孝通：《反思、对话、文化自觉》，《北京大学学报》（哲学社会科学版）1997年第3期。

② 王俊义：《一位世纪学人的文化情怀——费孝通先生"文化自觉"论解读》，《学术研究》2003年第7期，第9页。

史必然趋势的时代背景之下，这些反思是必要的，能充实和完善作为文化强国建设重要精神动因的文化自觉。大致说来，文化自觉终极源动力是人类实践活动，但是这不是最为直接的起源，而是在物质实践活动达到一种文化精神层面的文化实践之后，才形成文化自觉，其中主体性的觉醒起到极为关键的作用。哲学主体性是文化自觉的理论起点，历史实践活动是文化自觉的现实起点。但是主体性主要向经济、政治和文化三个方面敞开，其中文化自觉发展了主体性的文化维度。当代中国的文化自觉不容乐观，主要是因为历史主体受到资本逻辑形而下的单向度魅惑和在文化霸权重压之下的沉沦。但这不是一种历史的恒定状态，文化自觉作为一种双向度的历史发展动力，其内在意蕴能打破现代世界的拜物魅惑。文化自觉向未来社会开放，只有将文化自觉发展成为具有未来视野的社会主义文化自觉，充分发挥文化主体的创造性、批判性和超越性，在建设社会主义文化强国的过程中不断积极实践和努力探索，才能完成文化自觉的历史使命。

一 文化自觉的历史源起：从主体性实践到大众的文化自觉

主体性（subjectivity）是一个哲学概念。笛卡尔提出"我思故我在"，将人的主体性规定为人的自我意识运动，为人的自我意识运动开辟了一个先验主观主义的新场域，后经康德、费希特和谢林的唯心思辨，主体性在黑格尔哲学那里运动成为精神主体论。德国古典哲学家虽然高扬了主体的能动性，但究其根本，他们也只是在本体论和认识论层面高扬了心造幻影式的唯心主体性。与先验精神主体论相对应的是狄德罗、拉美特利等形而上学唯物主义者所主张的物质主体论，但人的主体能动性，完全被他们湮没在物质世界冰冷的逻辑必然性所藏身的客观规律之中，人只能服从客观规律去认识世界，但不能利用客观规律改造世界。这正如马克思所言："不是把它们当做人的感性活动，当做实践去理解，不是从主体方面去理解。"[①] 马克思主义哲学所认为的主体性是指，人在实践的过程之中所表现出来的能动性、目的性和创造性等属性，是对主体的内部张力的复写、

---

① 《马克思恩格斯选集》第1卷，人民出版社1995年版，第11、58页。

摄影、反映客观实在性的共同规定。自由是主体性的终极追求，并且自由和主体性也具有内在的一致性。马克思认为，人"由于有表现本身的真正个性的积极力量才得到自由的。"① 自由是主体性的归宿也是主体性的动力，在主体性追求自由的过程之中，正是人类受到自由理念的驱使，发现在生存现状压迫之下，作为自身内在结构的灵肉失衡，人为了改变这种失衡状态而付诸于实践，这种实践动能不断冲破现世之岸的时间长河。人在面向未来的历史空间追求更加完善的主体性，也是基于对现实不满所迸发出的历史正能量。当然，这只是对历史发展的轨迹所作的最粗线条的描述，任何一种历史形态的进步不是单一作用力的结果，而是恩格斯所说的"历史合力论"②，自由作为一种历史发展的源动力，也作用于其他的社会发展动力。大致说来，主体性对于历史演变的积极作用力主要体现在三个方面，即追求更加自由的生产力的经济关系变革、在经济生产力达到一定高度之后所追求的具有更多自由属性的制度变革，以及"现实本身应当力求趋向思想"③ 的文化方面的变革。相对于历史发展的政治变革动力和经济变革动力，文化的变革动力要隐晦得多，几乎是处在被遮蔽的状态之中。究其原因，文化在历史发展处表现出来的动力，一方面很容易被作为生产力、生产关系、经济基础、上层建筑之间的矛盾运动所导致的宏观变革所遮蔽；另一方面，也是由于文化在历史发展处转化为动力的复杂机制所致。马克思认为："文化上的每一个进步，都是迈向自由的一步。"④ 所以，对于社会发展的文化动力的研究也是历史唯物主义研究的重要维度，这种复杂的演变过程我们不能不考究。大致说来，抽象的文化转化为促进历史发展的动力，必须转化为人民群众的文化自觉。这中间的转化机制大致可以分为以下几步：

第一，主体性的充分觉醒。主体性深深植根于人的实践基础之上，主体随着人类实践活动的创造性开展而渐渐觉醒。主体的觉醒，起步于人类劳动实践活动的物质生产层面，而后是精神生活层面的觉醒。随着人类精神生活辐射圈的不断扩大，人对于哲学的自觉意识也会渐渐萌发。只有在

---

① 《马克思恩格斯全集》第 2 卷，人民出版社 1979 年版，第 167 页。
② 《马克思恩格斯选集》第 4 卷，人民出版社 1995 年版，第 697 页。
③ 《马克思恩格斯选集》第 1 卷，人民出版社 1995 年版，第 11、58 页。
④ 《马克思恩格斯全集》第 20 卷，人民出版社 1971 年版，第 126 页。

当一个民族的哲学诞生之后，才确立这个民族文化的主体性。哲学表征为一个民族成熟的在世方式，只有当主体成熟为哲学自觉的高度，才能对所有的人化现象进行立体的批判、反思和建构。"哲学是时代精神的精华"，只有从哲学的层面确立主体性，才能把握住时代的脉搏和拨开时间的迷雾，澄明民族前进的方向。比如我国从奴隶社会向封建社会的过渡得益于先秦诸子哲学的百家争鸣，由封建社会向社会主义质的飞跃的过程得益于马克思主义哲学。所以，经过哲学思辨的主体才是一种成熟的主体，在此主体上构建起来的人生观、价值观和世界观才能沉淀为一种对历史、对现实、对未来的深沉的文化自觉意识。也正是在哲学主体性的确认之中，人类能体察到自我在浩瀚时空大全的在世性，能自知到苏格拉底式的"无知"，能省察到黑格尔式的"熟知"非"真知"，能思辨到老子"道可道，非常道"朦胧语境背后的宏大宇宙规律、历史节奏和生命韵律。主体的创造性冲动是人冲破此岸世界向彼岸世界涌动的本质性力量，人在追求终极关怀的途中，也正是人从被抛性走向创造性、从常识世界迈向真理世界，从自在自为状态质变向自省自觉状态的总体性道路。所以，哲学主体性对于文化自觉有着逻辑在先性，文化自觉植根于哲学层面的主体性之中。但是，主体性基础的文化自觉，仅是文化成为历史发展动力的第一块砖，并且是一块经过形而上学抽象之后看不见的砖，所以，文化自觉的实践主体必须得到确认。

第二，文化精英的文化自觉。文化自觉作为历史文化现象背后的精神力量，也是一种理性和非理性纵横交错、地理民风限制、政治经济隐形操控的文化合力。针对历史同一时期的文化自觉程度而言，不可能是群体的齐一式苏醒，所以相对于大多数人而言，文化自觉意识需要那些具有先知先觉时代领潮人士唤醒。相对于历史演变规律而言，物质生产形态的新旧换态的前在性条件，是人的精神形态的新陈代谢，文化精英是历史规律和作为历史的人的文化自觉合力的结果。文化精英有足够开阔的历史视野，能觉察到那种落后的具有坏的循环特征的生产力和生产关系交互作用所产生惰性周期，在落后的社会形态之下保持独立人格，冷眼蔑视落后文化所熏陶出来的只知低头于当下膜拜权贵的趋炎附势者，作为时代的良心，能先于时代勾勒出社会形态"应是"的崭新历史图景，提前预设一种趋真善的价值观、趋平等的权利观、趋公平的正义观。作为时代的先知者，他们能够提供一种"批判的武器",虽然这种武器只是一种寓身于文本之中的批判,但毕竟是"武器的批判"的前提。"历史观念的每一次变革,都为人们提供一种'新的'历史图景。"① 比如在中国奴隶社会中代表先进文化的诸子百家,在近现代民主主义社会中代表先进文化发展态势的陈独秀、毛泽东、刘少奇等人,他们的文本中蕴含着生产力变革生产关系的可实践路径、未来更合理、更具有善良意志的生产关系结构、更具历史情怀和未来维度的意识形态体系。这是文化精英的文化自觉意识的体现,文化精英是历史发展的指南针、是富有创造性革命精神的时代急先锋、是先进文化自觉的实践主体。但是,文化精英毕竟是具有先知先觉特征的文化自觉主体,他们的批判现实的武器也只是一种文本的批判,如果不把这种小众文化自觉转化为大众的文化自觉,顶多算是一种悬空的批判,而不是马克思所讲的"批判的武器",也不是毛泽东所讲的"星星之火,可以燎原"的那烛星火。

第三,文化启蒙得以完成。文化启蒙的成功,是劳动人民的文化自觉意识大爆发,是一种崭新的社会文化形态深入人心之后激发出来的人类改造现实的冲动。相对于普通大众的"后知后觉"或者"不知不觉"的状态而言,文化精英的先知式的文化自觉必须通过大众化的途径来实现对大众的启蒙。"这些创新一旦为群体所接受,就进入人文世界的内涵,不再属于任何的个体了。"② 精英文化大众化的途径有多种:先进文化理论的实践化、语言修辞的日常化、素质教育的普及化以及行为中介的合理化。比如作为法家代表人物的商鞅,是通过利用旧制度中的职权,将代表先进文化的法家思想注入封建主义生产力之中,以和人民生活密不可分的土地为中介,变革了生产方式,完成了封建主义文化的初次启蒙,向广大百姓传达出一种崭新的生产关系图景,通过形而下的方式将一种崭新的文化注入百姓心中,从而开启了他们的文化自觉之路,以此手段实现了封建主义文化的大众化。文化启蒙成功之后,一种先进的文化观念通过大众化深入人心,民众的文化自觉也随之觉醒,这也就代表了历史的不可逆性,这种大众化的文化自觉代表着历史发展的大趋势,同时会以燎原之火的时代态

---

① 李鹏程:《当代文化哲学沉思》,人民出版社1994年版,第365页。
② 费孝通:《关于"文化自觉"一些自白》,载于《学术研究》2003年第7期。

势，在传统社会的旧思想中迅速辐射开来，以摧枯拉朽的力量对落后思想文化的支柱进行瓦解。陈独秀等领导新文化运动以来，科学的大旗一直插在封建愚昧的坟墓之上；邓小平开改革开放之先河，代表价值规律支配资源的市场经济文化取代权力支配资源的国家计划经济文化，已经是众人皆知的道理；江泽民十五大报告中依法治国的提出，使法制代替人治，也是人民法治文化自觉所涌动而成的历史新动向。以上都是较为成功的文化启蒙的案例，虽启蒙的范围和层次有所区别，但其中的规律大致相同。但是，文化启蒙的完成只是在历史形态或者某一社会形态的转折处才出场的，文化自觉如何作为一种历史发展的恒动力而在世？这就需要文化自觉对于社会现实保持着永不消逝的自主力、批判力、实践力、创造力，这主要体现文化自觉对于主体的反作用力。

第四，文化自觉对于主体的反作用力。经过文化精英对于大众的启蒙，一种崭新的社会文化形态由理想变为现实。但是，这种新的文化形态，对主体有舒缓的麻醉作用，主要体现为在安于现状的现状中，主体批判性的逐渐消失、追求"至善"的激情逐渐消退。我们应该清楚地认识到，一种新的社会文化形态，是构建未来社会形态的硬件和起点，只是在宏观方面推动历史发展，但是在微观的层次之中，仍需要实践主体的批判能力。"文化进步源于对现状（即人的生命存在的现实状况）的批判性思考，即一种优化人自身的意向的产生。"[①] 这种批判能力，是文化自觉的应有之义。在由"善"通往"至善"的途中，文化自觉应一直是主体的"清醒剂"。文化自觉要一直反作用于主体，要求主体对崭新的社会形态的塑形力不能消失，认识到社会改革的间歇性完成不意味着历史文化使命的完成，从而保证现实社会在历史坐标不迷糊、现实批判力不消失、勾勒未来社会文化形态的激情不消退。针对中华文化而言，正是这种民族主体的深沉文化自觉意识才保证了中华文化的主体脉络没有中断。

但是需要指出的是，文化自觉形成以后，不是一成不变的历史恒定态，其宏观脉络表现为一条上下起伏的波浪线。这是由文化自觉的载体所决定的，大致可以分为文化精英的文化自觉和作为启蒙对象的大众的文化自觉。在历史转型或者在文化大繁荣的历史时期，文化自觉处于高峰期；

---

① 李鹏程：《当代文化哲学沉思》，人民出版社1994年版，第387页。

在历史的其他时期,除了文化精英保存文化自觉的种子之外,普通大众的文化自觉往往是处于潜伏期。在我国的现当代时期,市场经济在我国落地生根之后,资本逻辑对于文化自觉的影响也是显而易见的,这主要表现为,对大众文化自觉的压抑。作为一个有忧患意识的民族,对当下的文化自觉现状有必要进行哲学层面的反省。作为时代文化精英的文化共产党人也是意识到这一点,所以先后提出文化建设的方针和政策,以改变当下文化自觉受压抑的处境。

二 文化自觉的现世图景:资本逻辑压抑之下的大众文化自觉"呼吸之难"

资本逻辑压制住了大众的文化自觉。其实,资本是一个哲学辩证性和历史可塑性很强的中性概念。在人类的历史发展中,资本一度被历史塑形为具有善良意志的发展驱动力,邓小平的"市场经济不姓资也不姓社"就是在语境中绽放的理论之花。但是如果少了制约资本运行的人文环境,人不去追寻精神世界那只隐形的手,人的精力被价值规律那只隐形的手牢牢攥住,资本很容易"裸奔"成一种引发人的原始欲望的魔鬼,其中对自然环境的破坏、对道德伦理的侵蚀、对南北政治的影响、对经济发展的缺失人文理念的单向度误导,以及对表征人类有规律呼吸的文化自觉的压抑,都成了时代质问资本的话题。没有制约机制的资本,既破坏了自然生态也破坏了文化生态。这种"裸奔"的资本,是资本逻辑的充分外化。在当代社会中,资本逻辑表现为资本在追求资本利益最大化的过程中,外化为规训身体机器的社会管理模式、城市空间的塑形、工具理性引导欲望逻辑的无人、无生命、无身体的物质和消费符号至上的世界。资本逻辑是通过把人的视野引向非生命本真的虚假消费,以此抽空人的文化生命;而文化自觉是有历史、有现在、有未来的关切自身。文化自觉和资本逻辑像太极阴阳鱼一样交织成"欲望—生命"的辩证境域。但是在我国现代社会,资本逻辑是处在优势地位,除了中国文化精英对资本逻辑保持应有的批判和反思之外,资本对于大众是处于一种肆虐状态的,简要说来,对于大众的文化自觉的压抑可以归纳为以下两点:

第一,资本拜物教压抑了大众文化自觉之"吸"。根据费孝通先生文化自觉论的"时间轴"提出的观点，文化自觉应在现实和历史结合的创造性视野中关切未来，但是结合文化状态来看，文化自觉被资本逻辑遏制住了回归文化历史和感知文化现实的维度而无从"吸气"。资本拜物教把人的视野聚焦在当下，通过制造不断边缘化的奢侈符号实现了人的自我主动囚禁，作为文化自觉维度之一的当下和历史之间的联系，在日常生活世界中被切断了。所以，拜物教统治的年代，可以被称为对历史文化自觉的遮蔽时代。尽管有些民族文化精英也对大众进行历史引导，试图唤醒国人文化自觉的历史维度，但是他们对历史的唯趣味化解读和对历史经典文本的心灵鸡汤式阐释，是鲜有历史厚重感的速食文化，这些片段化的文化碎片经不起资本逻辑之于人的迅猛冲击，人的历史总体意识仍是处在被遗忘的境地。人被拜物教囚禁于当下。同时，拜物教还遏制了作为现实的文化交往，让国民的现实文化意识成为了抽象。资本拜物教的驱动机制是资本外化为某一阶段的工具理性，工具理性是将科技的认知模式和思维方法，通过日常生活的微观影响，逐渐渗透到人类的精神文化层面，完成了对人的科技化塑形。自此，国人诗性智慧构建的精神家园，被偷换成测量工作效率和效益的有专门化标准的量化机制，这种"量化"对于人的微观心理的影响，放在生活世界的图景中就表现为资本的拜物教，是对物的标价的追逐。身为拜物教徒的大众之间的关系，也不再是"真我"主导的本我需求之联系，而是将他人异化成可以盖棺定论的默默无声的客体，都是供"我"操作的工具，人和人之间只剩下物的连接。由此资本拜物教所规训出来的人，只是追求物质的欲望机器，人在主动追求无限升级的新产品和层出不穷的商业符号时，物实现了对人的单向度魅惑，人在资本逻辑统摄的粗糙的实用主义世界中沉沦下去。在资本逻辑盘踞大脑之后，人与人之间关系被填充上效益原则、竞争原则、权力原则和现实原则，人们之间的传统美德、本我交往、善良本性、道德约束被打破，人被作为"物"的自我所囚禁，切断文化交往。拜物教切断了文化自觉的历史维度和现实维度，只剩下作为物的空壳的大众也就表现为公平的倾斜、道德的黄昏、善良的迟暮、正义的遁形。

第二，资本文化霸权压抑了大众文化自觉之"呼"。西方发达资本主义国家，在漫长的资本积累、增殖过程中，已经意识到资本逻辑像是"抽象的蛇"一样善于发现空白。他们根据资本规律和人之所需，创造性地把资本和文化结合在一起形成文化工业（culture industry），并随着强势资本的外输达到了文化输出的意图，以完成一种后殖民特征的文化霸权占据。约瑟夫·奈更是将"软实力"（soft power）作为考量国家综合国力的重要标志之一。西方文化霸权主要是通过文化产品的资本化、现代科技的快捷化、产品物种的多元化实现了其在世界范围内文化资本的盈利。西方马克思主义者、后现代主义者和后马克思主义者对此也进行了激烈的批判，但是我们仍是处于文化资本前批判时期。我们批判的视角是怀着"华夏文化疆域"的民族情感进行文本对文本的批判，尚未处于西方学者基于资本的实践基础之上的主体文化自觉的高度，一方面是由于我国文化生产力处于相对落后的状态，作为文化资本实践的文化产业也是刚刚起步；另一方面是，西方文化霸权以大众商品为输出物，搅乱了我们从当下文化现状突围出去的文化自觉意识，我们的文化想象力、文化创造力也处于相对落后的状态。在此全球文化霸权的境域之下，国人以包裹着资本逻辑的西方大众文化为营养，主体的文化自觉悄然滑向了对资本符号认同的形而下沉沦，此时的文化自觉尚不能给物欲社会提供一份自由呼吸的氧气。但这些正是我们文化自觉的前自觉，意识到自身的不足正是我们意识到此时正处于文化涅槃的境域之内，这是文化新生的前在条件。所以西方的文化霸权绝不是历史的恒定态，文化资本是西方资本逻辑的黄昏景观，而我国的社会主义文化产业尚处于起步阶段，民众的文化自觉意识必然在西方大众文化的烈火中获得新生，打破西方的文化霸权是必然，大众文化自觉的自由呼吸也是必然。

然而，对文化未来图景的展望也不能遮蔽当代中国被资本逻辑压抑的现实症状。针对这种切断了民众的历史意识、异化了市民社会的资本逻辑为何能在当代中国肆虐横行，我们首要的任务是追问其如何形成的，即追问资本逻辑造成了大众文化自觉"呼吸之难"的原因。大致说来，主要有哲学层面、认知层面和运作层面的三个层面的不足：

首先，哲学层面是对资本逻辑的误认。我国关于马克思主义哲学的解读存在着把"马克思哲学黑格尔化"[①]的哲学误读。"黑格尔的绝对精神

---

① 俞吾金：《被遮蔽的马克思》，人民出版社2012年版，第3页。

辩证法被置换为恩格斯的自然辩证法。"① 恩格斯将辩证法的载体误认为是只有物质属性的人化自然,而不是马克思所认为的"全面发展的人"。这一点影响了我们对于资本逻辑本性的判断。资本世界虽然是一种崭新的社会关系图景,但是从黑格尔的视角看来,资本正是"绝对精神"在现实世界中"外化"的体现,它将人化世界中万事万物的演进规律,辩证成资本为了实现其内在精神的螺旋上升图景,在追求资本全球化这个大写的"一"的过程之中,先后扬弃了田园牧歌的农业生产、机器轰鸣的大工业生产,千手智能的自动生产线,在一种虚拟资本中回归到抽象的"绝对精神",构建起"虚拟货币——科学技术——文化资本"三位一体的世界精神,也建构起拜物教徒追逐膜拜资本、物与物的关系吞噬人与人的关系的"新神学大全"。恩格斯的自然辩证法,虽然对黑格尔的神学辩证法进行了唯物主义的改造,但是他只是归结到没有人的精神文化维度的"自然"。放在资本的领域里,我们按照恩格斯的思路,也只是将"神学资本"置换为"自然资本",自然资本的辩证运动仍然是冷漠无声的物,马克思所关涉全面自由发展的人,在恩格斯的自然辩证法里是不见踪影的。并且,恩格斯对思维和存在的关系也有一个误判,即恩格斯是按照"黑格尔关于'思维与存在的同质性基础上的思维与存在的同一性'的观念来阐释马克思,从而把马克思关于'以思维与存在的异质性为基础的思维与存在的同一性'的新观念完全遮蔽起来了。"② 按照恩格斯的观点,能动的存在和能动的思维是同一的,这样就把资本和人的异质性的特征忽略了,在此同一性作用的统摄之下,人就陷入了资本逻辑从运动开始就设好的圈套,丧失了人的精神文化维度。恩格斯用黑格尔遮蔽了马克思,也影响了我们的思维方式,我们也大多在恩格斯的自然物质世界里理解马克思的"全面自由发展的人"。人的精神世界的建构似乎没有出现在恩格斯的视野之内,对资本的文化自觉完全被物的属性掩盖了。在市场资本初入我国之后表现为善的特征之后,现在资本对人的单向度塑形也开始彰显。所以在回答完"贫穷落后不是社会主义"之后,也要开始回答"文化落后也不是社会主义"。如何建设先进的社会主义文化,首要任务是"回到

---

① 俞吾金:《被遮蔽的马克思》,人民出版社 2012 年版,第 13 页。
② 同上书,第 8 页。

马克思"，唤醒符合时代需要的大众的文化自觉，并以此作为精神动因，在具体实践中将资本关进文化的牢笼中去，创造出适合文化和资本共生态的文化氛围。

其次，认知层面是人文和技术的断裂，即没有认识到理想的生产力模式应是"技术——科学——文化"三位一体的生产力。在现实生活中，就导致了重视实用的技术，而轻视文化的传承和创造。技术是资本逻辑的外化，在一个追逐物的世界里，技术很容易成为资本的工具。"科学技术是第一生产力"，科技曾一度被认为只是在物质世界里的第一生产力，这主要是对科技的"技术"层面的指认，而没有意识到科学技术中的"科学"层面也是一种"精神生产力"，并且"精神生产力"对于科技的发展能起到积极的反作用力。所以，科技一直被普通大众在概念误认的前提下，在被用作造物的世界里，改变了对整个社会的价值认知。在教育领域里，重理工而轻人文；在生产的领域里，人们更加看重能够直接带来财富的技术人才；在生活领域里，人们对技术之实用的认知也高于对人文的认同。技术和工具理性融为一身，在日常生活世界中通过微观的心理控制阻断了人们对于文化和技术之间的关联，人们有"技术自觉"而没有"文化自觉"。其实，在物质世界里，技术万能论可以成立。但是人之为人，就在于有精神文化生活的存在。所以，在人类社会的图景中，技术和文化的断层是应该的，在二者之间还有科学作为中介，"技术——科学——文化"辩证成为一种先进的文化生产力是社会主义文化强国的现实驱动力之一。

最后，运作层面是对资本运行环境的缺少人文情怀的制约。资本不姓资也不姓社，但是要区分出资本主义国家的资本逻辑和社会主义国家的资本逻辑，资本主义国家的资本逻辑的最后归宿是财富，而社会主义国家资本逻辑的起点和落脚点都是人。但是相关的理论建设还没有形成体系，所以在此之前，我们都是简单照搬西方资本运行的方式。但是我们应该看到，西方资本运行初期的恶劣环境，都是直奔财富而去而缺失了人文情怀制约的裸奔资本，但追求资本如饮海水，越饮越渴。所以资本在资本主义社会的环境下运行，就表现出资本鸦片的属性，资本秩序遮蔽了生命价值秩序。这些也正是西方学者批判的重点，我们原版照抄，结果就是和他们"学坏"，资本运行的环境少了人文情怀的约束，同时也压抑了让人文精神涌现的文化自觉。我们在引进西方资本运行环境之中，为了防止跟着他们"坏后才好"，被压抑的文化自觉急需苏醒，批判地学习、创造地改造，以完成资本向人而不向物的转向。所以要将资本放进文化的牢笼里，来建构起适合社会主义资本运行的新环境，激活人的文化创造力和文化想象力，以此来改善文化生产力，最终达到让资本逻辑为全面发展的人服务的目的。

我们从文化自觉历史发展的脉络中可以看到，只有在物质实践活动达到一种精神生活"不得不发"的状态之后，才会有以文化精英为载体的文化自觉涌现。中国共产党人中的文化精英体系早已形成，社会主义核心价值体系作为文化大启蒙的大众化道路正在铺建，道路的不远处，即为文化自觉的"应是"景观——社会主义文化强国。

三 文化自觉的"应是"景观：社会主义文化强国

建设文化强国是中国的又一次精神大呼吸，从邓小平同志的精神文明和物质文明两手抓，到江泽民同志"三个代表"的"中国共产党代表先进文化的前进方向"，到十七届六中全会通过的《中共中央关于深化文化体制改革推动社会主义文化大发展大繁荣若干重大问题的决定》，再到党的十八大报告中明确提出了"扎实推进社会主义文化强国建设"，说明我国正在从文化精英的文化自觉意识凸显逐渐走向了对大众的文化启蒙的新境界。在此宏观战略的大背景之下，国内对于文化自觉、文化自信、文化自强、文化生产力、文化软实力、文化创造力等概念的研究和讨论将会交织成丰富的辩证图景，文化大繁荣应是时代发展的必然趋势。相对于其他文化概念而言，文化自觉则和文化源点的理论距离更近，文化自觉是其他文化范畴的意识前在性建构。在此境域之下，大众的文化自觉也是呼之欲出。社会主义核心价值观是文化精英对大众的时代大启蒙，大众的文化自觉在此也是蠢蠢欲动，文化精英的任务是对于大众化启蒙机制的完善和健全，大众的时代任务是对于这种启蒙机制主动迎上，双向发力，共建社会主义文化强国。文化强国和文化自觉有同构性的一面，同时也有异质性的一面。大致说来，文化自觉和文化强国具有内在理念的一致构造，彼此为镜像，又彼此成全，二者都是为人的全面自由发展做铺垫。同时还具有明显的异质性特征，即文化自觉是路径，文化强国是目标；文化自觉是主观意识，文化强国是具有客观标准来衡量的主客统一体。社会主义文化强国能成为文化自觉的"应是"景观，主要是受文化自觉的超越性、价值引导性和创造性所驱使。

第一，文化自觉的创造性。文化自觉不仅仅是对于传统和现在知识层面的数量积累，还是一种具有向未来喷薄的智能意识。其创造性体现为一种精神的不安分的状态，表征为对传统和当下文化现状的深刻反思基础之上建构起来新的文化实践维度，在文化自觉向未来创造的驱使之下，传统的历史表现为一种能动的动态文化系统，和现实文化进行交流、碰撞、新生。现在的任何一种创造活动都是关照未来的，放在建设社会主义文化强国的大背景下，文化自觉的创造活动是建设文化强国的精神动因，也可以作用于文化实践。文化自觉对于文化实践的影响，主要是在于让主体的文化实践模式朝向更完善更合理的未来维度，文化自觉的创造属性给实践主体提供了生产力飞升的可能。主体在文化自觉创造性的驱使之下，其意志与情感、知识和艺术也开启了向未来创造的大门，这些主体性的要素从文化精英层面逐步渗透到大众层面，大众对于生产力的文化认知、对生产结构转型的主体动力，都将由此开启。并且，我们进行的社会主义文化强国建设，是人类文化史上前所未有的壮举，没有现成的成果可以借鉴，所以我们要格外重视文化自觉的创造性，启发大众的文化创造力，唤起人们的文化能动性，向社会主义文化强国稳步迈进。

第二，文化自觉的价值引导性。文化自觉的价值引导性主要体现在，在传统和现在创造性的结合中，对传统文化进行真善美的过滤，对现实生活景观进行价值观层面的批判，对文化实践的主体进行价值引导，以此为向未来展开的价值支点，建设中华民族共有精神家园，最终达到人的自由全面发展的理想之境。这也正是社会主义文化强国建设的价值诉求。社会主义核心价值观正是在主体文化自觉价值属性的喷涌状态，是传统价值观中的活力因子和现代社会中实践主体价值自觉的融合体，是在完成了对传统价值观的批判和继承、对密布资本逻辑的大众日常生活世界的价值观空场的补场，所以社会主义核心价值观是历史的精华也是时代的精华。这也正是文化自觉建构人类社会的未来价值观的价值基石。

第三，文化自觉的超越性。文化自觉的超越性主要表现为对现实的超越和对传统的超越,而超越的途径则是通过现在和传统创新结合,以关照未来。超越不是弃之不用,而是历史辩证法的扬弃,是去粗取精的继承。所以,传统和现在稳定的结合点应是文化自觉超越性的支点。从我国当下文化实践的现状来看,传统文化在当今社会中仍彰显其动态积极作用的是:"和而不同的价值原则、忧患图强的民族气质、内圣外王的人格修养、忠恕诚信的交往原则、参赞化育的生态情怀"①,这些传统的文化观念并没有被湮没在历史的尘埃里,"而是以现时态的方式存在着,它们不是存在于过去,而是存在于现时代之中,存在于现代人们的行为方式、思想方式之中,存在于我们的实践状态和精神状态之中。"② 这些传统文化的精髓,和作为时代精英的共产党人所构建的社会主义核心价值观具有承接关系。社会主义核心价值观是对文化历史的传承,也是现在和过去创造性的结合体现,这正是我们面向文化自觉未来景观的起点。在文化自觉的超越本能驱使下,大众日常生活世界中隐形交织的资本逻辑、娱乐传媒形而下的单向度魅惑、文化霸权重压之下的沉沦态,以及面对有文化殖民气势的文化霸权的文化自卑情结、无视现实只在传统中栖息的文化自负情结都将被未来维度所扬弃。具有超越性特征的文化自觉,也赋予社会主义强国关于文化理想态的未来图景。在通向文化强国的道途中,主体通过将自身本质力量对象化的实践活动,对客观事物进行超越性的加工和重构,将人类求真、向善、至美的理想文化图景赋予客观事物。文化自觉的超越性也表现出其创造性和价值引导性。三者之间具有异质性的是,文化自觉的创造性对应的是文化实践,文化自觉的价值引导性对应的是精神维度,文化自觉超越性对应的是文化理想图景。三者之间是既有区别又有联系的辩证统一体。所以,文化自觉超越性的着力点,在于在文化创造力提供的文化实践和文化自觉价值引导的真善美路径上,放飞文化想象力,勾勒社会主义文化强国的图景,以此来激励和引导主体的实践活动。

由此可见,文化自觉不仅仅是主体对于自身文化时空坐标的静态映现,而是一种具有创造性、超越性和价值引导性的历史动能。但是如果离开了具体的实践路径,文化自觉只能沦为在主观世界里悬空的形而上学。

---

① 孙利:《文化自觉与传统的超越》,《中国特色社会主义研究》2012 年第 2 期。
② 李鹏程:《当代文化哲学沉思》,人民出版社 1994 年版,第 383 页。

针对建设社会主义文化强国的宏观目标，文化自觉也只有通过实践的路径，才能表现为改变世界、创造世界的历史正途。所以我们要追问具有抽象性特征的文化自觉，如何转化为可被实践操作的正能量？即文化自觉应该通过什么样的实践，才能通往社会主义文化强国？从文化自觉的历史源起的宏观脉络来看，我们当下的处境是主体性的充分觉醒，文化精英的文化自觉也已经初成体系，社会主义核心价值体系的宏观框架也已建构起来，现下已经进入作为文化精英的共产党人对于大众文化自觉的大启蒙时期，社会主义核心价值观通过何种大众化的渠道能渗透到人们的日常生活世界中去，让人们的文化自觉升华到社会主义文化自觉，这应是我们下一步的工作重心。有一点需要澄明的是，大众化不是单单的自上而下的灌输，而是一种文化精英的文化自觉成为成熟的体系之后，同时也能查知普通大众的日常生活场景、了解他们的实践视野、明了他们的真实所需，按大众的公共诉求来刺激文化精英进行大众化途径的思考，所以大众化是文化精英和普通人们的双向互映态。结合我国当下的国情来看，人民群众日益增长的物质文化需要同落后的社会生产之间的矛盾仍是我国的主要矛盾。资本作为一种特殊的社会生产关系，具有满足人们物质需要和削弱人们的文化诉求的双向功能，这是资本内部的张力，资本向文化资本的转型是我们实现文化大启蒙的着力点之一，以实现资本对于物质和文化的双向满足，让资本关切的不仅仅是利益，也是自由全面发展的人。所以，我们要完善资本运行的文化环境，打通文化通往资本市场的途径。我们不光要梳理出价值规律的波浪线，还要利用这条波浪线完成对资本的文而化之，即将主体的文化意识渗入资本市场，让文化成为资本获取利益的有效途径，将以人为本的价值内涵注入商品，实现消费是人们出于自身高雅审美的主动选择，在整个商品流通环节中实现资本的道德化和艺术化，让文化生产、文化商品流通、文化消费成为价值规律应有的动态智能。在社会主义文化精英的文化自觉驱使下，社会主义市场经济完善之后，流通的是充满人文情怀和实践智慧的文化资本，人们能在每件商品中关切到作为主体的"我"，不仅仅是资本流通的环节，也是文化作用力的受力对象。这就是文化通过资本完成对人民的大众化启蒙，实现市场经济条件之下的人们的文化自觉。社会主义市场经济之下的人们的文化自觉一旦形成，也会对资本运行的环境起到监督作用，这时候，人们关注的重点不再是作为消费符号的对人的单向度化的"裸奔"资本。资本市场的丛林法则最终演化为商品中文化内涵的竞争,商家之间的博弈也会随之演化为文化的博弈。所以,为了实现资本丰富灵肉的双向化功能,启蒙出人们的社会主义市场经济之下的文化自觉,我们就要大力发展文化生产力、文化创意产业,发挥文化想象力,实现文化创造力,迈稳建设社会主义文化强国的第一步。

(原载《学术研究》2014年第3期)

文化大发展抑或文化大危机

——一个后现代视角的思考

王晓升[*]

如果说经济发展有其内在的规律，那么文化发展也有其内在的逻辑。如果经济发展过热会导致经济的危机的话，那么文化发展过热也会发生类似危机的问题。当文化发展过热的时候，文化发展便不再满足人民群众的文化需求，而是以文化自身发展为目的。或许，我们可以说，文化对于满足人的社会需求的原初意义丧失了。而这种意义的丧失却不容易被发现。因为文化产品是有意义的符号。这就会给人一个假象，似乎任何一种文化都是有意义的。在这里，我们就是要揭示文化再生产背后所存在的"意义丧失"的危机。

一 文化生产中的时尚化趋势

文化是一个意义生产的领域。它给人们提供真实的信息或者知识（真），给人们提供调节社会行为的普遍的标准（善），向人们表达自己的真实情感、说明自己对于社会生活的感受（美）。这就是知识的生产、社会规范的生产和文学艺术作品的生产。对于这三个领域的生产我们都有一定的标准，即真、善、美。这就是说，我们所生产的文化作品都必须有真、善、美方面的意义。正如在社会生活中人们需要一些具有实际使用价值的东西一样，人们也会对文化产品产生需求。他们需要有意义的文化来

---

[*] 作者简介：王晓升，华中科技大学哲学系教授，江苏射阳人，主要从事马克思主义哲学、国外马克思主义研究。

满足自己的需求。为了满足这种文化生产的需求,文化生产也开始工业化。这就是法兰克福学派所说的"文化工业"的出现,比如,电视、电影、报纸等大众传媒的出现。而在当代社会,由于电脑的普及以及互联网的广泛使用,任何一个人,只要他愿意,都可以自己制作电影、电视节目,甚至可以在手机上传播。这就意味着几乎所有的人都拥有了一个"电台"或者"电视台",意味着几乎所有的人都可以发布新闻、传播社会规范、创作艺术品(小说、电视剧)。少数人垄断文化生产的状况正在被打破。正如所有的人都可以成为产品的生产者一样,所有的人都可以成为文化的生产者。更重要的是,这种文化生产不是传统意义上的文化生产,而是借助于现代的机械化、信息化(自动化)的方式进行生产。于是,在这里,文化产品也会大规模、大批量地生产出来。本来在传统社会,大多数人是文化的接受者,他们对于文化产品有自己的需求,而文化的生产是满足这些文化的需求的。然而,在文化产品大规模、大批量地生产出来的时候,文化产品也会出现生产过剩的情况,出现需求不足的情况。当文化产品出现生产过剩的情况时,文化生产者也需要刺激人们对于文化的需求。在这里,政府的调节和私人生产者的刺激发挥着不同的作用。政府要扩大人们对于文化的需求,于是政府购买各种文化服务,比如知识培训、各种文化讲座、"文化下乡"。各种文化惠民措施纷至沓来。除了政府的调节之外,私人生产者也需要刺激大众对于文化产品的需要。比如,如果电视节目少,那么人们就需要更多的电视节目来满足自己的需要。在改革开放初期,人民群众的文化生活无法得到满足,于是,这就需要有更多的电视台来满足人们的需要。然而,当电视节目太多的时候,电视台的收视率就会下降,或者说,人们对于电视的需求就显得不足。这时,电视台就需要刺激人们对于电视节目的需求。于是,电视台就用各种手段来吸引观众的眼球。比如电视征婚,娱乐选秀。在这里,征婚是否成功并不重要,重要的是,它要足够吸引眼球。于是,夸张的、走极端的语言就特别吸引眼球。当文化产品开始为刺激需求而努力的时候,文化产品也需要不断地转型升级。这种转型升级与生产领域中的转型升级类似。在生产领域,生产出来的东西最根本的是要满足人的真实的需要。而当产品过剩的时候,转型升级就是必须的。然而,日常生活中的东西的转型升级有时只是在保证功能的基础上进行形式的变化。比如,本来人们生产的是满足基本需要的衣服,现在升级为名牌产品。文化产品的"转型升级"也是如此,这就是要不断地进行形式的变化。于是,各种文艺节目就开始舞台布景上的华丽比赛,女星就开始暴露衣着的比赛。报纸就要不断地让每个新闻具有"爆炸"性的意义。由此,我们也会不断地看到网络上的爆炸新闻(内爆)。这都是"产业升级"的需要。

一般来说,日常生活中的必需品没有多少需求弹性,因此,需求不足的情况容易出现。而文化产品的需求弹性很大。于是,文化产业的发展似乎有不可限量的发展空间。这里的关键就看人们如何扩大需求。当物质生产出现过剩的时候,第一产业和第二产业的生产必然会难于扩展,于是大力发展第三产业就成为社会的必然趋势(这也是就业所必需的)。而文化产业是其中的主要部门。而当文化产业不断发展的时候,行业之间、个人之间、企业之间的不断竞争就会特别激烈。于是"文化产业升级"的需要也会更加迫切。比如,本来学者们要以严谨的态度向社会传播知识。但是,在文化产业升级中,文化的传播也必须具有娱乐的性质,于是,各种"大讲堂"就出现了。大讲堂和课堂的区别在于,大讲堂要有收视率,而课堂的标准是知识的准确性。如今大学也开始"产业升级",它要以大讲堂的标准来要求课堂。现在大学特别能够"产业升级"。专科学校提升为本科学校,本科学校要培养硕士博士。本来,大学是培养社会所需要的专业人才的,现在大学按照社会的新"需要"来培养学生。既然所有中学生都希望读大学,那么我们的大学就大规模地扩招。而技术学校招生却困难重重。社会所迫切需要的专业技术工人严重短缺,而大量的本科毕业和研究生毕业的学生却找不到适合自己专业的工作。于是出现了大学生回到中等技术学校重新学习技术的怪现象。在这里,人们读大学本科、硕士、博士不是因为硕士、博士专业水平更高、更适合社会需要,而是因为硕士、博士更时髦。如果说时尚的皮包、衣服是世俗之人追求的话,那么硕士帽和博士帽越来越成为高雅人士的追求的对象。许多官员、商人需要这样的时尚品。正如不同牌子的皮包、衣服价格不同一样,不同"牌子"的博士帽和硕士帽的价格也不同(据说,在中国某些名牌大学的工商管理硕士每年的学费是20多万。在时尚的领域,时尚品的价格与它使用价值无关)。为了切实满足社会对于博士和硕士帽的需求,大学也改变了生产策略。原来的博士帽都是"私人定制",现在开始小规模地批量生产

(对于博士研究生班,我们必须问,这些被批量生产出来的博士在搞什么研究呢?如果他不研究,那么攻读博士学位是不是浪费教育资源呢?不,在后现代社会,没有"浪费"这个概念。如果没有对博士的时尚追求,大学就无法得到发展)。

既然大学生学习的专业与未来的工作无关,那么大学就要多开设一些"通识教育"的课程。一些大学主张淡化专业。这不是因为专业知识不重要,而是因为,对于大多数学生来说,专业与他未来的工作无关(根据一项调查,某些专业与职业对口率不到10%。见《大学生所学专业与从业岗位"没有关系"》,载《北京晚报》,2014年7月2日)。于是,在我国出现了读大学有没有用的大讨论。这个时候,有学者强调,读大学还是有用的,这能够提高人的"素质"。这实际上也意味着大学教育的时尚化。我们知道,时尚的特点就是价值的延伸。如果一个人的衣服太多,那么这个时候,这个人购买衣服就更注意衣服的形式,而不是衣服的使用价值。比如,女星的时尚衣服既不保暖也不遮丑,但是,形式却很特别。我们这个时候也不能说她们的时尚衣服没有作用。她们自己会说,这些衣服很有品位,也有风格,很有档次。大学毕业生"高素质"就类似于时装的"高品位"(在这里,我不否定这种素质,我所批评的是,大学在背离其培养社会经济文化建设者的原初目标)。在当代社会,不仅大学教育时尚化,而且大学中的科学研究也开始时尚化。[①]

二 从文化生产走向文化再生产

按照鲍德里亚的观点,时尚的出现既有经济的原因,也有社会文化的原因。只有当符号得到解放的时候,时尚才会出现。[②] 而符号的解放是在近代(modern)社会才出现的,并伴随着资产阶级革命而得到极大的推进。在时尚的现象刚刚出现的时候,只有少数人才是时尚的主体。比如,最初只有少数贵妇人才有经济实力追求时尚,而大多数人还不是时尚活动的主体,他们最多也就是赶时髦。从文化领域来说,虽然在工业大生产时

[①] 详见拙作《论学术"时尚"》,载于《哲学动态》2013年第7期。
[②] [法]鲍德里亚:《象征交换与死亡》,译林出版社2012年版,第63页。

代,某些文化现象也具有时尚的特质,但是,它们主要还是用来满足人们的文化需求的——对于意义的需求、对于社会规范的需求和对于真理的需求。按照哈贝马斯对于文化的三个领域的理解,客观知识所使用的话语是描述性的话语,它是用来描述客观状况的。科学技术属于这样一个文化领域。社会规范所使用的语言是祈使性的,是表达某种要求和命令。伦理道德和法律规范属于这个领域。而文学艺术的语言是表达情感的,它是用来满足人们对于意义的需求的。[①]

在近代大工业的发展过程中,文化的生产也具有大工业的性质。大工业是要满足人们的物质需求,而文化的生产满足人们的精神文化需求。在那个时代科学技术的发展就是要揭示自然规律,发现真理,从而满足工业化大生产的需要。那个时代的道德和法律上的规范也是要服从工业化生产的纪律。比如,哲学家们强调主体性,强调主体对于道德规则的反思,但是这种反思不是要否定道德,而是要寻求道德的普遍规则。这种普遍规则也是工业化大生产所需要的。按照那个时代的道德规范,一个合格的社会成员就是能够遵循社会规范的人,是能够服从生产纪律的人。而在文学艺术领域,那个时代的主流文化是现实主义和超现实主义的文化。无论现实主义文学艺术还是超现实主义的文学艺术,他们都要表达某种意义。如果我们用符号学的观点来分析现实主义和超现实主义的文学艺术的话,那么我们就可以看出它们在表达意义上的不同方式。我们知道,任何一个符号都包含了三个维度:能指、所指和所指对象。现实主义文学艺术同时包含了这三个维度。比如,狄更斯的小说,它借助于一定的符号(具有能指和所指的符号)来展示现实、批判现实(即所指对象)。而超现实主义文学艺术把想象加入符号之中,使符号不再展示现实,而成为纯粹的符号,比如,达利的绘画作品——《记忆的永恒》(1931)。画面展现的是一片空旷的海滩,海滩上躺着一只似马非马的怪物;怪物的一旁有一个平台,平台上长着一棵枯死的树。最令人惊奇的是出现在这幅画中的好几只钟表都变成了柔软的有延展性的东西,它们显得软塌塌的,或挂在树枝上,或搭在平台上,或披在怪物的背上。这些用金属、玻璃等坚硬物质制成的钟

---

① 参见哈贝马斯《什么是普遍语用学》,载于《交往与社会进化》,重庆出版社1989年版,第1—70页。

表在太久的时间中好像已经疲惫不堪，都松垮下来。绘画所描述的东西在现实中不存在，但是又似乎具有现实的影子，它是超现实的。它不展示现实，却只表达意义，在永恒的记忆中一切都变了样，甚至时间本身都变样了。从符号学视角来说，它只有能指和所指，而缺乏所指的对象。

然而在后工业社会，整个文化领域出现了不同的状况。正如工业生产超出了人们的需求出现了时尚化、审美化的趋势一样，① 文化领域也出现了时尚化和形式化的趋势。文化演变成为纯形式的文化。工业的机械化、自动化导致了过度生产，生产不再完全是满足物质生活需要的生产，而是为了维持生产系统所进行的生产，是为了生产而生产。社会的发展从生产阶段进入了"再生产"的阶段。② 文化的生产也进入了"再生产"阶段。这就是说，文化的生产不是为了满足社会对于文化的需求，而是为了文化生产自身的需求来发展文化。从这个意义上来说，我们也从文化生产的时代走向文化再生产的时代。本来，科学的研究是要解决物质生产中所面临的问题的，但是，现代科学研究不是要解决物质生产中的问题，而是脱离生产的需要，为了维持自身的再生产进行研究。我们知道，为了发展航空航天事业，我们需要各种科学技术上的支撑，也需要各种工业生产上的支撑。大量的人力和财力资源被用于此类研究中了。如果停止研究，那么科研人员就需要转行，生产企业就需要转产。这就如同，物质生产中出现产能过剩的时候，我们需要调整产业结构一样，科学研究中也会出现过剩。无论是企业还是科学家，都不愿意转行或者转产。他们都必然会推动相关产业的升级。于是，一旦出现过剩，他们必须进行产业的升级。比如，航空航天探索中的产业升级就是从月球探索到深空探索（这不是说，这种研究毫无意义，而是说，他不再直接为物质生活条件的生产服务，而是为科技竞争服务，比如与美国的竞争）。正如在时尚领域出现的情况一样，富人总是会有时尚化的生产，穷人也要赶时髦。

社会规范领域也是如此。在我国，有人开始研究虚拟世界的道德规则。人们在讨论这样的问题：一个老大妈以小姑娘的身份加入了虚拟世

---

① ［法］鲍德里亚：《象征交换与死亡》，译林出版社2012年版，第42页。
② 关于"再生产"，参见拙作《政治的终结与后现代政治哲学的崛起》，载于《学术月刊》2013年第9期。

界。她结识了一个网友,并在虚拟的世界中与这个网友结婚。而这个网友也是一个老大妈。于是,人们要讨论,这两个人在网络上"结婚"是不是道德的?本来伦理道德问题是用来调整人和人之间的社会关系的,是用来规范社会秩序的。而这种社会秩序是工业化大生产所需要的。然而,现在人们讨论这样的问题,伦理原则是不是可以被扩展到动物、甚至植物那里?这些所谓的伦理道德问题与工业化时代的道德问题完全不同。工业化意义上的伦理道德问题在这里已经终结。这就是所谓后现代道德。如果不生产这样的道德,哲学家也会失业。

文学艺术领域中的情况也是如此。在文学艺术领域中,出现了一种超级现实主义的艺术。安迪·沃霍尔的绘画作品"坎贝尔汤罐头"就是如此。这幅画实际上就是对当时美国流行的一种罐头的商标进行简单复制和排列。这种复制不是对现实的复制(对现实的复制是现实主义的特点),而是对复制品的复制,是对复制出的商标的再复制。从符号学上来说,这个艺术作品既不指称现实,也不表达意义,而是纯粹的能指。它就是能指符号的简单重叠。它以一种极端的形式展示了后现代文化的特点:简单的符号再生产。沃霍尔有一句名言:"我想成为一台机器。"当艺术家成为机器的时候,那么艺术家就是像机器那样进行简单的再生产。这就是重复,就是纯粹能指的重复。

复制、重复的大量出现表明,当代文化已经从文化生产走向了文化再生产(复制是再生产的最典型的形式)。在当代社会的各种舞台上,模仿秀成为一种典型的艺术形式。在某种程度上,这已经达到了登峰造极的程度。全民都在努力模仿。流行歌曲大家唱就是模仿的范例。这是全民参与的模仿。现代社会中到处都出现了大众模仿秀。无数的"苏珊大妈"出现了。许多电视台也成为"苏珊大妈"。当一个电视台搞出"中国好声音"的时候,我们可以想象"中国好歌曲""中国好音乐""中国好舞蹈"都会接踵而至。

如果纯粹能指的重复就是艺术,那么"为科学而科学""为道德而道德""为艺术而艺术"也类似于这种复制。这些所谓的科学也没有切实意义,也是纯粹的能指符号。或者说,所谓的科学没有为工业生产服务的切实意义。在这里,人们或许会说,许多基础科学的研究,比如数学的研究不会有实际意义。科学研究总是有超前性。我们在这里所批评的不是这种意义上的科学研究。我们所批评的是，科学研究中的过度再生产。比如，现代社会中所出现的军事技术的竞争，这种竞争就是提高杀人的效率。这种科学研究对于某些国家来说，可以产生威慑作用，但是对于人类来说，这有用吗？当生产过剩的时候，过剩的生产能力就被转移到武器的生产中。当科学研究中生产过剩的时候，人们一定会大规模地研究武器。美国人就要借助于"中国威胁论"来维持武器生产和武器的研究。"中国威胁论"把这个国家对于武器生产和武器研究的需求刺激起来了。美国要通过研究武器来维持科学上的领先地位。这种科学研究是人类的灾难。或许，我更应该说，这里的科学研究究竟有没有意义已经无法说清。也是纯粹的能指符号。这种"没有"（准确地说，应该叫有没有无法说清楚）实际意义的科学也成为纯粹的能指符号，"为科学而科学"也就成为能指符号的简单重复。从这个意义上来说，这种科学已经转变成为艺术。沃霍尔的绘画作品恰恰把"生产""科学""道德"的这种审美化的特性展示出来了。

当"科学""道德"都是审美化的时候，"科学"和"道德"的基本特征发生了根本性的变化。科学就不是（原来意义上的）科学，道德就不是（原来意义上的）道德了。我们知道，舞台上的表演是一种艺术活动，这种艺术活动是没有现实的目的的，而只是为了审美上的愉悦，是一种无目的的目的性活动。既然"科学"和"道德"是一种审美活动、一种无目的的目的性活动，那么"科学"和"道德"也是一种表演、是一种舞台剧。

三 意义的丧失

按照哈贝马斯的说法，文化具有三种功能：知识的更新、社会整合和个人社会化。如果现代文化不能有效地履行这三个方面的功能，我们就可以说，文化危机出现了。

当科学、艺术和道德成为纯形式的再生产的时候，科学、道德、艺术获得了一种审美的特性，并越来越演变成为表演。本来自然科学的研究是为了解决物质生产中的问题。如某些科学的研究已经超出了生产的范围。科学家要保证自己的科学研究得到社会的承认，就需要宣传，就需要表演。而传统上,科学研究的有效性和意义是不言而喻的,但是,如今,这种研究,就需要有效性和合理性的证明。本来,大学是传授知识的,现在传授知识的活动越来越要娱乐化。我们知道,当人们的基本的物质需要得到满足的时候,人们就需要进行娱乐活动。娱乐是没有生产意义的。我们常常看到,演员在舞台上进行生产劳动的表演,但是这种劳动没有切实的劳动的意义,是一种表演。舞台用一种夸张的手法把这种非生产意义的劳动表现出来。当我们的教育活动没有"生产的意义"(比如,人们因为时尚的趋势,而追求本科、硕士、博士的时候),教育就有表演的意义(各种吸引人的讲座越来越多)。越是没有传授知识功能的教育活动就越是需要有表演的性质。当然,在知识的传授中,人们也可以用生动形象的方法来传授知识。但是,当接受知识不是为了实际的需要,而是为了赶时髦的时候,当学生知道,即使他们习得了这些知识,这些知识在社会上也没有用武之地的时候,传授知识的目的性消失了。这时,学生没有学习的兴趣。教师就必须更加生动形象地吸引学生,促使学生习得知识。在这里,知识的传授就越来越类似于表演。由此,我们就无法有效地区分,哪一种教学是用生动的形式切实传授社会上有效知识的教育,哪一种是吸引学生注意力、传授未来不被使用知识的表演。同样的道理,虽然在当代社会,许多自然科学和技术科学的研究是要解决生产中的问题的,但是,我们究竟如何区分,哪些是切实有效的科学研究,哪些是为了科学自身的再生产的研究呢?当科学的研究,当教育的发展远远超出了社会物质生产的基本需要的时候,我们究竟如何区分生产性科学和表演性的科学呢?

正如,我们前面说过,当物质生产发展到一定水平之后,物质生产领域中的产能过剩就会出现。物质生产领域中的许多人必然要转移到文化产业的发展之中。而当越来越多的人都转移到文化领域的时候,文化领域的发展也会远远超出社会的需要的范围。于是,科学家、文学家、艺术家都需要为自身再生产而努力。而当科学、艺术、教育等文化领域的发展越来越演变成为自身的再生产的时候,科学、艺术和教育越来越需要吸引人们的注意力,越来越需要创造需求。因此,它们也越来越转变成为表演。如果在这个时候,我们还要让文化大发展,那么这就意味着进一步推进文化的审美化,进一步推进戏剧化的进程。

当文化的发展转变成为表演的时候,这种表演又不能简单等同于舞台表演。在舞台表演中，我们能够清楚地区分演员和观众。可是，教育、科学研究等戏剧化的时候，我们不能区分戏剧表演和真实的教育，我们不知道哪种科学是真正的科学研究，哪种教育是真正的教育。当我们不能把真实的教育、研究与表演区分开来的时候，我们怎么能够把演员和观众区分开来呢？当我们不能把演员和观众区分开来的时候，我们怎么知道我们自己不是演员呢？比如，本来我们的研究是为了社会经济建设、为社会生活需要而进行的。在这样的情况下，我们不需要宣传自己的成果多么有用，我们不需要推销自己的产品。我们不需要论证自己的课题的理论意义和现实意义。因为，社会本来就需要这些东西。我们所研究的问题是直接从社会产生的。但是当我们的研究超出了社会的需要，我们就需要不断地推销自己的产品。于是我们不仅要研究，而且要宣传，要学会推销自己。我们要努力说明自己的研究具有"重大的理论意义和现实意义"。这种夸大其词的说明获得了表演的性质。

当科学研究、教育活动变成了游戏和表演的时候，艺术家的舞台表演或者艺术家的绘画开始变成了生活。沃霍尔的绘画也就不是传统意义上的绘画了。显然，如果把罐头的标签排列起来就成为艺术，那么许多人都可以进行这种艺术。这就意味着艺术家和非艺术家的界限被打破了。艺术和生活的界限也被打破了。家庭生活中的任何一个小创意的设计都可以被看作是艺术。当艺术和生活的界限被打破的时候，那么我们也就面临着这样一种状况：我们究竟是在生活还是在游戏？我们在家庭中的生活究竟是表演还是切实的生活呢？当我们许多人都像电视剧中的人那样，拿着玫瑰花见自己的女友的时候，我们怎么知道这是表演还是生活呢？当模仿秀演变成日常生活的时候，我们究竟是在生活还是在表演呢？颠覆艺术的不仅仅有艺术家，而且还有日常生活中的人们，他们都努力把自己变成了艺术家，按照艺术的方式生活。当征婚跑到电视屏幕上的时候，这是征婚还是表演？是艺术还是生活？同样的道理，如果科学研究或者教育具有游戏和表演的性质的时候，我们还能区分表演式的研究和切实的研究吗？或许生活中仍然有切实的科学研究，但是，我们如何区分切实的研究和表演性的研究呢？

当艺术家颠覆了艺术的时候，艺术中的美丑的标准就消失了。当我们无法区分艺术和生活的时候，我们还能够区分美和丑吗？同样的道理，当科学研究变成了表演性质的研究,变成了自我生产性质的研究的时候,我们还能够区分真假吗?当生活中的善行和电影中的表演一样的时候,我们还能够区分善恶吗?当真假、善恶、美丑无法区分的时候,我们生活中的一切价值都被颠覆了(从哲学上来说,这也意味着形而上学的终结)。

当一切价值被颠覆的时候,于是戏拟现象到处出现了。历史上的经典歌剧被填上流行歌词。这时,歌曲有谁不会唱,诗歌有谁不会写。不仅如此,唱就要唱出特色,写就要写出味道。于是唱歌类似于说话,说话类似于唱歌。这种所谓的戏拟,从一定意义上来说,也就是"恶搞"。"恶搞"是玩世不恭、是公然的挑战。"戏拟"不过是"文明的""恶搞"。"戏拟"和"恶搞"最终必然会同流合污。它们共同颠覆现代文化和价值。这将是文化大发展的必然结果——文化的危机,或者更具体地说,现代文化的危机。

四 文化保守主义和文化精英主义

我的这种分析必然受到人们的指责,我把大众文化中的"戏拟"表演说成是"恶搞",是因为我抱有一种保守主义和精英主义的文化观。"大衣哥""草帽姐""苏珊大妈"等平民文化的英雄终于颠覆了精英文化。这曾经让雷蒙德·威廉斯(Raymond Williams,1921—1988)这样的思想家欢呼雀跃。他们看到了社会主义曙光的到来:精英和平民的等级被颠覆了,人和人的平等首先在大众文化领域实现了。然而,法兰克福学派对于大众文化的批判却告诉我们,这不是什么解放,而是新的社会控制形式,是同一性逻辑对于心灵束缚。在这里,我不想重复法兰克福学派对于大众文化的批判,我想说明的是,这不是文化保守主义的危机或者精英文化的危机,而是文化自身的危机,是文化自身的巨大危机。人们或许会认为,如果我放弃那种精英主义或者保守主义文化观,那么我就会看到其中的"进步",看到这是当代文化的"大发展"和"大繁荣"。

如前所说,今天所出现的这种文化发展趋势是社会经济发展的必然趋势,我们不能否认这种趋势。当我抱着一种批判的立场来重新思考这种趋势的时候,我的这种思考与我的文化立场无关,与我是不是文化保守主义无关,而是与我对于文化的基本认知有关。在当代社会,人们对于文化有许多不同的定义。但是，无论人们如何定义文化，文化都必然包含这样一个特征，即超越原始和野蛮。按照弗洛伊德对于文化的分析，文明就是对于本能的压抑。如果没有对于本能的压抑，如果沉溺于"恋母情结"，那么我们就回到了原始和野蛮，一切的文化要素就都要被否定。显然，从最原始的意思上来说，放任自己的本能就是恶，而压抑自己的本能就是善。由此，文化这个概念内在地包含着某种善恶标准。于是，人类从诞生的一开始就反思自己的生活。正是在这种反思中，人类产生了文化。而人类的这种反思必定包含着某种价值的向度，无论这种反思是如何发生或者以何种形式发生的。人都是在一种价值尺度的基础上进行自我反思，并通过这种反思而走向文明和文化。猿猴之间的性行为是直接由性本能决定的，而人类却需要通过唱歌来求偶。这就是文化和文明。而废除一切价值向度就是彻底摧毁一切文化和文明。

后现代社会所出现的文化恰恰显示出颠覆一切价值的趋势。它否定了真假、善恶以及美丑之间的差别。这从实质上来说颠覆一切文化，否定一切文化，是"恋母情结"再现。鲍德里亚说，今天的文化是对"母亲欲望的满足"，是"乱伦的操纵"。[①] 今天我们正是在这种"乱伦的操纵"的控制之下。在这里，我们不再有善恶的标准，不再有真假的区分，不再有美丑的评价，我们可以尝试一切，可以追求任何一种形式的满足。"乱伦"的原始禁忌已经被打破。在这里，我们已经没有"父亲的法规"[②]了，没有"真善美"的价值标准了。用贝尔的话说，"文化——尤其是现代主义文化——承接了同魔鬼打交道的任务。可它不像宗教那样去驯服魔鬼，而是以世俗文化（艺术与文学）的姿态去拥抱、发掘、钻研它，逐渐视其为创造的源泉。"[③] 在这里，否定一切价值标准被看作创新的源泉。虽然贝尔是一个文化保守主义者，但是，这只是说，他对于当代资本主义文化矛盾所提出的解决方案是保守主义的，而他的这段文字却是对现代文化的一种客观分析。正如我对于当代文化危机的批评不是保守主义一样，他对于这种文化现象的描述本身却不是保守主义的。

---

① ［法］鲍德里亚：《象征交换与死亡》，译林出版社 2012 年版，第 157—159 页。
② 同上书，第 158 页。
③ ［美］丹尼尔·贝尔：《资本主义文化矛盾》，生活·读书·新知三联书店 1989 年版，第 65 页。

从客观上来说，文化的大发展将预示着"乱伦的操纵"，预示着价值标准的销蚀。当我对于"大发展"和"大繁荣"进行反思的时候，我不是要回到文化保守主义，不是要恢复文化精英主义，不是要简单恢复"父亲的法规"。大众文化的发展已经成为一个不可避免的趋势，但是这种文化发展决不能走向"乱伦的操纵"。我们可以反思一切价值标准，但是却不能否定一切价值标准。我们可以批判近代文明的价值标准，但是却不能彻底否定一切价值标准，颠覆一切价值标准。后现代主义的文化是走向"乱伦的操控"的文化，而不是"父亲的法规"压制下的文化。当初，我们反对"父亲的法规"的时候，比如在反抗封建的权威，反抗"本能"的压抑的时候，我们彻底否定这种权威，彻底摧毁"父亲的法规"。然而，当父亲的法规被推翻之后，我们开始受到了"乱伦的操控"。对付这种"乱伦的操控"，我们不能采用摧毁父亲的法规（否定真善美的标准）的形式。用鲍德里亚的话来说："任何未来革命都必须考虑这一基本条件，并且在父亲的法规和对母亲的欲望之间，在压制/违法的循环和倒退/操纵的循环之间，重新找到象征的链接形式。"[①] 当我们反抗压抑的时候，我们就走向放纵，当我们对抗放纵的时候，我们就走向压抑。我们既不要压抑，也不能放纵。文化的大发展可能导致放纵，导致文化的危机。我们切不可"放纵"自己。

文化发展和经济发展一样，必须满足人民群众的物质文化需求，而决不能盲目跟风。生产领域中的盲目跟风会产生产能过剩，导致经济危机。文化领域也是如此。

[①] ［法］鲍德里亚：《象征交换与死亡》，译林出版社2012年版，第158—159页。

文化工具论

韩东屏[*]

从 20 世纪 80 年代以来，学界有关文化问题的悬案愈来愈多，不仅早已有之的中西文化"体用之争"余音未绝，而且又相继燃起了诸如中国传统文化的价值之争、中国传统文化于现代化的意义之争、全球化时代文化发展的方式之争、先进文化的特质之争等新的战火。

对各种文化悬案的回答，不可能不依据对文化本身的本质性把握，而对文化本性的不同把握，又势必会引出对文化悬案的不同回答。这里拟提出的文化工具论，将对文化的本质及功能给出一种新的解释，从而也为回答各种文化悬案提供一种新的方法与理论。

与那种较为普遍存在的把文化视为人之本或民族之本的文化本位论不同，文化工具论的要害是把文化看作人的工具。虽然在以往的中外文化哲学著述中，也偶尔可见"文化是人类活动的手段""文化是个人适应其整个环境的工具"这样的说法，[①] 但由于此类说法均未相应得到言者的详细论证与阐发，也就始终未能由只言片语变成系统理论。我的文化工具论不是这样，它主要由五个相互关联并层层递进的基本命题构成，即：文化是人类创造力的果实；文化是满足人需求的工具；文化对人的报答力是有限的；文化作为工具有好坏优劣之分；对不同文化应唯好是用。以下分别详细阐述。

---

[*] 作者简介：韩东屏，华中科技大学哲学系，湖北，武汉。
[①] 庄锡昌、顾晓鸣、顾云深等编：《多维视野中的文化理论》，浙江人民出版社 1987 年版，第 119、378 页。

一 文化是人类创造力的果实

有关文化的说法甚多，美国当代文化学家克罗伯和克拉克曾搜集有160多种文化定义，而最近听说有国内学者将此记录提高到300多种。文化定义尽管如此众多，但有影响力的还是如下五类：

其一是将文化归结为生活方式。文化哲学的开创者之一，18世纪德国启蒙思想家赫尔德，在他的《人类历史哲学概要》中首先将文化定位于社会生活模式，认为人的每一言每一行都成为"这一"文化毋庸置疑的组成部分。美国人类学家克拉克洪[1]也说："文化是历史上所创造的生存样式的系统，既包含显型式样又包含隐型式样，它具有为整个群体共享的倾向，或是在一定时期中为群体的特定部分所共享。"[2] 中国文化哲学的先行研究者胡适和梁漱溟同样把文化先后界定为"人们生活的方式""人类生活的样法"。

其二是将文化归结为人类活动本身。英国人类学家马林诺夫认为，"文化不过是人类的有组织的行为"。美国学者菲利普·巴格比在分析了众多文化定义的基础上，把文化界定为人类"内在的和外在的行为模式"。[3] 苏联学者卡甘刚说，文化是"人类在生产和生活范围内某种活动的类型。它并不包括人类的所有活动，只是那种在物质生产和精神生产范围内的创造性活动"[4]。

其三是将文化归结为人类活动的结果。英国著名文化学家爱德华·泰勒1871年在他的《文化的起源》中将文化规定为包括知识、信仰、艺术、道德、法律、习俗、习惯等人类知识和经验的总和。不少苏联学者则给予更大范围的理解。萨哈罗夫认为："文化从广义上讲，就是人类创造的结果的总和。"兹沃金说："文化是人类所创造的一切，与自然所赋予

---

[1] 当今学术界习惯称"克拉克洪"，庄锡昌先生译为"克曾柯克"。
[2] [美]克鲁亨:《文化概念》，庄锡昌、顾晓鸣、顾云深等编《多维视野中的文化理论》，浙江人民出版社1987年版，第117—119页。
[3] 衣俊卿:《文化哲学》，云南人民出版社2001年版，第11页。
[4] 鲍良骏:《苏联文化的过去和现在》，庄锡昌、顾晓鸣、顾云深等编《多维视野中的文化理论》，浙江人民出版社1987年版，第376—385页。

的一切是不同的。"谢班斯基说得更具体:"文化是人类活动的全部物质和精神成果、价值以及受到承认的行为方式。"①

其四是将文化归结为人类活动结果的质量与水平。中国学者杨宪邦说:"文化是一个社会历史范畴,是指人类创造社会历史的发展水平、程度和质量的状态。"②

其五是将文化归结为一套符号体系。如德国文化哲学家卡西尔就把文化看作人运用符号所创造的符号体系,并把神话、宗教、语言、艺术、历史、科学视为这种符号体系的具体形态。③ 国内也有学者将文化定义为"某一个群体所共同拥有、传承和遵循的一整套价值符号体系"④。

纵观以上五类文化定义,不难察觉,前两类文化定义思路都存在窄化文化外延的毛病,明显不可取。可以承认,人的行为方式和生活方式属于文化,但不能反过来说,文化就是人类的行为方式或生活方式。文化并不仅仅是行为方式和生活方式,只要我们不否认中国的大运河、埃及的金字塔、印度的泰姬陵、意大利的古罗马斗兽场和各民族的历史典籍等都是人类文化遗产,或者否认了就会感到荒谬,就能立刻意识到这一点。有鉴于此,我赞成对文化采取了最为广义理解的第三类文化定义思路并修正为这样的表述:文化是人类创造力的果实,它包括人所创造的一切,如食品、用具、组织、社会、规则、语言、知识、科学、艺术、神话、信仰,等等,并且也包括人进行创造的方式方法,如技术、观念和思维方式之类。由于人的行为方式乃至生产生活方式总是由一定的规则(包括制度与习俗)与一定的技术结合而成,因而人的行为方式或生产生活方式也属人类自己的创造,同样被包含在这个文化定义之中。至于上述第四类文化定义思路,其实并不适宜定义文化,而只适合定义文明。"文明"是与"文化"最为相似的概念,经常被人们互换使用。但它们既然是两个词,我们就不妨对它们做个职能分工。如果说文化是人类创造力的果实,那么文

---

① 鲍良骏:《苏联文化的过去和现在》,庄锡昌、顾晓鸣、顾云深等编《多维视野中的文化理论》,浙江人民出版社1987年版,第376—385页。

② 杨宪邦:《对中国传统文化的再评价》,张立文等主编《传统文化与现代化》,中国人民大学出版社1987年版,第3页。

③ 参见卡西尔《人论》,上海译文出版社1985年版,第81—91页。

④ 程建明:《认识文化》,山西科普网。

明则代表人类创造力所达到的高度或发展水平。于是"文明"成为与"野蛮"一词相反的概念,代表着人类或各个民族的创造力的进化程度和创造成果所达到的高度。第五类文化定义确切说并不是对文化的定义,而是对不包括器物类人类创造物在内的狭义文化的定义。若非如此处理,它也会产生窄化文化概念的问题。

根据我的文化定义,文化不是自然直接赋予人类的东西,而是人创造的东西。换言之,凡是留有人的创造印记的东西,就是文化的体现或文化之物。譬如原始人用过的石斧,尽管表面看与普通石头差不多,但就因其上面留下了人工打磨的痕迹,也便成为文物。创造是人的一种有意识、有目的的活动,这个特点表明,那些由人于不经意间留在世界上的痕迹,如脚印、手印、划痕、废弃物之类,尽管也似乎是非自然之物,但并非文化。生产作为重复发生的创造或创造的批量化重复,其产品自然也属文化之物。

著名哲学家康德也将文化落脚于创造,认为文化是"有理性的实体为了一定目的而进行的能力之创造"[①]。其实,从创造的维度定义文化,也符合文化的辞源意义。中国的"文化"一词,源自早期经典《易传》"观乎人文,以化成天下"之句,意为要根据人的需求来改造自然,天下由人力化成。所以文化,即文而化之,即用人力文饰自然,化成天下。西语"文化"即 Culture,是由拉丁文 Culur 转化而来,此词原意为,人们在改造外部自然界使之适应于人们的基本生活需求的过程中,对土地的耕耘、加工、改良。这一含义,同样象征性地凸现出文化是创造的果实,文化是用人力文饰自然之意。马克思未直接界说文化,但他关于人的类特性是"自由自觉的活动",而这种活动的对象化就是对自然的改造,"社会就是自然的人化""人类史是我们自己创造的,而自然史不是我们自己创造的"等观点,[②] 实际上就等于是把文化看成了人化,即人的本质力量或创造力的对象化。

文化作为人创造的果实,有多种形态,分别是被人用不同的方式创造出来的。物质产品是人通过对自然存在物的加工、合成、重组而创造出来

[①] [德]康德:《判断力批判》,商务印书馆1970年版,第16页。
[②] 《马克思恩格斯全集》第44卷,人民出版社2001年版,第428页。

的；精神产品是人通过理论思维和形象思维创造出来的；社会组织及社会规则也是文化的体现，前者是人通过交往、联合创造出来的；后者则是人通过约定或制定创造出来的。

传统社会中人的创造，形成的是传统文化；现代社会中人的创造，形成的是现代文化。鉴于所有今人的创造总是在前人创造的基础上展开的，因而每个民族的当代文化中也总积淀着深厚的前人创造成果。而那些在一个民族的历史中被不断传承并延续使用至今的前人创造成果，就是所谓的"文化传统"。

二 文化是满足人需求的工具

如果说人能够创造文化是由于人是唯一有自由自觉活动能力的主体，那人又究竟是为了什么要去耗神费力、不厌其烦地创造那么多形态不一的文化？

归根结底是人为了满足自身的需求。如果人像石头一样没有任何需求，也就不会有任何创造。人的需求多种多样，因而人所创造的文化成果也多种多样，于是世上各种形态不一的文化成果，也就分别指向人的不同需求：粮食、果蔬、衣服、房屋、道路、车辆、船舶、飞机、避孕套等物质产品满足的是人的吃、穿、住、行、性等方面的需求；弓箭、镰刀、斧头、耕犁、锤子、机器等用具满足的是人为生活提供用品的物质生产的需求；风俗、习惯、道德、法律、纪律、政策等各种社会规则满足的是人适应环境、建立秩序的需求；组织、社会满足的是人的安全、交往、合群以及增加自身力量和利益的需求；语言满足的是人相互表达、沟通的需求；游戏、文学、艺术满足的是人的娱乐、倾诉、审美的需求；教育满足的是个人学习知识与人类传承知识的需求；知识与科学满足的是人了解世界及自身的需求；技术满足的是人提高自身能力和改造世界的需求；哲学与宗教则是以不同的方式满足人对本原、生死、鬼神、灵肉、来世、幸福、意义与至善等终极关怀的需求。至于禁忌、巫术、迷信、邪教之类似乎与人的需求相悖的人类创造物，在早期社会，满足的是能力低下的原始人幻想增大力量以应对神秘大自然的需求；在后来的社会，则逐渐变成了少数人达到不可告人之目的的手段。正因人的需求构成了人创造的动机，所以我们找不到任何一种人类创造物或文化成果竟然与人的需求无关。正因文化源自人的需求又服务于人的需求,所以文化就是满足人需求的工具。虽然各种不同形态、不同品种的文化之具体功能千差万别,但它们也都有一个共同点,就是均能满足人的需求。由此可知,文化的基本功能就是满足人的需求。

正因为人是用文化作为工具来满足自己的各种需求,因而文化也就成为了人的生活方式。正因为每个人的生活都离不开文化这种工具,所以每个时代的个人才都要学习文化,掌握对工具的用法,而这个过程就是个人被文化"文而化之"的过程。总之,人是为了满足自己的需求才创造文化,同时也是为了满足自己的需求才被文化所化。

既然文化是由人创造的满足人自身需求的工具,那么人自然就是文化的主体与目的,并对所有既存文化拥有毋庸置疑的主导权或支配取舍权。既然文化是由人创造的满足人自身需求的工具,就绝不存在与人的需求无关的、神圣化的、本体化的文化,也没有本身就是最高目的的文化,因而我们任何时候都不能像文化本位论那样把文化看作人的根本,为了文化而文化,更不能让人的发展或不断变化的需求去适应既有文化。相反,我们应将人作为文化的根本,并让文化通过不断创新去适应人的不断发展及需求。既然文化是由人创造的满足人自身需求的工具,那么文化作为工具的效用,就如锤子对人的效用一样,绝不会因使用者的不同而发生变化,而只会因使用者的需求不同而发生变化。所以一种文化工具只要能满足我们的需求,就不要因为它的创造者或在先使用者的"非我族类"而拒斥它。

衣俊卿在《文化哲学》中说:"文化是满足人的需要的创价活动和价值体系"[1]。与衣先生一样,很多学者在谈到文化的起因时,喜欢使用的词汇也是"需要"而不是"需求"。但我认为,仅凭需要,人类其实根本无法创造文化。

"需求"与"需要"是不同的概念,需求不仅包括需要,也包括想要,是需要和想要的统一。想要和需要,代表不同所指,有诸多明显差异。首先,需要是一切生物先天就有的生理性欲望,如吃、喝、暖、住、行、性等欲望,就是人生而有之的。而想要则是在后天人类社会生活中形

---

[1] 衣俊卿:《文化哲学》,云南人民出版社2001年版,第61页。

成的社会性欲望，这种欲望只有人才会具有；其次，人的需要是人人都共同具有的客观性欲望，一个人即使不去想它也会产生，而人的想要则是主观性的欲望，起初总是被某个人刻意想出来的，不同之人又会有所不同；再次，人的需要是一种匮乏状态，如果得不到起码的满足，就立刻会危及人的生存。而人的想要则没有这种情况，它对人起的是锦上添花的作用，有利于人的进一步发展，即使它得不到满足，也不至于危及人的生存；最后，也是最重要的区别：先天而客观的需要之对象不可能指向世上还没有的东西，它只能指向世上既有之物，也总是靠世上已存在的东西来获得满足。后天而主观的想要之对象才指向世上原本未有之物，是要用自己创造出的东西来求得满足。适如世上本无飞机，是人"想要"飞上天才发明了飞机。因此，实际上正是想要，才真正构成了人进行创造的直接动机，并将人从动物界中提升出来，与只有需要的动物相区别。同样，人之所以具有自由自觉活动的能力即创造力，其关键也是因为有了能"无中生有"的想要。所以马克思把"想象力"说成是"十分强烈地促进人类发展的伟大天赋"。

虽然需要不是人进行创造的直接动机，但它却是想要所不可或缺的基础和人进行创造的大前提。这就是说，人倘若没有需要，也就绝不会有任何想要，正如假设没有吃的需要，人类也不会想要创造一个可以用于狩猎的石斧一样。从这种意义上说，想要乃是需要的升华，它能让需要得到更好的满足。譬如人通过想要而发明的石斧和弓箭，让人捕猎到了更多满足吃的需要的猎物。正因为需要和想要如此密不可分，所以这里还是将"需求"而不仅仅是"想要"作为人创造文化的动因。

不过也须指出，想要虽总是以需要为基础，尤其最初的想要更是在需要的基础上产生的，但想要一旦出现，就逐渐有了其独立性，并能超出需要。换言之，越到后来的时代，人类想要的东西就与需要越远，有些甚至与需要的满足完全无关，比如烟酒、公园、纪念碑、原子弹、计算机、网络、火星探测器等，就只是人想要的对象而非需要的对象。

正因为想要首先是个人的，并且不同之人会有不同的想要及创造，才使得满足人的某个特定需求的工具往往不止一种，并由此造成了各民族文化的差异性。正因为人总是不断想要创造新的东西来使自己过得更好，才使得人的需求对象成为一个开放的、不断发展变化的无限序列，才使作为人类创造力总和的人类文化越来越丰富多彩。

三 文化对人的报答力是有限的

不仅文化的诞生表明文化是满足人需求的工具，而且文化的变迁也进一步印证了这一点。

不难发现，每一个具体品种的文化，在历史中都不是一成不变的。当它们从一种形态变为另一种形态，就发生了文化变迁。如从文言文到白话文是语言文化的变迁；从长袍马褂到西装革履是服饰文化的变迁；从轿子到轿车是交通文化的变迁；从驿站传书到电报电话是通讯文化的变迁；从传统戏剧的式微到电影电视的兴起是娱乐文化的变迁；从私塾的消匿到学校的普及是教育文化的变迁；从自然经济到计划经济到市场经济是生产文化的变迁；从君主制到共和制，是政治文化的变迁；西方从中世纪宗教禁欲主义到高扬人性的文艺复兴是整个西方文化的变迁；日本从明治维新前全面学中国到明治维新后全面学西方，是整个日本民族文化的变迁。

文化之所以会发生变迁，首先在于文化报答力的减弱或丧失。

文化既然是人为满足自己需求创造出来的工具，那它就应该具有满足人需求的效用，而文化也正是由于这个缘故才留传于世。反之，如果一个创造物没有达到满足人的某种需求的预期，那它就不具有这种效用，尽管它也是由人创造的，却不会被人使用，留传于世。而所谓文化报答力，就是指被人根据自身需求创造出来的文化，具有满足人需求的效用。文化的这种效用，就是文化作为工具对创造它的创造者即人的报答。一种文化满足人需求的效用大，它的报答力就大，反之则小。但这种效用或报答力无论是大是小，一般说来都不会是永恒不变的，而是逐渐衰减甚至消失于无的。

"随着人们的需要的变化，传统的行为和态度不断在被取代或改变着。正如没有哪个人永远不死，也没有哪种文化永远不变。"[①] 诚如斯言，文化报答力衰减和丧失的具体原因及形式虽不尽相同，但最终都与人的需求有关。其一是人的需求趣向发生了变化或转移。例如，唐诗宋词元曲的

[①] [美] C.恩伯、N.恩伯：《文化的变异》，辽宁人民出版社1988年版，第531页。

交替，传统戏剧的由盛及衰，不同服饰的先后流行之类文化变迁，都是由需求趣向的改变导致的。其二是人有了更高的需求。如交通工具的变迁，是由更快、更省力、更舒服的要求推动的；住所的变迁，是由更舒适、更美观的要求推动的；制度的变迁，是由更适合人性的要求推动的。其三是人发现了能更有效满足自己需求的其他工具。如古代西方人之弃用羊皮书写文化，就是因为发现了中国的造纸术和印刷术；近代日本人的"脱亚入欧"，就是因为发现了比中国传统文化更利于强国的西方文化。其四是人的多种需求的排序发生了位移。如我国从计划经济生产文化改为市场经济生产文化，就是优先效率的需求取代了优先公平的需求。总之，正是人的不断发展变化的需求导致了既有文化对人的报答力的衰减与丧失，并构成文化变迁的根本动力。而这一点也再次呈明了文化是为人的需求服务的工具。

既然人的需求是会发展变化的，而任何一种文化之物最初又都是由首创者按照自己的想要创造出来的，那就可知，文化之物的报答力总是对首创者来说显得最大，也总是在该文化之物诞生之时显得最大，而对越来越往后的时代或使用者来说，则势必会呈现出报答力递减的趋势，其中道理不仅在于该工具会在使用的过程中逐渐暴露出创造者创造它时所始料未及的缺陷，而且也在于该工具难以一直做到还完全符合后来使用者的想要，于是后人也会按照自己的想要对该工具进行改造，或者创造出新的更适合自己的同类替代工具。

文化报答力的有限性规律，即文化报答力势必会由大变小，由强减弱乃至由有趋无的态势表明，任何一种人类创造物即文化之物都不会一劳永逸地满足人的任何一种需求，也不会在历史上永占主导地位或优势地位，当它们作为工具所具有的报答力随着时间的推移或世代的交替而日益减弱乃至消失于无，即再也不能有效地满足人的需求之时，便是它们的边缘化状态到来之日。此时，不论这些文化之物在历史上曾经如何辉煌，也没有了要求人们继续使用它的理由。

四 文化作为工具有好坏优劣之分

个人的想要及创造力的多样性存在，不仅会造就满足人的各种需求的种类繁多的工具或文化之物,而且也会造就多个同类不同种的工具对应人的每一种需求的情况。这些同类不同种的工具对人的同一种需求的满足,在效用或报答力上显然不可能是整齐划一的,而只会是有大有小,有长有短的。这就意味着,比较而言,在同一时期存在的同类不同种的工具或文化之物之间会有好坏优劣之分。其中,效用或报答力大的、长的工具为好为优;效用或报答力小的、短的工具为差为劣。至于那些原本创造出来是为了满足人的需求或自以为能满足人的需求而实际却起相反作用的工具,则只能称之为坏工具,比如能给人带来片刻精神快感,却使人身心长久痛苦的各种毒品;比如那种形同虚设,非但不能用于反腐败,反而实际上会鼓励腐败的制度安排之类,就是这样的坏工具。因此,只有有益于人的需求之满足的人类创造物才是真正的好的文化之物;相反,有害或有碍于人的需求的所谓创造物,就不是真正的好的文化之物。而在好的文化之物中,最能满足人的需求的文化就是所谓"先进文化"或"优秀文化"。

不过,对人的需求、特别是对充满理想色彩并惯于求全责备的想要来说,凡事有利亦有弊,包括人的每个具体创造物也是如此,全都不会尽善尽美,而是利弊并存,长短交织,既有正作用,也有副作用。所以所谓文化之物的好坏优劣有时也只有相对意义,并且会随着需求的不同及转移而发生相互转换。于是,当人们将对人的某种需求有益的文化之物指斥为或坏或劣的文化之物时,其正当理由只能是这种文化之物在满足人的此种需求的同时,损害了人的另一种需求或损害了他人的需求。"损害另一种需求"的情况可从计划经济虽能满足人平等拥有财富的需求,却不能满足人共同富裕的需求的事例中加以体认;"损害他人需求"的情况则可从等级制虽能满足少数剥削者的需求,却不能满足多数劳动者的需求的事例中获得认知。

五 对不同的文化应唯好是用

我们已知,文化是满足人需求的工具,而人则是文化的主体与目的。我们还已知道,任何一种文化之物作为工具对人的报答力都不会永远最大。现在我们又知道了,满足人的同一种需求的同类不同种的文化之物作为不同的工具会有好坏优劣之分。

既然如此，我们在为解决自己的实际需求或社会问题而准备工具时，就不必一味地固守和依赖本土文化，而应放眼全球，详查各种同类工具，经过比较，发现哪种工具最好用就拿来为我所用，而根本不必忌讳它是属于哪种文化，由谁首创，也不必忌讳它是何"颜色"，是何"姓氏"。而判断或选取所谓"最好用"的工具的标准，具体地说，就是看其是否能最有效地解决我们所面临的问题，是否能最大效用（或利弊比最佳）地满足我们的这一种需求；抽象地说，则是看其是否符合我们共同认定的至善或社会终极价值目标这个最高的评价标准。考虑到进一步判断"是否能最有效解决问题"也取决于我们在解决问题时所最想达到的目的或价值目标，可知不论我们准备做什么事情，只要确立了明确的目标，就有了评判工具好坏优劣的可操作化标准，就会知道在已有的工具和当下有可能被我们创造出来的工具中，什么才是最好用的工具，什么才是我们要找的"先进文化"，什么才是我们此时最好的选项。

有了这种唯好是用的姿态，在当今全球化时代背景下的文化相遇与文化发展过程中，本族文化与外族文化就不会是亨廷顿所说的相互否定，相互排斥的冲突关系，而是相互汲取、相互模仿的融合关系。而融合的结果，自然就是先进文化的大集合。考虑到中华民族的宗教意识不浓，对文化的宗教情怀远不如其他民族那般广泛、强烈、固执，可知这种对文化不论来源出处，不分种族教派的唯好是用的文化发展方式更容易在中国被采用实行。

现在的疑问是：如果一个民族总是采取唯好是用即哪种工具最好用就拿来为我所用的方式汲取、模仿外族文化，久而久之，该民族文化是否还会有自己的个性或民族特性？如果所有民族都用唯好是用的方式发展各自文化，久而久之，世界是否还能保持文化的多样性？而世界如果没有了文化的多样性，整个人类文化是否还能继续在差异中相互促进？

首先可以肯定，民族文化不会在唯好是用的文化发展方式中丧失个性。这是因为，各个民族由于在价值偏好上会存在差异，导致评判文化工具好坏优劣的标准也会不尽相同，于是各个民族即使全都运用唯好是用的方式融合外族文化，它们相互之间也必然会有所不同。又因为对不同的语言、宗教及日常习俗等文化之物的评价，即使有统一而明确的好坏优劣判断标准，其结论往往也会是"互有利弊，难分伯仲"。因而在这些领域，本民族的文化并不会被外族文化完全取代。还因为不同的哲学学说和艺术品之间不是有你无我的相互取代关系，而是越多样才越能满足人的爱智需求与审美需求，因而在这两个领域，外族文化也只能是进来与本族文化共存，而不是你进我出的关系。正因如此种种，所以一个民族无论如何大胆地汲取外族文化也不会丧失本民族文化的个性，恰如从近代开始全面学习西方的日本文化就一直都不曾没有过自己的民族特性一样。

其次要说，就像工具只要好用就行，而不必在意它是否与众不同一样，我们也完全不必在意文化的个性，因为文化的个性并不是我们创造文化或发展文化的目的，而是我们在创造文化或发展文化过程中势必要随之生成的一个"副产品"或"自然现象"，它其实并不需要我们去刻意追求就能出现，就如每个人天生都有自己的个性特征一样。相反，如果我们把保持文化的民族特性看得比解决问题或满足人的需求更重要，那就是极不明智的反裘负薪，倒本为末，就是将工具变为目的而把人变成手段的工具神圣化倾向。更何况从文化变迁史看，任何一个民族文化的个性也从来就不是一成不变的。因此，我们决不能为了保持民族文化的特性而拒斥外族文化。因此，一个民族的文化并不是越有个性越好，而是越能满足该民族的需求才越好，哪怕它完全没有自己的个性也无关紧要。

最后要说，既然每个民族的文化不论怎么吸纳模仿外族文化都不会丧失自己的个性，那么就可以说，尽管各民族文化的差异性会在相互融合的过程中逐渐缩小，但人类文化的多样性却不至于在全球化的进程中丧失，就像中华文化的地方文化至今仍有其地方特色一样。这里一方面说民族文化的差异性会缩小，另一方面又说人类文化的多样性不会消失。这两种说法岂不自相矛盾？不矛盾。说差异性会缩小，是指各民族文化在科学、技术、制度、道德等方面的差异会逐渐缩小，因为在这些领域，不同工具之间不仅有人们公认的统一的好坏优劣判断标准，而且不同工具之间也是相互排斥取代的关系，即我们任何时候都是只能选取其中的一种工具来实施，而不能同时选用两种一起实施，就像我们模仿了市场经济体制，就不能再保留计划经济体制一样。所以，当各个民族都决心要学用最先进的科学技术和最有效率的制度、最优良的道德时，它们在这些领域就会越来越趋于一致或同质化。至于说人类文化的多样性不会消失，则如前言，是指在语言、宗教、哲学、艺术和日常习俗等方面，各民族的同类文化产品作为不同的工具，或者由于缺乏公认而统一的评判好坏优劣的标准，或者由于利弊相当而无法判断好坏优劣，或者由于相互之间不是非此即彼的排斥取代关系，决定了尽管这里也可以相互学习模仿，但各个民族却永远不会形成大一统的工具选用模式。此外，一种新的先进科学技术或新的高效制度或新的优良道德只会首先在某个民族或国家被创造发明，而永远不会在各个民族同时普遍产生的事实表明，这种文化创造的时间差，将使各民族相互吸纳模仿外族文化的过程长期存在，而不是一次就可完成。所以这一点也是人类文化多样性不会在唯好是用的文化发展方式中完全消失的一个基本原因。其实，文化的多样性同样不是文化发展的目的，更不是文化发展的根本动因。因而退一步讲，只要人类还有需求，特别是还有想要，还愿创造，即便将来世界不同种族出现大融合，全球形成统一政府，规定使用同一语言，文化没有了民族多样性，人类文化也绝不会停止其发展的步伐。

生活世界视域中文化传统的现代性意蕴[*]

——兼论哈贝马斯与伽达默尔的"传统"之辩

梅景辉[**]

在现代哲学的意义上,"生活世界"理论无疑是从胡塞尔的现象学中发轫,而在哈贝马斯的交往理论中形成总体性的思想蕴涵。哈贝马斯在阐释生活世界内在结构时,首先就要面对的是如何思考文化传统在生活世界中的功能与定位,以及文化传统与社会秩序及个人(个性结构)之间的内在关联。哈贝马斯通过对胡塞尔、海德格尔和伽达默尔等人思想的反思与发展,将文化传统看作生活世界中最重要的一个知识的储存库,社会规范和个体的社会化都是在文化传统的传承与创新中得到发展。

一

从思想渊源来说,在胡塞尔的思想中,生活世界具有双重维度的存在,即作为基底的原初生活世界和当下实存的周围日常生活世界。如果说当下实存的生活世界是文化传统和科学技术的展开的场域,则原初的生活世界既是文化和科技的产生的根源,当然也是社会秩序与个性结构生成与发展的源泉。

作为意义之源泉的原初生活世界则类似于庄子所言的尚未分化的世

---

[*] 本文为 2013 年度江苏省社科基金"马克思主义意识形态认同研究"(项目编号: 13MLC012)及 2015 年度江苏高校哲学社会科学重大课题(项目编号: 2015ZDAXM008)的阶段性成果。

[**] 作者简介: 梅景辉, 哲学博士, 南京财经大学马克思主义学院教授, 硕士生导师, 江苏省中国特色社会主义理论体系研究基地研究员。

界，即非对象性的世界。这个世界既是一种理想的，也是一种本体论式的存在。在这一世界中，文化、科学和个体的生命境界都是不相区分的，即生命就如其所是的存在着，始终敞开着自身的境域。但一进入现实的日常生活世界，特别是实证主义意义上的世界，则文化、科技和个体的境界区分开来，人必须首先将自己和物相区分，并对象化，才能够去理解生活世界的意蕴和自身生命的意义。在此意义上，日常的生活世界已经丧失了其本真的世界样态，文化的价值和生命的意义得到彰显，却也受到限制。

文化传统和社会秩序及个性结构就是在原初生活世界和日常生活世界的交融中形成并得到发展。就如同海德格尔说，人必然先沉沦，而后才能超越；先要作为常人生存，才可能体悟到此在的命运。如果没有原初生活世界作为文化和生命的根柢，那么文化传统和个体生命就不会形成超越性的价值；如果没有日常生活世界的沉沦，文化传统则缺乏传承的现实维度，个体生命也就缺乏真实而丰满的生活体验。

胡塞尔之所以要在日常生活世界中去探究作为根柢的原初生活世界，就因为他深刻地感受到，现代科技的发展和工具理性的扩张，已经导致人的个性结构的残缺，人们缺乏对自身所处世界和文化传统的内在生命体验，而逐渐成为单向度的人。

文化传统在海德格尔的《存在与时间》中则转化为人的前理解和前结构，他认为人的生活在生存论结构上已经为自身的"前见、前有和前结构"所笼罩。在生存论意义上，海德格尔认为作为传统的"曾在"与"现在"和"将在"本是三位一体，即文化传统在当下的生存和将来的生活中已经有所蕴含与展现。

伽达默尔则立足于海德格尔的生存论思想来为"传统"正名。他因此说道："与传统相联系的意义，亦即在我们的历史的—解释学的行为中的传统因素，是通过共有基本的主要的前见而得以实现的。解释学必须从这种立场出发，即试图去理解某物的人与在流传物中得以语言表达的东西是联系在一起的，并且与流传物得以讲述的传统具有或获得某种联系。"[①]在伽达默尔看来，文化传统和当下的社会现实以及个体的意识结构之间不

---

① [德]伽达默尔：《真理与方法》（上卷），洪汉鼎译，上海译文出版社 2004 年版，第381页。

是相互孤立的主客体对象关系，而是三位一体的"效果历史"关联，即文化传统以历史的流传物的形式融入了当下的社会现实，我们每一个个体以自己的"前见"去认知、理解、解释文化传统与社会现实，在此过程中，文化传统、社会现实和个体的知识结构相互融合，相互影响，这一过程，既是个体生命和文化传统及社会现实之间发生的解释学循环，也是各种生命元素的"视域融合"，通过这种融合，文化传统在当下的社会现实和个体的意识结构中复活，并且创造出新的文化思想脉络。而社会现实因文化传统的融入不断自我更新自我反思，而具有更加丰富的知识储备和合理的秩序规范；个体生命则因为对文化传统和社会秩序的内在理解，而具有更加宽广的生存视域和更加完善的生命创造能力。

在《真理与方法》出版后，伽达默尔的语言存在论以及对于传统和权威的重视引发了诸多争论。其中，哈贝马斯就对伽达默尔的观点提出深刻批判，并且提出"深层解释学"的思想。他认为："伽达默尔根据他对理解的前判断结构之解释学的洞察，得出重建先入之见的地位的结论。他没有看到权威和理性的任何对立。传统的权威并非盲目地自作主张，而仅仅是通过人们对它的反思的承认，这些人本身是传统的一部分，通过运用而理解并发展了这种权威。"[①] 哈贝马斯是从启蒙的理性主义批判前提出发，如果我们过多地依赖传统和权威，就没有办法在新的时代予以启蒙，也就只能在传统和权威的阴影中生活，而无法提出适合于我们这个时代特色的思想，文化、社会和个人也就无法得到更新的发展。他进而指出："只有人们在这一传统之内能够获得免于压力的自由和关于传统的不受限制的意见一致的时候，才能把对传统的武断的承认，即对这一传统的真理主张的接受，和知识本身等同起来。"[②] 应当说，哈贝马斯在一定程度上洞察到解释学如果毫无批判地将传统和权威融入人的前理解中，将会产生一些难题，即时代发展的动力到底是依赖于传统和权威，还是对于传统与权威的批判。哈贝马斯在法兰克福的批判传统之下，认为只有通过文化批判、社会批判和意识形态批判等与传统和权威多维度的作战，才能够从传

---

① [德]哈贝马斯：《哈贝马斯精粹》，曹卫东选译，南京大学出版社2004年版，第162页。

② 同上。

统和权威的阴影中走出来,把握属于我们自己的时代的思想脉搏。

但伽达默尔却坚持认为,哈贝马斯在一定程度上对哲学解释学思想存在误解,或者将哲学解释学和客观主义诠释学的"传统"和"权威"的理解相互混淆。在《真理与方法》中所表达的权威和传统,与当代现实和思想虽然存在着时间距离,但是二者之间是一种"视域融合"和"效果历史"的关系,而非相互对立的主客体关系。也就是说,当代已经是传统和权威的现实展现,传统和权威其实已经以"前结构"和"前理解"的形式融入我们的思想和意识形态之中,即便我们对传统和权威予以反思和批判,在一定意义上,也可以说是传统和权威在进行自我反思和批判,如果抛弃传统和权威来谈论批判和启蒙,就如同放弃了历史来谈论现实和发展。他深刻地指出:"只有解释学中那种天真的非反思的历史主义才会把历史的解释学学科看作一种能完全摆脱传统力量的崭新的东西。反之,我在《真理与方法》中则试图通过在一切理解中起作用的语言因素清楚地展示出不断的中介过程,通过这种过程社会地转化着的事物(传统)才生存下来。因为语言并非仅仅是在我们手中的一个对象,它是传统的贮存所,是我们通过它而存在并感受我们的世界的媒介。"①

二

哈贝马斯和伽达默尔在这一场关于解释学的普遍适用性的辩论中,虽然并没有取得完全一致的思想共识,但这次辩论无疑对于二者的思想反思的影响都是非常深远的,伽达默尔因为哈贝马斯的批判,重新思考了解释学如何面对文化批判、社会批判和意识形态批判问题,并且将哲学解释学与实践哲学相互关联。而对于哈贝马斯来说,他虽然曾经用马克思、法兰克福学派和英美实用主义的观点批判伽达默尔的语言存在论和理性与传统及权威之间的关系,但在之后,他无疑更多地受到伽达默尔的影响,而将哲学解释学的思想融入他自己对生活世界及交往行为理论的思考之中,而

---

① [德]伽达默尔:《哲学解释学》,夏镇平、宋建平译,上海译文出版社2004年版,第30页。

且语言和文化传统,也成为他建构生活世界与交往行为理论的重要思想元素。

哈贝马斯为阐释自身的交往行为理论和批判解释学思想,对生活世界理论进一步延伸,提出了当代社会生活世界殖民化和合理化问题。而在这些问题中,则蕴含着现代人对文化传统的功能和社会个体自我认同之间的内在关联。他在《交往行为理论》中说道:"生活世界里储存着前代人所做出的解释努力;任何一次的交往过程都存在着异议的风险,相对而言,生活世界则构成了保守的均衡力量。因为交往行为者只有通过对可以批判检验的有效性要求采取肯定或否定的立场,才能相互达成理解。……因此,生活世界合理化首先表现为'规范共识'与'交往共识'的冲突。文化传统越是预先决定,哪些有效性要求在什么时候和什么场合必须被某人接受或必定遭到某人反对,参与者本人也就越是没有机会对他在采取肯定或是否定立场时所提供的充分理由加以阐明和检验。"[①] 在这里,明显可以看出哈贝马斯受到伽达默尔思想的影响,已经将文化传统看作生活世界的重要构成部分,而且,在文化传统的知识储存中,交往行为能够寻求到共识的前提;当然,他依然认识到文化传统虽然能够作为人们相互交往的重要前提,但文化传统也会对交往行为者的思想与行为方式予以预先规定,从而影响了交往参与者自由发挥的思想空间。

在哈贝马斯看来,要想使一个得到相应解释的生活世界具有合理的行为取向,甚至要想让这些行为取向能够凝聚成为一种合理的生活方式,文化传统就必须具有以下形式特征:(1)文化传统必须为客观世界、社会世界以及主观世界准备好形式概念,必须允许有不同的有效性要求存在,比如命题的真实性,规范的正确性,主观的真诚性等,并且必须促使基本立场有相应的分化,比如客观立场,规范立场以及表现立场等,只有这样,才能在一种抽象的水平上创造出符号表达;这些符号表达不仅有着不同的理由,而且可以得到一种客观判断。(2)文化传统必须与自身保持一种反思的关系;它必须彻底放弃其教条,以便让传统的解释能够接受人们的拷问,并加以批评和纠正。(3)文化传统必须把

[①] [德] 哈贝马斯:《交往行为理论》第1卷,曹卫东译,上海人民出版社2004年版,第69—70页。

它的认知部分和评价部分与特殊的论据重新紧密地结合起来，以便相应的学习过程能够在社会层面上得以制度化。沿着这样一条路线，就会出现科学、道德和法律、音乐、艺术和文学等文化亚系统，也就是说，可以形成不同的传统。这些传统不但经过牢靠的论证，而且还经受住了不断的批判，最终才得以稳定下来。(4) 文化传统还必须这样来解释生活世界，即让目的行为能够摆脱通过交往不断更新的沟通命令，以实现至少能够局部地与交往行为区别开来。①

在第一个特征方面，文化传统应当是具有包容性的存在，它既能够包容客观世界、社会世界和主观世界的不同维度，又能够涵括交往行为中的真实性、规范性和真诚性的要求，以便不同的交往行为者能够在文化传统中获得真实的信息并真诚表达自身的想法，在此基础上，才可能从不同的立场分化中进行比较可观的判断；在第二个特征方面，哈贝马斯依然坚持自身的意识形态批判立场，要求文化传统必须进入生活世界的反思系统，能够在新时代的理解与解释中不断推陈出新；在第三个特征方面，哈贝马斯明显受到伽达默尔的影响，认为要从认识论和价值论上双重看待文化传统，使人们对传统的认知转化为合理化的社会制度与社会秩序。而且同时知识论与价值论的双重改造，传统能够自我分化为科学、道德艺术等不同的亚文化系统，而这些子系统本身就是不断经过理解、解释、反思与批判的锤炼，从而融入新的文化脉络之中；最后，文化传统在理解与解释生活世界过程中，应当明确生活世界与社会系统、目的行为与交往行为的本质区分，以便文化传统以知识储备的方式融入社会制度和个性结构中时，能够使目的行为自身与交往行为的命令脱离开来，而形成自身独立的系统行为结构和方式。

从文化传统的形式特征及其与生活世界和交往行为的关联看，文化传统贯穿了生活世界的总体性结构，并为交往行为提供知识理论的支撑。而生活世界则成为文化传统和交往行为不断创新发展的总体性场域。生活世界之所以成为文化传统和交往行为发生的场域，因为它和人的语言表达密切相关，因此，他认为语言是生活世界中最重要的交往媒介，人的交往行

---

① [德] 哈贝马斯：《交往行为理论》第 1 卷，曹卫东译，上海人民出版社 2004 年版，第 70—71 页。

为都是在语言表达和话语协商的基础上形成,必须通过言行一致而与他人建立良好的社会关联,而文化传统也是以语言的形式表达并得以传承,个体生命是通过语言媒介而进入文化领域,并使自身的交往理性不断发展。即"交往模式把语言看作是一种达成全面沟通的媒介。在沟通过程中,言语者和听众同时从他们的生活世界出发,与客观世界、社会世界以及主观世界发生关联,以求进入一个共同的语境。这种解释性的语言概念是各种不同的形式语用学研究的基础。"①

虽然,当哈贝马斯与伽达默尔论战时,他还根据马克思的实践哲学和语言工具论的思想反对语言存在论之思,并且认为社会关系这个更大的整体显然不是仅仅由语言推动,而是经由劳动和活动才获得生机;但伽达默尔所说的——因为语言并非仅仅是在我们手中的一个对象,它是传统的储存所,是我们通过它而存在并感受我们的世界的媒介。②——无疑对哈贝马斯的思想有着巨大影响,因此,在生活世界和交往行为理论的建构中,语言其实已经从工具论的视域中提升出来,成为了构成生活世界与交往行为的最重要媒介,而文化(传统)、社会(秩序)和个人(个性结构)也因为语言媒介的作用,形成了生活世界的总体性结构。

三

诚如哈贝马斯所言:"生活世界当中潜在的资源有一部分进入了交往行为,使得人们熟悉语境,它们构成了交往实践知识点主干。经过分析,这些知识逐渐凝聚下来,成为传统的解释模式;在社会群体的互动网络中,它们则凝固成为价值和规范;经过社会化过程,它们则成为立场、资质、感觉方式以及认同。产生并维持生活世界各种成分的,是有效知识的稳定性,群体协同的稳定性,以及有能力的行为者的出现。日常交往实践的网络同在社会空间和历史时间范围内一样,远远超出了符号内涵的语用

---

① [德]哈贝马斯:《交往行为理论》第1卷,曹卫东译,上海人民出版社2004年版,第95页。
② [德]伽达默尔:《哲学解释学》,夏镇平、宋建平译,上海译文出版社2004年版,第30页。

学领域，并且构成了文化、社会以及个性结构形成与再生的媒介。"① 在此，我们必须运用生存解释学的视域对文化、社会和个人三者的内在关联作总体理解，才能更好地体认生活世界的结构及交往行为理论的生存论内涵。

首先，哈贝马斯所说的作为生活世界内在结构的"文化"，似乎一方面指向文化传统，另一方面又指向了文化知识。但从根本而言，文化传统可以完整地包含了文化知识，文化知识则不能完整地包含文化传统。如果说，文化传统也具有知识论的维度，那么，作为"知识"的文化传统也非主体性的视界知识和语境知识，而是非主题的背景知识，这种"知识"并不包含具体内容，但它涵养着文化的个性与本质特征。这种文化传统与具体的文化知识的区别类似于一个人的气质与容貌的关系，一般而言，容貌漂亮或英俊的人应当是有气质的人，但有时也会相反，容貌漂亮或英俊，但是并没有气质；而有些人很有气质，但并非因为容貌的缘故。另外也类似于思想和具体知识构成的关系，比如一个人的思想应当是忘掉所有知识所剩余的东西，思想可以使知识更加系统化和纯粹化，但并非知识越多就越有思想；思想在一定阶段上，需要特定的知识建构而成，但思想一旦形成，就应当不受任何知识所限制，并且超越于具体知识的结构。因此，作为生活世界内在结构的"文化"，不是一般泛泛所指的文化知识，而是在文化知识基础上所凝练成的"文化传统"与"文化思想"，它与具体的知识的区别类似于海德格尔区分"历史性"与具体的"历史"，也类似于伽达默尔区分"语言性"与具体的"语言"。在此意义上，生活世界才能超越于由具体知识所建构起来的社会系统，并通过文化传统的传承与创新，实现生活世界的再生产与合理化。

其次，作为社会的生活世界区分与机制化运作的社会系统，虽然二者都注重现代社会的秩序及规范的合理化有效运行，但二者的本质区别在于，作为生活世界的社会秩序和规范更加类似于人的有机身体，它自身是一个自足的生命机体，有其内在的价值本质与指向，而作为系统的社会秩

---

① [德] 哈贝马斯:《后形而上学的思想》，曹卫东、付德根译，译林出版社2012年版，第82页。

序与规范，则类似于人造的机器，虽然它也具有内在的运行机制，但其动力和目的是由外在所给予的。如果说社会系统也是符合于理性的，但它所符合的是技术理性与工具理性，而作为生活世界的社会秩序与规范则符合于交往理性与价值理性。

最后，作为生活世界内在结构的个人（个性结构）与一般意义上的个人虽然都是指当下存在的生命个体，虽然哈贝马斯也并没有借鉴海德格尔的"此在"与"常人"对之进行二元区分，但二者的重要差异在于，生活世界中的个人（个性结构）是以语言媒介作为生存的资质，是以交往理性作为生活的凭借，是通过与文化传统和社会秩序的解释学循环而与他人及整个生活世界相互交融，并且具有主体间性的本质特征。在此意义上，哈贝马斯所说的个人（个性结构）依然是具有本真态的维度的，类似于在生活世界的合理化进程中不断沉沦与超越自身的此在，他总是以语言为媒介与生活世界发生关联。而社会系统中的个人则类似于一个个独立的生命原子，是受工具理性所制约的精致的利己主义者，尚处于主体性范畴之内，与他人的关联是以权力和货币为媒介，充满了权谋与算计。因此，生活世界中的个人是对人的本真状态的现实阐发，也是对世俗中人不断超越自身的理想期待。

在此，我们有必要通过解释学的"视域融合"概念理解生活世界三维结构的内在关联，并阐明生活世界理论的生存解释学向度。

在伽达默尔看来，视域其实就是我们活动于其中并且与我们一起活动的东西。视域对于活动的人来说总是变化的。所以，一切人类生命由之生存的以及以传统形式而存在于那里的过去视域，总是已经处在运动之中。而"视域融合"只会在真正的理解活动中发生，因为"理解其实总是这样一些被误认为是独自存在的视域的融合过程。我们首先是从远古的时代和它们对自身及其起源的素朴态度中认识到这种融合的力量的。在传统的支配下，这样一种融合过程是经常出现的，因为旧的东西和新的东西在这里总是不断地结合成某种更富有生气的有效的东西，而一般来说这两者彼此之间无须有明确的突出关系。"[①] 伽达默尔所说的"视域"，

---

① [德] 伽达默尔：《真理与方法》（上卷），洪汉鼎译，上海译文出版社2004年版，第396页。

既是人的理解的前结构与先把握，更是人的内在的语言世界经验，因此，解释者与历史传统和经典文本的相遇，不是客观主义意义上的接受主观主义意义上的移情和自身置入，而是两种不同的前见与语言世界经验的交集与融合，在此视域融合中，历史传统因新的理解和解释而形成新的生命体验，并且在新的语言世界经验和文本中展现自身效果历史的向度。历史传统、现实生活世界与个体生命因而在视域融合中形成一个总体性的生命脉络。

从本质而言，生活世界既是人当下生存的世界，也是解释者面向文化传统与社会现实的生活视域。因此，在生活世界的三维结构中，文化、社会和个人是以解释学循环和视域融合的关联得以存在，并且在不断地循环与融合中规范着生活世界合理化与再生产的进程。

生活世界在传统的形成与传承过程中形成一种文化的视域，在此视域中，社会规范和人的个性结构都受到特定文化之光的照射与折射。如同培根所说的四种假象，其中"种族假象"就可以理解为特定生活世界的文化视域，它既是社会规范和人的个性结构发展的前提，也在一定程度上成为遮蔽社会规范与人的个性结构发展的"假象"，毕竟，因为有着现成的视域，人们就不愿意再进一步突破自身理性遥望的空间，而在此视域中对社会世界和自身的主观世界予以观照。而"洞穴假象"其实是个体的个性结构和知识结构所形成的个体化视域，这一"洞穴"使我们具有自身的"成见"，而难以接受与我的"视域"异质性的文化知识元素。而"市场假象"则是一种社会化的语言媒介，它使社会规范性的知识系统得以形成，但在此"市场"中，人们只是获得知识的表层的幻象，而其深沉的思想理念往往会被忽略；而与市场假象相关的"剧场假象"，它是权威专家用特定的场景和道具展示自身的文化知识的视域，并用此视域去获得他们的认同，而在此认同中，他人其实是被"剧场"和"道具"所欺骗，并未真正理解深层次的思想与文化。当然，培根的假象说是展示了文化传统和人的视域的有限性及其异质性，但在解释学的思想中，恰恰是人的视域的前在性与有限性使人成为一个特定的生命的存在，他也因此需要在生活世界中与文化传统和社会规范不断发生视域融合，从而与文化、社会发生总体性的生命关联。

应当说，如果将生活世界看作一个生命的共同体，那么从"生命表现"视域，我们可以阐释文化、社会和个人之间的本质关联。① 狄尔泰曾经区分了"概念判断"及"较大的思想结构""实践行为"和"生命体验的表达"等不同层次的生命表现。在生活世界的结构中，文化传统、社会秩序和个性结构，其实也是不同层次和不同类型的生命表现。文化传统作为历史文化的积淀，它是在社会发展过程中不断传承和创新的客观精神的总体性生命表现，文化传统不属于哪一个具体的人，却为社会中的个体所分有。因此，它是以生命脉络的方式传承着历史文化中最经典的内涵。

在生活世界的视域中，文化传统的传承与发展必定要依托于特定的生命个体，以一种独特的生命表现和客观精神的方式得以展现与延伸。如同庄子所言"薪火相传"，在文化的传承中，火是指文化传统，而薪则是指个体生命，个体生命和文化传统之间，是通过特定的生命表现和客观精神得以关联。这诚如哈贝马斯所言："文化传统的内涵永远都是个人潜在的知识；如果不是个人从解释学的角度占有和继承了文化知识，也就不会有什么传统可言，即使有了传统，也无法流传下来。因此，个人用他的解释活动为文化作出了贡献。"②

生活世界中的社会秩序与规范，可谓是社会有机体的生命表现的特殊样式。相对于文化传统而言，社会秩序和规范是生活世界的横向展现，它要表达出生活世界本身是一个有机的组织，但并非是系统的机制，因此，从生命表现意义上理解社会秩序与规范，能够区别于以工具理性为核心的社会系统理论。而相对于社会中的具体个人而言，社会秩序和规范则是一个总体性的生命关联，它使诸多个体在社会组织中结合成为社会化的交往共同体。

生活世界中的人的个性结构，无疑是生命表现的最基本层次，它类似于一个个独特的生命单子，不断绽放自身的思维判断与行为方式，但这一切都以个体的意识形态结构和生命体验作为根基。人的个性结构虽然自成

---

① 我们之前已经对马克思、狄尔泰的"生命表现"概念作了翔实的阐释，而且在海德格尔和伽达默尔论述生存论、解释学的理解循环时，"生命表现"的思想已经深刻地蕴含于其中。我认为，"生命表现"应当成为建构"生存解释学"的核心概念。

② ［德］哈贝马斯：《后形而上学的思想》，曹卫东、付德根译，译林出版社2012年版，第86页。

一个内在的世界，但它要与文化传统和社会秩序发生生命的关联，就必须将自身外化和对象化出来，以生命表现的形式展现自身对文化社会的理解与解释，并在其中寻求到个体社会化的平衡以及他人的认同。而且，个体学习文化知识和适应社会规范的过程，其实就是人的个性结构以生命表现的方式不断与文化传统和社会发生生命的交融与视域的融合。在此融合中，个体的意识结构逐渐形成独特生活世界的视域，外部生活世界投射到个体的生命体验，而成为人的个性结构的一部分，文化传统和社会规范既成为人的外在社会关系的情境与规定，也成为人的内在个性结构的本质元素。而生活世界也就在此过程中，构成一个在社会空间和历史时间中分叉开来的交往行为网络。

全球化境遇中的文化主体性
守护的三条可能进路

胡军良*

全球化业已成为无可否认的经验事实和无可逃遁的时代境遇，它所意指的是"世界政治及经济制度能够被想象为一种单一且能普遍应用模式的普及化（generalization）"①。奉行资本逻辑的全球化虽使得社会与生态等层面的地球村成为可能，但其另一可能的后果就是多元世界的趋同，包括文化的趋同，从而使得全球的政治、道德、法律、文化、生活样式似乎都朝同一化的趋向迈进。在此态势下，每一种文化样态自身的特质、传统以及多元文化之间的"文化间性"都受到前所未有的冲击。从某种意义上说，"全球化的效果势将削弱'所有'民族国家的文化向心力，即使经济上的强势国家（先前时代的'帝国主义权势核心'）亦不能幸免于此。"② 如何坚守每一种文化样态的特质（文化主体性）、理想的文化间性，以及如何审视自身的文化传统和建构新的文化语境，也就成为一项紧迫的理论与实践课题。

全球化境遇中的文化主体性守护，既关涉文化同一性与文化差异性的平衡问题，也关涉文化自我与文化他者的交往问题，同时还关涉文化在传统与现代维度上的交融问题。平衡问题涉及人类文化的寻根与生态格局，交往问题涉及文化的自觉与身份认同，而交融问题则涉及文化的自信与自

---

* 作者简介：胡军良，哲学博士，西北大学哲学系教授，主要从事马克思主义与中西文化研究。

① Pascale Casanova, *The World Republic of Letters*, translated by M. B. DeBevoise, Harvard University Press, 2004, p. 40.

② ［英］汤林森：《文化帝国主义》，冯建三译，上海人民出版社1999年版，第328页。

强。三个问题在学术义理、实践逻辑等层面上的考量与阐扬，需要哲学视域和方法的全面观照与深度介入，关于它们的哲学考量实际上也蕴含文化主体性守护的三条可能进路。只有坚守文化同一性与差异性的动态平衡，坚守非盲目的文化主体性、没有强制力和权力话语参与其中的文化间性，以及不断激活和转化自身文化传统的现代视域与现代意识，明辨文化间所具有的差异，敞开文化沟通的可能通道，珍视自身的文化传统，才能为抗衡文化的趋同和株守"美美与共"的文化共处之道提供理论借镜，为"各美其美"的文化自觉与文化自信提供实践依凭。

一 同一性与差异性的平衡：走出文化普遍主义与相对主义之争

以同一性思维和普遍主义诉求为旨趣的全球化，虽然为诸种文化样态的发展更新提供了新的语境和新的可能，甚至也使得某些文化形态自觉或不自觉地以"现代化"与"世界化"作为自身的发展走向、先进和新潮与否的根本判据。但是，这种同质性和普遍有效性的文化诉求也激起与催生了全球性的本土文化自觉浪潮。地方性知识、边缘文化、非主流文化、亚文化，一度成为诸多文化主体基于文化持有者的内部视界（native's point of the view），重新解释和研判自身文化根基与脉络的热门学术话语。如何考量文化同一性与差异性的关系，如何走出文化普遍主义与相对主义之争，自然也就成为文化主体性守护中的一个至关重要的问题。

同一性是思想家们孜孜以求的一个重要思维向度。早在古希腊哲学家探究万物的本原（生之源与长之性）时，同一执一的思维就已经发轫和展开了。他们在抽象的水平上将万物归"一"，生动的叙事所呈现的历史谱系、时空的维度均被抽象而留下作为有限世界之基础的"始基"。始基可以作为自然的本质原因，也可以进一步抽象为"存在"，[1] 比如巴门尼德就以如是抽象的方式将一切经验对象都加上了现象学式的括号，开出了"思在不二"或者"思有同一"的纯粹哲学传统。柏拉图基于有别于经验

---

[1] [德]哈贝马斯：《后形而上学思想》，曹卫东、付德根译，译林出版社2006年版，第29页。

思路的先验思路，从丰富多彩的多样性中抽取出了理念这一既非纯粹概念亦非纯粹图像的典型与范例。这些理念深深扎根于质料之中，其自身内部就包含着普遍同一性的基本承诺。在柏拉图那里，统一秩序决定了本质现象的多样性，而这种秩序在本质上又是抽象的。① 迨至近代，同一性则被等同于理性的绝对同一性，它或者被当作使整个世界成为可能的主体性（纯粹同一性），如笛卡尔与康德的观念，或者被视作自然与历史进程中所彰显出来的某种精神，如黑格尔的观念。至于在当代哲学中，同一性作为一种绝对主义理论观而自成体系的倾向依然没有减弱，它试图将自身融入其所把握的诸种整体性之中。②

在以和而不同为主基调的中国传统文化中同样不乏同一性思想的声音，比如老子是非难分、同异难辨的"玄同"观、稷下道家的"精气"同一论、惠施的"合同异"说、庄子"死生无徒，万物一也"的"齐物论"、荀子"以一知万，以一持万，以一行万，以一统万"的同一观、董仲舒同一于天道的"天人感应"论、王充"元气未分、浑沌为一"的"元气同一论"、魏晋玄学中"贵无、崇有"的思辨同一说、天台宗"一念三千，三谛圆融"的同一论、禅宗"佛法归一心"的同一观、周敦颐"本于无极"的同一论、朱熹的"以理为本"的宇宙同一观，概莫不是同一性思想的集中展现。可见，作为一种深深融入人类思想结构中的同一性思维，是同人类相伴始终且具有某种先验主义乃至本质主义色彩的思维样式。

抽象同一性常常成为一种利器在思想与实践领域通行无阻、渐行渐盛，比如马克思视域中的资本主义文化就善于以抽象同一性来掩盖甚至消解社会现实生活中所存在的阶级利益矛盾与冲突，从而使自身沦为虚假的意识形态。即便是朝向经验事实本身的古典政治经济学也以同一性，将物物交换关系背后所隐含的人和人之间的社会矛盾关系抽象殆尽，从而试图为资本主义制度作出合理性论证与合法性辩护。③ 再比如，超越民族文化

---

① ［德］哈贝马斯：《后形而上学思想》，曹卫东、付德根译，译林出版社2006年版，第29—30页。
② 同上。
③ 李淑梅：《马克思批判形而上学抽象同一性的文化观及其现实意义》，载于《求是学刊》2013年第1期。

中心和文化霸权而趋向普遍道德原则与共同道德规范的道德普遍主义、旨在获得普遍必然有效性的传统知识论、注重形式化和崇尚德勒兹所言的树状思维的现代信息科学，无一不是受抽象同一性观念支配的典型表征。这种同一性思维映射到文化的考量上就会产生这样的观念，即认为，一如物质世界具有同一性那样，文化本身也具有同一性（比如共同的基础、共同的原则和共同的价值），其根源就在我们人类自身（共同的演化、共同的人性等），这种同一性的维度也决定了文化自身势将以交融的方式呈现出一体化的世界性图景，彰显出同质化的全球性特质。

与同一性备受钟情相较，差异性也同样成为思想领地中的一个重要界标而备受青睐。诸多思想家一反同一性本身所蕴含的约束与控制力而显明差异性的合理性，旨在破除同一性之于差异性、共时性之于历时性的优先地位。现代西方哲学的开拓者尼采对遵从同一性原则的形而上学或者说总体化的思维方式作出了彻底批判，转而建构了差异、生成理论和以自然与生物力量理论为基础的评价理论。尼采的追随者德勒兹同尼采一样，认为哲学家的任务即是拒斥稳定的同一性而肯定差异性，拒绝普遍性而肯定多元、流动与生成。[1] 无独有偶，德里达基于文字含义的不确定性、模糊性与"延异性"解构了语音中心论、逻各斯中心论，试图将共时性与历时性统合起来，将差异性从同一性的框架中解救出来。利奥塔以瓦解现代性宏大叙事的方式质疑了现代性知识的合法性，通过对差异性、多元性、异质性的极度颂扬而宣告了普遍性、终极性和同一性的寿终正寝。

与同一性相类似，差异性也同样成为一种圭臬而在思想与实践领域备受人们所膜拜，以致成为异质主义、相对主义、多元主义的代名词。比如，认为道德规范没有对错优劣之分以及所有关于正当和错误的道德概念都在文化上具有相对性与地方性的道德相对主义、夸大文化或者文明之间的差异和宣扬文化冲突不可调和的"文明冲突论"、将本民族视为世界之中心以及将本民族的文化视为看待其他民族之参照系的"种族中心主义"、夸大男女两性的性别差异和排斥贬抑乃至无视某一性别的价值以及固守某一性别优势地位的"性别中心主义"、设定东方为西方的他者旨在使西方体认乃至确认自身文明的价值和意义之所在的"东方主义"，无一

---

[1] 张志伟等：《西方哲学问题研究》，中国人民大学出版社 2000 年版，第 185 页。

不是深受差异性观念影响和支配的产物。

以同一性与差异性的哲学阐明为鉴,不难发现,聚焦文化的同一性,不是奉行文化沙文主义、文化殖民主义,不是以同一性之名来行霸权之实,为某一文化样态的终极性与永恒性作出辩护与论证,以至于认为唯有自身的文化具有纵横四海、独步寰宇的普遍价值。换言之,朝向文化同一性,不是借全球化之势或者说依凭自身在政治、经济以及科技等层面的优势来强推自身的文化价值观念,试图以自身的文化价值来执全球之牛耳,一统文化之江湖,以及以中心主义的文化霸权来塑造文化的同一性。聚焦文化的差异性,当然是要承认每一种文化样态都有其自身不可或缺、难以替代的价值,从而凸显文化生态系统中的习惯、信仰、风俗的惊人的丰富性和多样性,以及它们所包含的人类社会所能具有的一切意义与尊严的本质。① 不过,虽然文化差异性的观念不难找到人类学、民俗学以及社会学在差异性与多样性层面上所做的事实性描述与经验性确证,但是也不能夸大乃至固化类似"习俗君临万物"观念的本体意义,不能固守文化的差异性而否认文化具有共同的价值以及超越性的价值(超文化的价值),更不能以夸大文化落差的方式来宣扬与奉行文明冲突论甚至种族中心主义。

就此而言,守护文化的主体性的一条可能进路,就是要坚守同一性与差异性之间的动态平衡。一方面,我们要承认文化的同一性维度,毕竟文化本身犹如竹林,每一种文化样态即是其中的竹枝,它们可以黄绿参差、繁盛不一、并立竞长、并行并育,却又都有一条彼此关联、相互缠结、通往云霄的共同根。况且,从逻辑上讲,一既是原理和本质,也是原则和本源。从论证和发生意义上讲,多源于一;由于这个本源,多表现为一种整饬有序的多样性。② 另一方面,我们要承认每一种文化样态之间的差异性,从而保护文化的多样性,以"以他平他"而非"以同裨同"的思维来拒斥任何无视差异、不容异己的独夫与霸权行为,防止人类文化的发展陷入一损俱损、生机全无的窘境之中,从而形塑一种齐头并进、协调发展、异质多元、精彩纷呈、和而不同的文化景观。

---

① [法]列维-斯特劳斯:《野性的思维》,李幼蒸译,商务印书馆1997年版,第283页。
② [德]哈贝马斯:《后形而上学思想》,曹卫东、付德根译,译林出版社2006年版,第29页。

总之，没有差异性的同一性是"空"的，没有同一性的差异性是"盲"的。一方面，我们不能以同一性来挤兑差异性，固守非时间化、非语境化的同一性原则，来推行以一驭万的文化暴力与文化霸权，毕竟，"声一无听，物一无文，味一无果，物一不讲"（《国语·郑语》）；另一方面，我们也不能以差异性来排斥同一性，固守某种差异性来否认文化的共同价值或者超文化价值的存在，从而游离于人类文化的大道之外。只有坚守文化同一性与差异性的动态平衡，才能既彰显文化普遍主义的基调和敞开文化共同价值的通道，又使得全球化不至于沦为扁平化且空无内容的僵化的运动，而是呈现出活生生的面貌与态势。在这种面貌与态势中，每一种文化样态既能"各美其美"，即坚守着自身在人类文化地图和谱系中的独特性与差异性，又能"美美与共"，即以文化合力滋养着人类文化的共同根。

二　主体性与主体间性的并进：走向一种理想的文化间性

由于全球化意味着世界范围内的社会关系的密集化，它将彼此相距遥远的地域连接起来，从而使得地域性变革与跨越时空的社会联系的横向延伸共同成了自身的有机构成部分。[1] 这样一来，社会生活的时空跨越与延伸较之任何时候都要宽广，诸多文化形态突破地域性的限制而主动或被动汇入世界性洪流的景观较之任何时候都要绚烂。在全球化所拓展的文化交往空间以及理想的文化间性中，如何坚守同主体性相关的文化自我和成就与主体间性相涉的文化他者，同样成为全球化境遇中的文化主体性守护的一个核心关切。

从西方哲学的流变递嬗看，"主体性"是其重要的一个观念和确证自身的重要环节，它既与"前主体性"相连，又同"主体间性"相涉。说它与前主体性相连，是因为主体性是伴随西方古代哲学本体论的式微所产生的认识论转向，而得以显明于哲学的思想谱系之中的。诸多哲学家基于本体论之思尤为推崇纯粹的"是"（"存在"）（如巴门尼德）、非主体性

---

[1] ［英］吉登斯：《现代性的后果》，田禾译，译林出版社 2000 年版，第 56—57 页。

的"理念"（如柏拉图）与"实体"（如亚里士多德），从而使得古代哲学呈现出清晰可辨的前主体性特质。说主体性同主体间性相涉，是因为其因自身积重难返的唯我论色彩而渐次退隐于哲学之幕后，进而成为主体间性哲学范式转换的一个根本突破口。

置换前主体性的主体性以向主体发问（如探问主体自身的认知能力及其界限）的方式，宣判了缺失认识论维度的本体论在自我确证上的无效。笛卡尔的"我思"、康德的"纯粹主体性"、胡塞尔的"先验主体性"虽各有其哲学致思的特点，但都是对主体性哲学的深度推进。笛卡尔基于对我思的阐释促使了主体性哲学的全面觉醒，康德基于对纯粹主体性的阐扬为"人为自然立法"与"人为自身立法"提供了先验根据，而胡塞尔通过对先验主体性的阐发为确立哲学绝对毋庸置疑的出发点找到了有效门径。主体性虽促使了自我的觉醒与增强了主体身份的认同，却又使自身落入了主客二元的致思与解释框架之中，其中的主体或者难逃孤立个体之嫌，或者难祛唯我论之虞。正因为如此，后现代主义"主体已死"的喟叹才会振聋发聩，当代哲学中具有家族相似性的主体间性浪潮才会此起彼伏。

发端于晚期胡塞尔且渐盛于现象学运动之中的主体间性，作为与交往以及他者等问题相关涉的哲学主题，备受当代西方哲学家所注目。主体间性不仅代表着哲学主题与论域的转变，同时也意味着哲学范式与方法的转换，它在同哲学的语言学转向、生存论转向、生活世界转向、人文主义与科学主义合流的交织中，陷入了注家蜂起、众喙不一的态势。从存在形态看，主体间性既可与海德格尔的"共在"、伽达默尔的"问答逻辑"和"视域融合"相契洽，又可同哈贝马斯的"交往理性"、布伯的"我与你"、舍勒的"爱的共同体"以及皮尔士的"交往共同体"相融通。从基本旨趣看，主体间性不是对主体性的简单否定，而是对主体性的扬弃和重建，其主旨在于摒弃唯我论，在于证实他人心灵的存在；[①] 在于以开放性、动态性、平等性、对话性与辩证性来置换封闭性、凝固性、中心性、独白性与因果性，以及在于以共通经验的分享和传递来形成有意义的世界。从学术效应看，文学批评理论、教育学、美学、诗学、心理学、史

---

① 布宁、余纪元编：《西方哲学英汉对照辞典》，人民出版社2001年版，第519页。

学、政治学与法学的主体间性转向无一不是主体间性情结在不同学科、不同领域中的清晰显现。

以上述有关主体性和主体间性的理论阐明为镜,不难理解,文化主体性实际上意味着文化主体意识的全面觉醒,也意味着文化身份认同的深度自觉。由于主体性是任何思想与实践不可或缺的立场与阿基米德点,因而对文化主体性的坚守当然也就要以主体性的自觉为基本要务。在文化主体性的坚守上,我们既要聚焦先验意义上的主体性,即考量自身作为一种文化样态得以可能的条件,又要聚焦个体意义上的主体性,即显明自身的源流、边界与范围,还要聚焦实践意义上的主体性,即聚焦文化的社会生成、实践逻辑和实践价值。但是正如任何作为人的主体都无法独立自存一样,任何文化主体也同样无法单独地自由存在,因为如若没有同他人的关联,任何人都不可能过有意识的生活,甚至属于自己的生活;没有人能成为仅属于自身的主体。[①] 同样,倘若缺少同其他文化样态的关联、共生、共通与共在,那么每一种文化不仅无法保持自身发展的活力,而且很容易丧失文化延续与更新的创造力。正是有了作为"镜像"的文化他者,每一种文化样态都从文化他者身上见到自我,也从自我身上看到文化他者。正是在如是的主体间性的相互观照中,文化自我与文化他者才得以分别确立。因此,无论是对于作为主体的人,还是对于作为主体的文化,都应给予自身以主体间性的意义。"有了主体间性,个体之间才有自由交往,个体才能通过与自我进行自由交流而找到自己的认同"[②],作为主体的文化亦复如是。

就文化主体间性意义的给予(亦即走向一种理想的文化间性)而言,一方面,要坚持文化间的平等共在;另一方面,要坚持文化间的真诚沟通。就文化间的平等共在而言,平等的主体权利赖以可能与实现的民主过程,应该延伸与扩展至不同族群、文化共同体及其文化生活形式的平等共处、和平共存上来。不同群体价值、世界观念及文化类型之间的平等共存、和谐共处意味着,决不能依照基础主义的思路将某一文化类型、文化

[①] 章国锋:《关于一个公正世界的"乌托邦"构想——解读哈贝马斯〈交往行为理论〉》,山东人民出版社 2001 年版,第 41 页。

[②] [德] 哈贝马斯:《交往行为理论:行为合理性与社会合理化》第一卷,曹卫东译,上海人民出版社 2005 年版,第 375 页。

共同体的价值判断，作为根本奠基与终极参照，来观照及应对各种文化样态之间的关系。事实上，每一个具有自我同一性的种族、信仰乃至文化传统，都应具有被平等看待与尊重的权利，这一权利同其过去的成就以及它在世界境遇中所呈现的地位、态势与状况并无多少关涉。不同种族、社群、共同体及其生活方式、文化样态之间的平等共处，并不必然要基于视其为"类"的方式来加以保存。我们应该在坚守自身有效性要求的同时，以宽容互待、平等互尊的方式进行文化交往，放弃彼此过分利益的诉求，并坚守这样一条准则：无条件地承认每一个体、群体或者共同体享有保留、选择、发展自身信仰、文化模式乃至生活方式的平等权利与自由。①

就文化间的真诚沟通而言，多元文化之间必须相互开放，通过相互诠释的媒介相互学习、彼此交融，从而"创造出一种压倒性的多元文化，一种非中心的丰富性，一种互动的但却是偶然的、需要仔细解读的声音和文本。"② 每一种文化只有同别的文化形态真诚沟通才能发展壮大，才能使得作为一个系统的文化本身不至于因为封闭盲目而走向正反馈。事实上，"不同文化之间的交流，过去已被多次证明是人类文明发展的里程碑。希腊学习埃及，罗马借鉴希腊，阿拉伯参照罗马帝国，中世纪的欧洲又模拟阿拉伯，文艺复兴时期的欧洲亦效仿拜占庭帝国。"③ 就此而言，不同文化传统、宗教信仰、生活方式也就理当和谐共生、共通共在、相互理解、平等对话，彼此学习对方的长处，抛弃一切偏见和敌意，放弃同化吞并其他文化的不良企图，在真诚沟通的气氛中消除误解，摒弃成见，以便共同探究与面对人类的问题和时代的挑战，以共同的价值与道德合力去应对世界的变化和共担世界的风险。④

事实上，正如"人通过'你'而成为'我'"⑤一样，文化实际上也存在于自我与他者两种形式之中，因此，任何文化形态都没有理由拒斥人

---

① 章国锋：《关于一个公正世界的"乌托邦"构想——解读哈贝马斯〈交往行为理论〉》，山东人民出版社2001年版，第172—174页。
② [德]哈贝马斯、米夏埃尔·哈勒：《作为未来的过去——与著名哲学家哈贝马斯对话》，浙江人民出版社2001年版，第119页。
③ [英]罗素：《一个自由人的崇拜》，时代文艺出版社1988年版，第8页。
④ 章国锋：《关于一个公正世界的"乌托邦"构想——解读哈贝马斯〈交往行为理论〉》，山东人民出版社2001年版，第177—178页。
⑤ [奥]布伯：《我与你》，陈维纲译，生活·读书·新知三联书店2002年版，第24页。

类精神财富之中的文化精华。所谓"他山之石、可以攻玉",所谓"用别人的眼光看我们自己可启悟出很多瞠目的事实。"[①] 所谓"建构任何有关自身的话语都必须依赖他人的视角"。[②] 如是不一而足的叙事概皆显明了他者镜像的重要性。以文化他者的观念、话语来反观文化自我,当然有助于文化主体开拓自身的视界与思维,超越自身话语言说的封闭性和狭隘性。但借镜他者并不是一味趋同他者甚至变成他者,以至于陷入失语的状态、沦为无家可归家而为他者治理的境地,而是要同时扎根自身的文化土壤,立足于文化主体生于斯、感于斯、喜于斯、怒于斯的本己文化境脉,来认同自我,尊重他者。

概而言之,全球化境遇中的文化主体性守护离不开主体性与主体间性的并重,从而以走向文化间性的方式悬置文化守护的"唯我"或者"唯他"这两种非此即彼的极端状态。走向文化间性,亦即意味着文化主体应该平等共在、敞开边界、自由流通、真诚交流,最大限度地彼此承认并接受他者的视野,最大限度地减少无视主体间性的"唯我"状态和无视主体性的"唯他"状态给文化交往本身带来的阻力与伤害。

三 传统与现代的交融:更新文化传统的存在语境

诉诸文化交往的形式使得各种文化样态既能维持、保护自身的文化遗产,又能批判地反思、发展与更新自己的传统。一味株守传统、墨守成规的生活方式无法顺利存续与发扬光大,文化或者文明唯有在自我批判与反思的进路中,才能汲取发展的动力、创造的源泉,也唯有在同现代无休无止的交融中,才能不断更新自身传统的存在语境。全球化无疑构成了每一种文化样态反观、反思自身传统的一面镜子和新的可能通道。它既有利于文化生命力的更新,又有利于新的文化体系的构建,以及文化话语坐标的重置。伴随更新、构建与重建而来的问题便是该如何应对传统与现代的关系,并将这种应对作为全球化境遇中文化主体性守护的另一条可能进路。

---

① [美]吉尔兹:《地方性知识:阐释人类学论文集》,王海龙、张家瑄译,中央编译出版社 2000 年版,第 19 页。

② [苏]巴赫金:《巴赫金全集》第五卷,白春仁、顾亚铃译,河北教育出版社 1998 年版,第 380 页。

人类所成就的所有精神范型、所有的信仰或思维范型、所有已形成的社会关系范型、所有的技术惯例，以及所有的物质制品或者自然物质，都可以成为传统。[①] 而举凡成为传统的东西一般来说都具有实质性、稳定性、权威性的基本特质。传统的实质性指的是其凝聚了族群或者共同体的核心价值、心理结构、意识活动以及长期被人类赋予价值与意义的事物等基本要素。传统的稳定性指的是它往往成为人们行事的"自然方式"，会被当作稳定的范型而被人们普遍接受。[②] 而传统的权威性指的是它往往会被当作天经地义、不容怀疑、无须论证的东西而为人们所遵从。[③] 传统虽具有某种实质性，但并非玄之又玄的形上实体；传统虽具有一定程度上的稳定性，但并非始终不变的对象性存在，而是在时间与历史中不断被塑造与改变的产物；它虽具有某种权威性，却并非不可触碰、冲击与突破的雷池与金汤；虽具有伦理的意味，却并非全是行之四海皆有效的道德金律。

与传统相对应的现代，不仅是一个具有时间维度的概念，而且是一个内含新价值、新理念、新思维等精神维度的概念。西方语境中的现代主要是指一个作为"世界历史"的新时代，"是以大生产力形态作为世界历史发展坐标的主轴对这个时代的新定位。"[④] 哈贝马斯将其视为新的社会知识和时代，它以新的模式与标准取代中世纪业已分崩离析的模式和标准。[⑤] 由此可见，现代不仅是一种时间定位，而且是一种精神宣示。就精神宣示而言，现代是以理性、自由、进步为自身的精神标识，它们分别同理性主义、个人主义与线性的进步主义相关联。在这些精神标识的引领下，人们不仅相信社会历史一定会朝进步和发展的方向迈进，而且进而力主用理性作为根本性的准则来对社会规范、伦理准则、政治秩序加以建构，将进步与发展作为社会文明所要趋向的根本性目标，把科学作为推动社会进步的基础性动力。

传统虽有别于现代，但二者并不构成楚河汉界的关系。传统在时间性

[①] ［美］希尔斯：《论传统》，傅铿、吕乐译，上海人民出版社1991年版，第21页。

[②] 同上书，第267页。

[③] 张世英：《哲学导论》，北京大学出版社2002年版，第321页。

[④] 罗荣渠：《现代化新论续篇——东亚与中国的现代化进程》，北京大学出版社1997年版，第28页。

[⑤] 陈嘉明等：《现代性与后现代性》，人民出版社2001年版，第2页。

这一维度上虽同过去有关,但不仅是以业已定型的状态固化在过去的时空隧道中。"'传统'是流动于过去、现在、未来这整个时间性中的一种'过程',而不是在过去就已经凝结成型的一种'实体',因此,传统的真正落脚点恰是在'未来'而不是在'过去'。"① 英国著名史学家霍布斯鲍姆也曾指出,看似抑或声称古老的传统在起源上经常十分晚近且有时被发明。在宽泛而非严格意义上使用的"被发明的传统"(invented tradition),既包括实际发明、建构与形式上创构(formally instituted)的传统,也包括那些以更不容易追踪到的方式出现的传统。被发明的传统被用来作为一系列实践,支配这些实践的通常是那些被公然或默然接受的规则、礼仪或者符号本质(symbolic nature),它们旨在基于重复的方式反复灌输某些价值与行为规范,以及自动暗含同过去的延续性。② 可见,传统并不是僵化与固定的,它与现代的时间距离可以被悬置与突破。事实上,"时间距离不是一个张着大口的鸿沟,而是由习俗和传统的连续性所填满,正是由于这种连续性,一切流传物才向我们呈现了出来。"③

就此而言,对传统的坚守,并不意味着要"墨守故纸";对现代的钟情,也并不意味着要"另起炉灶"。任何以各偏一倚、各据一端的方式切断二者关联的做法,都不过是二元对立思维模式所致的产物。截然单一的传统视野和纯然孤立的现代视域,既是理智主体对之所作的形式化抽象与构想,也是保守主义者和激进主义者一厢情愿的自欺和自娱。传统看似缄默不语,但是它决非"自在之物",而总是要在历史流传过程中显现自身,展开自身。④ 现代也决非无须任何根基的空中楼阁,事实上,现代文明、以理性主义思维方式为内核的现代思想也是在"地理大发现"之后,经由不同文明、不同思想交往碰撞、冲突融合而成的产物。⑤ 故而,对待传统与现代,我们可以采取如是交融的方式,那就是,既立足现代,又不

---

① 甘阳:《古今中西之争》,生活·读书·新知三联书店2006年版,第53页。
② Eric Hobsbawm, "Introduction: inventing Tradition", *The Invention of Tradition*, edited by Eric Hobsbawm and Terence Ranger, Cambridge University Press, 1992, p.1.
③ [德] 伽达默尔:《真理与方法——哲学诠释学的基本特征》(上卷),洪汉鼎译,上海译文出版社1999年版,第381页。
④ 张世英:《哲学导论》,北京大学出版社2002年版,第314页。
⑤ 原祖杰:《东方与西方,还是传统与现代?——论"东西方"两分法的历史渊源和现实误区》,载于《文史哲》2015年第6期。

拒绝传统，既穿越传统时空，又拥抱当代视野，从而不落隔离古今、混同古今、以古证今以及以今度古之窠臼。

以此为镜，不难理解，坚守文化的主体性当然要坚守自身的文化传统，因为它是任何民族世代相续的生活世界、精神根基与发展源泉。但是，文化传统并不是凝固静态的尘封之物，而恰恰是活生生的、能够在现实生活之中发挥作用的"活"的谱系。① 易言之，文化传统虽具有稳定性与延续性的特质，但并不等量齐观于"过往"，它是永远向未来敞开的无限可能的世界。在现代性的催促之势下，任何文化抑或文明传统都会或多或少受到裹挟与冲击，难以涉身事外而原汁原味地存续。传统与现代构成了一个不可分割的"连续体"，文化自身的演变和发展也会或多或少彰显这种连续体的双元或混合的特质。② 故而，我们在坚守文化传统的同时，也应以现代视域与现代意识来更新传统的存在语境，通过现代视域的引入和现代意识的更新，来对传统进行"批判性继承"或"创造性转换"，从而"使'传统'带着我们的贡献、按照我们所规定的新的维度走向'未来'"。③

历史地看，人类文化的演进也不乏消解传统与现代非此即彼、二元对立的关系而使得二者相得益彰的成功经验。比如，犹太民族在强势的现代性面前，并未全盘否定自身的传统或者同传统"彻底决裂"，而是对传统加以改造与重建，将现代科技文明和传统价值相嫁接、相补充，消解传统与现代之间的对峙与张力，从而既实现了自身的现代化，又以现代视域和现代意识激活更新了自己的文化传统，保留了犹太民族自身的族性和民族赖以安身立命的精神支柱。④ 近代中华民族在面对西方文明的强势入侵，也并未否定自身的传统，而是萌生"师夷长技以制夷"的革新传统的意识，并坚守中体西用的原则来守护中华民族的族性和自身的文化传统。虽然中体西用在学理上有悖于中国传统"体用不二"的哲学原则，但其毕竟在实践上起到了推动传统现代革新和文化在器物层面上发展突破的客观

---

① 霍桂桓：《文化哲学论要》，北京出版社 2006 年版，第 142 页。
② 金耀基：《从传统到现代》，中国人民大学出版社 1999 年版，第 97 页。
③ 甘阳：《古今中西之争》，生活·读书·新知三联书店 2006 年版，第 53 页。
④ 傅有德：《传统与现代之间：犹太教改革及其对中国文化建设的借鉴意义》，载于《孔子研究》2005 年第 5 期。

收效。传统并不全然是过去时,现代也并不纯然是进行时,二者实际上以相互纠缠、辩证交融的方式塑造着文化生生不息的"效果历史"。而事实也证明,对于现代化过程中出现的种种困扰,人类并不会纯然拘囿于当下的视域而束手无策、坐以待毙,而是会时常诉诸传统中的智慧,它们既涉及欧美社会中的基督教福音改革,也包括中国儒、释、道三家所蕴含的仁爱说、正义观、善恶论以及对自然的尊重敬畏等观念。不唯如此,被现代科学主义漠视、拒斥的诸多属于传统的宗教、伦理、文化、风俗,也常常会在现代化的刚性诉求中起到柔性的缓冲作用,并慰藉着人们脆弱的心灵。[①]

综上观之,全球化语境中的文化的主体性守护离不开传统与现代的辩证交融,没有传统的现代缺乏根基,没有现代的传统缺乏活力。坚守文化传统并不意味着文化自恋,它是在对自身文化质素、形式与核心价值的深度体认与接续中所彰显出的"文化自信"。拥有现代视域与现代意识也并不意味着文化自卑,它旨在让文化传统接受时代精神的观照,从而依凭文化传统存在语境的更新走向"文化自强"。

[①] 原祖杰:《东方与西方,还是传统与现代?——论"东西方"两分法的历史渊源和现实误区》,载于《文史哲》2015 年第 6 期。

伽达默尔"游戏论"的现象学意义

——一个典型案例的分析

何卫平[*]

引 言

伽达默尔无疑是 20 世纪西方现象学运动中的重要成员之一[①]。他的哲学解释学在广义上是属于现象学的[②]。伽达默尔常自称是一个现象学家[③]。他在这个领域曾得到过两位最卓越的老师——胡塞尔和海德格尔的口传亲授,尤其是后者。他所建立的哲学解释学本身就是现象学运动的产物,并构成其中一个重要的并产生了广泛影响的分支。但作为一位现象学家,伽达默尔在现象学运动史上的作用和地位,似乎没有得到应有的重视[④],这是不应该的。我们知道,当代大陆哲学,尤其是德国哲学,"现象学—存在哲学—解释学"无疑占据着主导和基础性的地位,它对西方后来的思想产生了广泛的影响。伽达默尔本人是沿着海德格尔的存在论的解释学现象学走下来的,而胡塞尔后期的"视域"和"生活世界"的思想同样对他产生了很大的影响——当然这需要以海德格尔前期思想为前提和中介。

---

[*] 作者简介:华中科技大学教授。

[①] 参见维克多·维拉德-梅欧《胡塞尔》,杨富斌译,中华书局 2002 年版,第 12 页;另参见倪梁康主编《面对事实本身:现象学经典文选》,"编者引论:现象学运动的基本意义",东方出版社 2000 年版,第 5—6 页。

[②] 参见 *Gadamer*, ed., by Robert J. Dostal, Cambridge Universty Press, 2002, p.251.

[③] 参见张鼎国《诠释与实践》,台湾政大出版社 2011 年版,第 33 页。

[④] 参见德穆·莫伦《现象学导论》,蔡铮云译,台湾桂冠图书公司 2005 年版,第 ii 页。

的确，伽达默尔的哲学解释学是现象学的，在《真理与方法》的第2版序言中，他就说，这本书是立足于现象学的方法的，这似乎与他的反对方法主义的宗旨相矛盾，而他后来做了进一步的说明：他所要反对的是作为程序的方法，而不是进入事物的原则。现象学的方法指的是后者，而不是前者。他所要做的是对人的理解经验进行如其所是的描述①，其代表作《真理与方法》应当说在现象学运动史上具有重要的地位，该书整个视域和理论背景（包括具体的操作方法）都是现象学的，无怪乎施皮格伯格在其著名的《现象学运动》的附录Ⅰ"德国现象学运动的年表"中专门列出了这本书②，西方著名的现象学专家克劳斯·黑尔德在他选编的胡塞尔《生活世界现象学》中也将《真理与方法》作为重要参考文献列出，并指出，伽达默尔的解释学"在最重要动机上与现象学密切相关"③。伽达默尔在现象学运动中占有一席之地。④

的确如此，伽达默尔在这个领域的卓越贡献主要表现在沿着海德格尔早期开辟的现象学的解释学转向的道路继续向前推进的，并将其更加系统化、细密化和质料化。可以说，哲学解释学旨在成为人类理解的现象学，它主要致力于对理解的经验或解释学的经验的描述。

现象学虽有源头和创始者，但却从来没有定于一尊。胡塞尔到晚年有一种众叛亲离的感觉。不过，尽管关于"现象学"的定义，在西方整个现象学运动中至今没有取得一致的意见，连伽达默尔自己也承认，"几乎每一个可以划到现象学运动中去的学者都提出过'现象学是什么？'这个问题，并且对问题的回答都各不相同"⑤，但是作为现象学运动的一个重

---

① 参见 *Gadamer*, ed., by Robert J. Dostal, Cambridge University Press, 2002, p. 251。

② 参见赫伯特·施皮格伯格《现象学运动》，王炳文、张金言译，商务印书馆1995年版，第974页。然而，在正文中，施皮格伯格却并没怎么提及伽达默尔，也没有从整个现象学史上明确地给予伽达默尔一定的地位和篇幅，在笔者看来，这显然是该书的一个不足。实际上伽达默尔先于施皮格伯格，提到"现象学运动"，并写出一篇同名的长文（载于伽达默尔《哲学解释学》，夏镇平、宋建平译，上海译文出版社1994年版，第129—179页）。

③ 参见胡塞尔《生活世界现象学》，克劳斯·黑尔德编，倪梁康等译，上海译文出版社2002年版，第3页。

④ 参见德穆·莫伦《现象学导论》，蔡铮云译，台湾桂冠图书有限公司2005年版，第5页、第321页。

⑤ [德]伽达默尔：《现象学运动》，载于《哲学解释学》，夏镇平、宋建平译，上海译文出版社1994年版，第141页。

要成员,伽达默尔至少要遵守现象学的基本原则,这种原则也就是现象学运动各成员的基本信念或共识,它首先由胡塞尔1913年在《哲学与现象学研究年鉴》第1辑上表述出来的,那就是:现象学要求"用本质概念和规律性的本质陈述将那些在本质直观中直接被把握的本质和建立在这些本质中的本质联系描述性地、纯粹地表述出来",因为"只有通过向直观的原本源泉以及在此源泉中汲取的本质洞察的回复,哲学的伟大传统才能得到直观的澄清,问题才能在直观的基础上得到新的提出,尔后也才能得到原则上的解决。"[①] 概括起来讲,也就是回到直观和本质的洞察。这种精神体现了现象学的基本原则和方法,用浅白的话来说就是:由个体直观走向本质直观(即范畴直观、观念直观或本质还原),它也就是一种广义现象学的方法[②]。从这个意义上讲,现象学是内在的,而不是超越的。这两点实际上也就是海德格尔特别看重的胡塞尔的《逻辑研究》第六研究尤其是其中的第五章和第六章所要表达的基本思想[③]。从广义上讲,现象学的口号"回到事情本身"当然包括本质直观,但从狭义上讲,还是可以将两者区别开来,"回到事情本身"——旨在突出现象学的原则之原则:回到具有自明性的经验直观,即回到具有明证性的现象;本质的直观强调的是,现象学作为一门科学,它决不局限于个别的现象,而是要通达本质,但本质也是一种现象。

伽达默尔专门提到由胡塞尔等人所合编的《哲学与现象学研究年鉴》的第1卷开头的话,"在关于编辑们共同具有的研究理念这个问题上,胡塞尔写道:'我们一致认为,只有回到直观的最初来源并从直观中推导出对本质的洞察,我们才能在我们的概念和问题中充分利用伟大的哲学传统。我们深信,只有以这种方法,才能直观地澄清概念,并在直观的基础

---

① 转引自倪梁康《何谓现象学精神?》,载于《中国现象学与哲学评论》第1辑,上海译文出版社1995年版,第2、4页;另参见赫伯特·施皮格伯格《现象学运动》,王炳文、张金言译,商务印书馆1995年版,第40页。

② 参见赫伯特·施皮格伯格《现象学运动》,王炳文、张金言译,商务印书馆1995年版,第40—41页;另参见倪梁康主编《面对事实本身:现象学经典文选》,"编者引论:现象学运动的基本意义",东方出版社2000年版,第6页。

③ 在这里胡塞尔用"直观"来贯穿康德所表达的感性与知性,对于他来说,不仅有感性直观(感性直观),而且还有本质直观(亦即范畴直观或观念直观)。

上重新提出问题，从而在原则上解决问题'。"①

我们知道，在最初的现象学发展中——这集中体现于《逻辑研究》，胡塞尔主要关注的是现象学方法，相信现象学方法是对作为严格科学的哲学的解答，这是《逻辑研究》最初的计划。但到了后来，在《观念I》中明确了现象学不仅是一种哲学的方法，同时也是一种哲学，因此，现象学于他不再只是一种方法的追求，同时也是一种哲学的追求，"这就是他的先验现象学。但这却遭到了他的许多学生反对，他们没有继续沿着胡塞尔现象学的先验论方向走下去，而是对现象学方法（主要是通过本质还原而对本质进行描述的方法）感兴趣。因此，他们更看重体现这一点的《逻辑研究》，这其中包括现象学的哥廷根派"②，而此时的胡塞尔认为他们还停留在现象学的描述心理学阶段，而没有进入现象学的哲学阶段。

同海德格尔早期一样，伽达默尔一贯坚持用现象学方法来研究哲学，这在他的著作中处处体现出来了，而且这也是新解释学与旧解释学或古典解释学的一个明显不同的标志。受两位老师的影响，伽达默尔十分注重现象学的直观，也就是胡塞尔所明确了的现象学的原则之原则③。本文不打算泛泛地谈论伽达默尔的哲学解释学的现象学精神，而是单挑出他在《真理与方法》中对"游戏"描述分析的例子，来见微知著，因为他在这个方面的探讨被公认为现象学描述和分析的范例，他提出了一套属于他自己的对游戏的理解，其理论背景是存在论现象学，它严格地恪守广义的现象学的基本原则。

伽达默尔同海德格尔一样，认为现象学主要是一种方法，而不是一种哲学，他主要在方法的意义上来使用"现象学"这个词的，他明确地称他的代表作《真理与方法》"在方法论上是立足于现象学基础上的"④。如果说，现象学强调的是本质而不是事实，是可能性而不是现实性，那么

---

① ［德］伽达默尔:《现象学运动》，载于《哲学解释学》，夏镇平、宋建平译，上海译文出版社 1994 年版，第 131 页。
② 参见维克多·维拉德－梅欧《胡塞尔》，中华书局 2002 年版，第 8—10 页。
③ 参见 Gadamer, *Heidegger's Way*, State University of New York Press, 1994, pp. 17-18。
④ ［德］伽达默尔:《诠释学 II: 真理与方法》，洪汉鼎译，商务印书馆 2007 年版，第 541 页。

这一立场，无论是胡塞尔还是海德格尔大体上都是一样的[①]，伽达默尔也不出其右。另外伽达默尔明确地讲，"解释学是一种澄清的艺术"。在反对心理主义、自然主义和相对主义方面，伽达默尔与胡塞尔的现象学完全一致。我们现在以他对游戏的描述作为例子来加以说明。

尽管国内学者经常提到伽达默尔的游戏论和现象学之间的联系，但往往大而化之，在具体细节上语焉不详，缺乏深入的研究和个案的分析，在此，笔者想对这一具体问题谈谈自己的看法，以说明伽达默尔的游戏论与现象学到底是一个什么的关系，并附带指出这种现象学与辩证法的联系。

除此之外，笔者这样做还有一个用意：众所周知，现象学的学理非常复杂，加上其内部缺乏统一的意见，直接从这个角度切入往往是很困难的，伽达默尔甚至说："人们不可能从书本上学到现象学的方法。"[②] 我们何不通过解读伽达默尔的游戏理论的现象学分析，即一个哲学家的哲学活动来具体地感受一下现象学方法的意义呢[③]？胡塞尔称现象学是一种工作哲学，要"小零钱"，不要"大钞票"，因此从现象学方法的应用实践中更能有效地领悟到它的精神实质。

一　从一般游戏到艺术游戏

众所周知，西方近代以来（在伽达默尔之前或之后），有许多学者注意到游戏的意义，他们都从各自不同的立场出发对之进行了探讨，而伽达默尔也提出了自己的看法。他的游戏说旨在揭示艺术作品的存在方式或本体论的意义，揭示艺术和游戏之间的异质同构关系，并以此来说明艺术真理的可能性。它同海德格尔的《艺术作品的本源》有着特殊的关系。从

---

　① 参见倪梁康《现象学及其效应》，生活·读书·新知三联书店1994年版，第190—191页。
　② [德] 伽达默尔：《现象学运动》，载于《哲学解释学》，夏镇平、宋建平译，上海译文出版社1994年版，第141页。
　③ 我赞同倪梁康教授这样一种看法："感受和领会现象学的最佳途径就是去切近地感受和领会各个现象学家……的观看方式、思维方式和表述方式，并且尝试着将它们在各种问题领域中加以活的运用。这可能是康德主张人不能学习哲学（Philosophie），而只能学习哲学活动（Philosophieren）的主要理由。"（参见倪梁康主编《面对事实本身：现象学经典文选》，"编者引论：现象学运动的基本意义"，东方出版社2000年版，第10页）上面所引用的伽达默尔的话"人们不可能从书本上学到现象学的方法"也可以与之相印证。这也是本文副标题所要表达的意思。

尼采的"没有事实,只有解释"的视角主义和泛解释主义出发,现象学当然也是一种视域、一种角度,甚至也可以说是一种立场。在这种视域下,探讨游戏,伽达默尔看到了在别的视域之下未曾看到的东西。他自己在《真理与方法》第 2 版序言中就明确地指出:"我必须强调,我对游戏或语言的分析应被认为是纯粹现象学的。"①

但伽达默尔对现象学的理解更多受海德格尔的影响,他与胡塞尔的联系是以海德格尔为中介的,同时也有他自己的特点,那就是:一方面他不抛弃海德格尔早期的解释学现象学的思想;另一方面又要将海德格尔后期的思想转向,即他批判早期的《存在与时间》中的先验哲学的立场结合进来。虽然海德格尔后期既不提解释学,也不提现象学,但伽达默尔认为,"现象学的原则也可应用于使解释学问题得以揭示的海德格尔的这种转向"②,并且力图从客观性而不是主观性这个角度去发挥这种原则。

对游戏的现象学描述主要集中在伽达默尔《真理与方法》的第一部分"艺术经验里真理问题的展现"里。这一部分包含"破"与"立"两个方面的内容:"破"的是西方近代自康德以来的主观论美学和体验论美学;"立"的是艺术作品的本体论。而他将这一部分中对游戏的分析看作是艺术作品本体论阐述的入门。在这里,伽达默尔反对以审美意识为中心,主张从艺术的经验出发,来对艺术的本质进行一种现象学的描述。受海德格尔的影响,他对事情本质的理解或本质的直观是从存在论着眼的,而没有像胡塞尔那样最终导向先验的自我意识。③

众所周知,"游戏"(Spiel/play)这个概念从康德和席勒起在美学领域中起过重要影响,但对它的理解却一直有一种主观化的倾向,并影响到后来。伽达默尔强调他的游戏观与这种主观化的理解相对立,他不是从审美意识出发,而是从艺术经验出发,这里的艺术经验指的是"一种真实

---

① [德]伽达默尔:《诠释学 II:真理与方法》,洪汉鼎译,商务印书馆 2007 年版,第 541 页。

② 同上,译文有改动;另参见伽达默尔《哲学解释学》,夏镇平、宋建平译,上海译文出版社 1994 年版,第 50 页。

③ 参见赫伯特·施皮格伯格《现象学运动》,王炳文、张金言译,商务印书馆 1995 年版,第 vii 页;另参见伽达默尔《诠释学 I:真理与方法》,洪汉鼎译,商务印书馆 2007 年版,第 350 页。

意义上的经验,而且必须不断重新掌握经验所包含的任务:把它整合进人们对世界和对他们自身的自我理解的定向整体之中。"① 这种意义上的游戏被看成是艺术作品存在的方式,而不是看成某个审美意识和审美对象的对应,这实际上也就是打破传统的主客二分的思维方式的态度来对待艺术作品,这正是现象学所倡导的一种基本立场。伽达默尔说,"我从游戏的视野出发,试图去克服自我意识的幻觉和唯心主义意识的偏见。游戏并不仅仅是一个对象,相反,游戏对于那些一道玩游戏的人来说,具有一种存在……"海德格尔在其《存在与时间》里对存在[Sein]问题的论述所展示的主—客体概念的不适宜性,在此完全得到了证实②。

根据这种立场,伽达默尔强调游戏者的行为和游戏本身的区别③,反对从游戏者的意识的角度去理解游戏。他主张游戏是严肃与非严肃的统一,游戏者和游戏是融为一体的,前者是对后者的全身心的投入,这种投入是忘我的,并不将其视为一个对象。这一思想表面上看基本上是对荷兰人类学家胡伊津哈的转述④,但却有了一种前者所没有的现象学的眼光⑤。

伽达默尔追随海德格尔,他对艺术本质的理解是同艺术作品的存在方式的探讨联系在一起的,他要从艺术经验出发去澄清这个问题。在这里,艺术作品并不是一个相对于审美意识的存在。不是认识论意义上的游戏的本质,而是游戏的存在方式,也就是本体论意义上的游戏。这里所说的艺术经验,并不是艺术体验,也就是说它强调不要从主观化的角度去理解游戏,经验是主客的统一。伽达默尔明确地指出:"艺术作品其实是在它成为改变经验者的经验中才获得它真正的存在。保持和坚持什么东西的艺术经验的'主体',不是经验艺术者的主体性,而是艺术作品本身。正是在这一点上游戏的存在方式显得非常重要。"⑥ 这里的经验指的是艺术的创

---

① [德] 伽达默尔:《哲学解释学》,夏镇平、宋建平译,上海译文出版社1994年版,第102页。
② [德] 伽达默尔:《伽达默尔集》,严平选编,上海远东出版社1997年版,第2页。
③ 参见伽达默尔《诠释学 I:真理与方法》,洪汉鼎译,商务印书馆2007年版,第143页。
④ 参见胡伊津哈《人:游戏者》,成穷译,贵州人民出版社1998年版,第22页。
⑤ 不过在伽达默尔那里,现象学的方法与人类学的方法有时是交织在一起的,如后期的《美的现实性》中对游戏的分析就是如此。
⑥ [德] 伽达默尔:《诠释学 I:真理与方法》,洪汉鼎译,商务印书馆2007年版,第145页。

造和鉴赏，尤其是鉴赏，也就是说艺术作品只有在创造和解读中的表现里才存在，游戏虽然离不开游戏者，但并不等于就是游戏者的主观活动，换句话说，游戏离不开主体，但不为主体所决定。游戏的主体就是游戏本身，而不是游戏者。

对于伽达默尔来讲，游戏除了是严肃与非严肃的统一，还是主动与被动的统一，即游戏就是被游戏，被游戏就是游戏。它是一种含有主动意义的被动，或含有被动意义的主动。换言之，它是一种主动兼被动，或被动兼主动。游戏具有重复往返性，并在这种重复往返性中更新自身。游戏游戏着，在这种表面上的同义反复中，前一个词是名词，后一个词是动词，而赫伊津哈在其著名的《人：游戏者》中已提到这一点了[①]。海德格尔更是经常用这种表面上的同义反复的表达式来表达事物的存在，如世界世界着，存在存在着。

在游戏中，我们不再从狭隘的科学主义立场、实证主义立场出发去区分所谓真与假的问题，二者的界限消失不见了，现象学意义上的真并不等于科学主义或实证主义上的真，其范围要比后者宽泛得多。

伽达默尔强调游戏对于游戏者的意识的优先性，它的表现是自在自为的，有它本身的秩序，它是从其自身内自然而然地展现出来的，包括有强烈的目的论色彩[②]。这使我们联想到海德格尔受亚里士多德的物理学或自然哲学的影响，将"自然"和"存在"联系起来，按照他的理解，存在即自然而然，是其本真的自然显现或流露。与之相似，伽达默尔称，游戏的存在方式与自然的运动的形式是接近的："人的游戏是一种自然过程。"这里的自然过程指的就是存在的显现过程，对于人来讲它就是一种纯粹的自身表现，这是一种海德格尔意义上的存在论的现象学的表述。这样伽达默尔就将艺术游戏（包括本文后面将要讲到的语言游戏）同世界游戏联系起来了，伽达默尔十分赞同 F. 施莱格尔的观点，前者只是后者的"一种有偏差的模仿"[③]，自然从广义上讲是艺术的蓝本，它也具有伽达默尔所说的游戏性质，它既周而复始，又自我更新。

---

① 参见伽达默尔《诠释学 I：真理与方法》，洪汉鼎译，商务印书馆 2007 年版，第 146—147 页。

② 同上书，第 143—145 页。

③ 同上书，第 148—149 页。

游戏不只是一个主体的活动，而且也是一个包括"他者"的活动，无论是竞技性的游戏还是非竞技性的游戏，都有一个对象或对手，"游戏"实际上是"同戏"，它属一种主体间性的活动。游戏是自由的，但它也是有风险的，在一定的意义上讲，游戏就是冒险，我们的决定是一种自由，但这种自由必须承担风险，也就是说，这种主体的自由是受到限制的，它意味着游戏并非是由主体的主观意识所控制的，不是随心所欲的。这一点在竞技体育中体现得最为典型。这样伽达默尔就确立了游戏的一般的特征：游戏即被游戏。游戏将游戏者卷入到自身中，游戏的真正的主体或主宰"不是游戏者，而是游戏本身"[1]，但总的来说，它是主动与被动的统一，游戏本身具有一种精神，这种精神不同于游戏者的心境或精神状况。[2]

游戏者的任务必须适应游戏的任务，前者必须与后者一致起来。这里的游戏主观目的要适应它的客观目的，也就是游戏者本人的目的要转变成为的游戏的任务和秩序，游戏者本身要服从游戏的功能和游戏规则，游戏者的任务也就是游戏的任务，游戏相对游戏者而言是主动的，但它与目的论无关。伽达默尔认为，游戏是一种自身表现，而自身表现是自然中普遍的存在状况，这是一种存在论意义上的现象学的显现或呈现。游戏总是一种表现活动，它总是通过游戏者的参与和表现而表现出来的。[3] 伽达默尔的游戏和游戏者的关系类似海德格尔的存在与此在的关系、黑格尔的世界理性与历史中的人的关系：游戏要通过游戏者，但并不为游戏者所主宰；世界理性要通过人来显现，但不为人所决定。

就游戏来说，有表现就有观看，尽管游戏不一定要求观看，如儿童的游戏。但艺术游戏是一定要有观看的。在西文中"游戏"和"戏剧"是一个词（如德文的"Spiel"，英文的"Play"），它们具有共同之处。观看对于艺术作品的存在具有决定性的意义，观看将观众引入艺术作品的存在。作品最初的存在固然离不开作者，然而，它的持续性的存在却更是离不开观众。对于伽达默尔来说，观众与作品之间的关系就艺术的存在来

---

[1] 参见伽达默尔《诠释学 I：真理与方法》，洪汉鼎译，商务印书馆 2007 年版，第 150 页。
[2] 同上书，第 151 页。
[3] 同上书，第 151—153 页。

说，比作品与作者的关系更为重要，这是从艺术作品持续性的存在这个角度来讲的，因为一旦作品创作完成，作者就自动退出了，剩下来的是作品与读者（观众）的关系了，其存在的意义是在这种关系中得到揭示的。正是在这个意义上，伽达默尔强调游戏中或戏剧中的"第四堵墙"，这个第四堵墙朝向观众、指向观众。在伽达默尔那里，"第四堵墙"的提出，意味着游戏由"自身表现"走向了"为观看者而表现"。当伽达默尔说，"正是这第四堵观众之墙才封闭了艺术作品的游戏世界"[①]，这里的"封闭"（closed）有"完成"（结束）的意思，指完成了或实现了的游戏，从而构成了游戏或艺术作品意义存在的整体。因为艺术作品（如戏剧）的存在离不开观众的观看。观众构成了游戏或戏剧的封闭性有两个方面的意义：一是他们作为游戏或戏剧的一部分，参与游戏、参与表演；二是由于观众的参与而完成了游戏。观众就是"第四堵墙"，是观众使游戏或戏剧封闭起来，使之得以完成或实现，所以，伽达默尔说，"只有观众才实现了游戏作为游戏的东西"。这样，伽达默尔的分析从一般游戏进入艺术游戏，从游戏的"自身表现"进入"为观看者而表现"[②]。

上面提到，伽达默尔对游戏概念的分析旨在建立一种艺术本体论，这种艺术本体论是以作品为中心的，其着眼点是游戏与游戏者之间的关系，所以它又是一种关系本体论。这里的游戏与游戏者之间的关系，从属于海德格尔的存在与此在之间的关系，此在是存在意义显现的场所，而游戏者是游戏意义显现的场所，这是一种存在论意义上的现象学，而不是胡塞尔以先验的自我意识为归宿的认识论或知识论意义上的现象学，后者是基于前者的。

当然，一般的游戏不一定涉及观众，或指向观众，如儿童游戏，有时孩子们在游戏时不喜欢别人观看，尤其是大人的观看，它表现为儿童（游戏者）对游戏的率直地全身心投入，不希望被干扰、被打断。但艺术游戏（如戏剧）一定会涉及观众，这样，就由游戏向戏剧方面转化了。在戏剧中，游戏本身是由游戏者和观赏者共同组成的整体[③]，并且观众的

---

① 参见伽达默尔《诠释学I：真理与方法》，洪汉鼎译，商务印书馆2007年版，第153页。
② 同上书，第154页。
③ 同上书，第155页。

作用尤为重要。甚至观众与游戏的关系,盖过了作者与游戏、甚至演员和游戏的关系。前者更使游戏具有理想性,对游戏的间接参与(观众)比直接参与(演员)更有意义。伽达默尔的这一思想具有接受美学的意味。这样他的游戏和游戏者的关系着重在作品和观众之间的关系。从而实现了由作品和作者的关系向作品和观众(读者)关系的过渡与转化。一旦形成了这样一种关系,那么艺术作品也就由游戏向构成物转化了,并且也就和解释学挂上钩了。一旦作者创作完毕,作者的使命结束了,剩下来的就是文本和读者的关系,文本的命运被托付给了读者的理解,正如戏剧的命运被托付给了观众的理解一样,我们不再追问作者的原意,或作品最初的意义或自在的意义,而是作品对于读者所显现出来的意义(而且离作者的年代愈远,这一点愈突出),这种意义就是一种现象学的意义,而不是心理学的意义。所以,伽达默尔从这个角度来理解艺术作品或游戏,它就不是固定不变的,而是伽达默尔下面将要讲到的构成物。因此,伽达默尔说,当游戏成为戏剧时,游戏发生了一种彻底的转变,那就是观赏者成了游戏者。艺术游戏是为观众而存在的,这两者之间存在着一种理解的关系,意义就是在这种理解的关系中发生的,在这里,游戏者和观赏者之间的区别就从根本上消除了,游戏的意义内容便成了游戏本身[①]。这样艺术就不再只是"自为的",而且也是"为他的"了,同时,两者又是统一的,如前所述,艺术游戏和一般游戏的一个重要区别就是前者一定有观众,而后者不一定有。这样就引出了一种解释学现象学的关系,接着"构成物"(Gebilde)的概念就提出来了。

伽达默尔指出,胡塞尔的中心论点是"现象学的原则上超越主客体之间的对立并把揭示行为与对象的相互关系作为自己研究的广阔领域"[②]——这是在他的《逻辑研究》中就已明确地确立下来的意向性和意向对象之间的关系,并且涉及意向方式。伽达默尔进一步指出,"海德格尔把他的工作建立在胡塞尔现象学的意向性研究的基础上,因为这种意向性研究意味着一次决定性的突破",他的意向性理论是对"客观主义"一

[①] 参见伽达默尔《诠释学 I:真理与方法》,洪汉鼎译,商务印书馆 2007 年版,第 155 页。
[②] [德]伽达默尔:《现象学运动》,载于《哲学解释学》,夏镇平、宋建平译,上海译文出版社 1994 年版,第 143 页。

种彻底的批判,"这种批判最终导致这样的主张:'意向性现象学第一次使得作为精神的精神成为系统性经验和科学的领域,从而引起了认识任务的彻底改变。绝对精神的普遍性在一种绝对的历史性中包容一切存在物,而自然作为精神的创造物也适应于这种历史性。'"①

意向性和意向对象的关系,在现象学那里,是统一的。但是同海德格尔一样,伽达默尔很少提意向性,也基本不从意向性的角度来进行现象学的分析,也不追溯它的先验的根据,以避主观主义之嫌,这是他们与胡塞尔的差别。尽管胡塞尔的意向性理论对海德格尔的存在哲学影响很大,但二者的区别还是不容忽视的。胡塞尔将意识看成是存在的基础,对于他来说,对象的意义来自于意识的意向性,是由意向活动所赋予的。而海德格尔将意向性纳入此在的存在,同此在的历史性的存在联系起来,于是意向性被生存论化了。海德格尔"没有把存在理解为意识对象化过程的结果,而胡塞尔的现象学则还是这样做的"②。显然,如果说,胡塞尔突出的是意识的现象学,海德格尔突出的是此在的现象学,那么伽达默尔跟从的是后者而不是前者。

二 从艺术游戏到构成物

由此,伽达默尔进一步将艺术游戏向"构成物"转化,认为,"只有通过这种转化,游戏才赢得它的理想性"③,或者说典型的示范性,这一点和胡塞尔的本质直观和本质还原有关④。如前所述,在伽达默尔那里,游戏和游戏者的关系由游戏和表演者的关系变成游戏和观赏者(观众)的关系,也就是开始向文本与理解(观赏)方面转化,主要不再是创造者和作品的关系,而是观赏者和作品的关系。进入这一步,游戏才真正从游戏者的表现性行为相脱离,而和观赏者之间构成了一种比较纯粹的现象

---

① [德] 伽达默尔:《诠释学I:真理与方法》,洪汉鼎译,商务印书馆2007年版,第363页。

② [德] 伽达默尔:《现象学运动》,载于《哲学解释学》,夏镇平、宋建平译,上海译文出版社1994年版,第49页。

③ 参见伽达默尔《诠释学I:真理与方法》,洪汉鼎译,商务印书馆2007年版,第155页。

④ 参见《胡塞尔选集》(上),倪梁康选编,上海三联书店1997年版,第457、460页。

学关系，而且是一种解释学的现象学关系了，这是通过游戏的两次转化实现的：第一个转化是从一般游戏走向艺术游戏。艺术才是理想的游戏①。这种转化以戏剧为中介，因为"戏剧"与"游戏"具有内在的一致性，无论在词源上，还是在性质上；第二个转化是从"艺术游戏"走向"构成物"（Gebilde）。这种"现象"或"显现"是可以重复的、持久的，不是一次性的，"这样，游戏就具有了作品特征"，伽达默尔在这种意义上将其称作"构成物"②。注意，他这里用"Gebilde"（构成物）而不用"Werk"（作品）是大有深意的。伽达默尔实际强调的艺术作品的真正的规定性和自主性并不在作品与作者的关系，而在作品与读者（观众）的关系中，这是一个重要的转化，即向构成物的转化。如前所述，艺术家创造完了作品之后，就自动退出了，剩下来的就是作品和观众或观赏者之间的关系，原来的那种关系不再存在了。所以这里的所谓向构成物的转换，实际上指的就是由作者和作品的关系向读者和作品之间的关系的转换，这是一种根本性的转换。这是艺术游戏的一个根本性的特点，它不仅这样和解释学的现象学联系起来，而且和解释学的真理联系起来了，而这两者是一致的。

我们知道，构成性是胡塞尔现象学的基本概念，它来自于新康德主义，尤其那托普的构成概念，这种概念强调"意识的统一性通过法则的统一性构成了客体的统一性"，胡塞尔削弱了"新康德主义的主观主义的色彩，代之以一种主客相互作用论"，而"Gebilde"就与之有关③。现象学意义上的对象不是独立自在的客体，而是由主体建构起来的，并且是相对于主体而存在的。④ 现象学史上的著名人物康拉德-马蒂尤斯说："胡塞尔经常强调指出，一个独立于意识的存在和存在者乃是一种无稽之谈。这的确是真的，只要涉及的是存在和存在者，这就属于意向对象上的意识

---

① 参见 Roy J. Howard, *Three Faces of Hermeneutics*, University of California Press, 1982, p. 144。
② 参见伽达默尔《诠释学 I：真理与方法》，洪汉鼎译，商务印书馆 2007 年版，第 156 页。伽达默尔在《文本与阐释》中对"构成物"有进一步明确的揭示，参见《德法之争：伽达默尔与德里达之争》，孙周兴、孙善春编译，同济大学出版社 2004 年版，第 36—38 页。
③ ［德］胡塞尔：《纯粹现象学通论》，李幼蒸译，商务印书馆 1995 年版，第 567 页；另参见伽达默尔《诠释学 I：真理与方法》，洪汉鼎译，商务印书馆 2007 年版，第 336—340、350 页。
④ 参见胡塞尔《纯粹现象学通论》，李幼蒸译，商务印书馆 1995 年版，第 560 页。

持存物本身。"而胡塞尔的忠实弟子芬克也说,"脱离我们主观意向系统的'物自身'是一无意义的概念""'构造'仅意指着意向意义的建立,事物在此结构中呈现,而非事物本身"。① 在胡塞尔那里,意向性体现为意识的最普遍的结构,它是一种主动能力,"意向性"的概念和"构造"的概念在胡塞尔那里是结合在一起的②。然而,胡塞尔的现象学的构造最终要追溯到一种先验的构造,并且使之成为他的现象学的核心③,它终究未能摆脱一种先验唯心论的宿命。

在胡塞尔那里,构成性与视域是分不开的,被构造的意向对象都与主体的视域有关,并被纳入主体中来,也就是说,"世界"与主体的视域是一致的,"这个由主体构造出来的并且始终与主体有关的世界视域也被胡塞尔称之为'生活世界'"。④ 正如芬克所说,根据胡塞尔,"世界本身被理解为各种被构造的对象所具有的被构造的视域"⑤。

对于艺术作品来说,原先的游戏者(作者)不再存在了,对于读者或观众来说,所存在的只是被他们所游戏的东西——作品,它们面对的读者或观众形成了一种新的关系,这就实现了一种根本性的转化,这是一种质的转化,或者说是向着构成物的转化。这种构成物是一个相对封闭的世界,有其自身的独立性、自主性,有其自身的尺度和根据,不可用任何外在的尺度或根据去衡量,它在自身的展现中有其自身的真理,这种真理不可简单地用科学主义和实证主义观点去加以衡量。基于此,一般意义上的"真"和"假"的区分、"现实的"和"艺术的"区分就被打破了,那么由此而产生的美感就具有了一种认识的意义了⑥。也就是说,构成物意义上的游戏活动是一种现实的、真实的活动,这里面

---

① 倪梁康主编:《面对事实本身:现象学经典文选》,东方出版社2000年版,第297页,第599页。
② 参见《胡塞尔选集》(上),编者引论,倪梁康编选,上海三联书店1997年版,第9页。
③ 参见倪梁康《现象学概念通释》,三联书店1999年版,第264—265页。
④ 倪梁康:《现象学的意向分析与主体自识、互识和共识之可能》,载《中国现象学与哲学评论》第1辑,上海译文出版社1995年版,第85页。
⑤ 转引自倪梁康《现象学的意向分析与主体自识、互识和共识之可能》,载于《中国现象学与哲学评论》第1辑,上海译文出版社1995年版,第86页。
⑥ 参见伽达默尔《诠释学I:真理与方法》,洪汉鼎译,商务印书馆2007年版,第157—159页。

也有意义,也有真理。

伽达默尔在晚年进一步对"构成物"作了更为明确的解释。他之所以将艺术作品用"构成物"(Gebilde)来表达,不是将其看成是自在的,也不将其看成是主观建构起来的(他在这个方面要同唯心主义保持警惕和距离,包括胡塞尔),将作品看成是一个意义不断充盈的过程,这又和胡塞尔相似,他将"建构"(Konstruktion/Konstruieren)和"构成物"(Gebilde)作为同义词来使用,但他更多强调的是客观性的而不是主观性的一面,并从构成物这个角度强调艺术作品的"逗留"(Verweilen)[①]。

因此,伽达默尔所谓的向构成物的转化就具有了完满的意义了,它转向了一种真实,它和原来的游戏者(作者/表演者)和游戏的关系不一样,它们之间是一种表演的关系,它不是真实的。但一旦转化成构成物后,就体现为另一种真实的关系了,它不再带有固定的性质,而是面对未来具有不确定性和各种可能性,因此,对构成物的理解不是追溯原作者的主观动机(心理学上的),而是构成物对读者显现出来的意义(现象学上的)。这里涉及的是可能性和现实性的关系问题,人的各种目的或希望并不总会在现实中兑现。用亚里士多德的话来表达,这种游戏有着自己的目的因、动力因,它们最后展示出它们的形式来,即"隐德来希"——自己将自己实现出来,自己将自己"显现"出来——这体现了一种现象学意义。所以对伽达默尔来说,艺术作品的世界是一种完全转化了的世界(构成物),它根本不同于原来在那里的世界。在这个世界中,艺术游戏以它特有的方式展示自身的真实存在,读者或观众通过这个世界,认识事物是如何存在的。

这个世界的存在,即艺术世界的存在不同于现实世界的存在,它是由现实世界转化而来的构成物,它具有一种相对独立和超然的存在方式,它是对现实世界的摹仿,但这种摹仿是一种转换,因为任何摹仿都不可能没有选择和取舍,因此,不可能是没有任何走样的照搬。如果说艺术世界(构成物)是经过转化了的存在,而现实世界是未经过转化的存在,那么伽达默尔在这里又回到了古代的摹仿论了,尤其是亚里士多德的摹仿论。

---

① 参见伽达默尔、杜特《解释学 美学 实践哲学:伽达默尔与杜特对谈录》,金惠敏译,商务印书馆2005年版,第57—64页。

因为相对表现论而言，摹仿论更突出了认识的意义，这种认识是同真理联系在一起的。伽达默尔在这里重新提到古代的摹仿论已经有了一种现象学的视野：艺术的游戏是一种摹仿，这种摹仿也就意味着有一个被摹仿的东西在那里存在着，但它同时也意味着所谓摹仿就是摹仿者"让他所见到的东西并且以他如何见到的这个东西的方式存在于那里"[①]。

伽达默尔将模仿的意义看作再认识，而这里的再认识就与理解和解释有关。这样，古典的艺术观在伽达默尔的现象学的解释学语境下焕发了青春。当我们在欣赏一部艺术作品时，我们更关注的是艺术作品的真实性，通过这种真实性，我们认识和再认识到事物的本质和我们自己。在这个过程中所产生的美感实际上是伴随着认识的副产品。再认识不是对认识的简单重复，如作品是作者的认识，读者对作品的理解是再认识，这种再认识并不是对作者的认识的效仿，再认识所达到的快感比认识有更多的东西被认识[②]。正如我们从《红楼梦》中看到的和感受到的决不同于曹雪芹，和曹雪芹相比，我们在"看出来"的同时也"看进去"了很多东西，这里面存在着读者相对于作者理解的某种变异，这是必然的。

正如伽达默尔在游戏和游戏者的关系中强调作品和读者（观众）的关系，他在认识和再认识关系中强调再认识。作者的活动属于认识，读者的活动属于再认识，而再认识不是简单地重复已有的认识，正如柏拉图的"摹本"（Abbild）并不等于"原型"（Urbild）一样，他赋予柏拉图回忆说以新的意义，学习就是回忆以前学过的东西。在古代艺术是摹仿，它与认识（求知）有关，进而与真理有关，亚里士多德甚至认为，诗比历史更具有哲学性，就充分说明了这一点。伽达默尔强调"摹仿作为表现就具有一种卓越的认识功能"，并认为，"只要艺术的认识意义无争议地被承认，模仿概念在艺术理论里就能一直奏效"。但这里必须有一个前提，那就是承认"对真实的认识就是对本质的认识"[③]，而艺术就与这种认识有关。伽达默尔的这种看法已经摆脱了狭隘的科学主义的真理观，体现出一种现象学的真理观。康德之所以不承认艺术是认识、是含有真理的存

---

① ［德］伽达默尔：《诠释学 I：真理与方法》，洪汉鼎译，商务印书馆 2007 年版，第 160 页。

② 同上书，第 160—162 页。

③ 同上书，第 163 页。

在，就是由于他囿于科学实证主义的立场所致。

伽达默尔强调艺术游戏的摹仿是一种表现，但这种表现不同于近代主观论美学、体验论美学所理解的那种表现，这种表现实际上是一种现象学意义上的自身展现，正是在这种意义上，伽达默尔称"'表现'应被承认为艺术作品本身的存在方式"，并将这种表现和游戏概念联系起来，明确地指出，"表现概念是游戏的真正本质——因此也就是艺术作品的真正本质。所进行的游戏就是通过其表现与观赏者对话，并且因此，观赏者不管其与游戏者的一切间距而成为游戏的组成部分"①。

与之相应，"审美态度乃是发生在表现活动中的存在事件的一部分，而且本质上属于游戏的游戏"②。这仍然是从现象学存在论出发的理解，对于伽达默尔来讲，艺术的表现就是艺术的存在，但这种表现是一种游戏者和游戏的共同活动，这最典型的体现在戏剧的游戏活动中。如果说艺术的游戏的真正存在只在表现中，或表演中，那么戏剧的存在就典型地是如此，在这个过程中，这种表现或表演（包括观看）所展露的就是它的存在。作为艺术的游戏存在于接受过程之中，或再认识的过程之中。艺术的认识和再认识、艺术的创造和再创造（观赏）是融为一体的。在这种现象学意义上的融合中，艺术作品的存在得以展现。

这里，伽达默尔从"构成物"的角度来理解游戏，来理解艺术作品的本质，他指出，"游戏就是构成物"，其意思是说，尽管游戏离不开被游戏即被展现的过程，"但它是一个意义的整体，游戏作为这种意义的整体能够反复地被表现，并能够反复地在其意义中被理解"。反过来讲同样成立："构成物也就是游戏"，其意思是说，尽管构成物有其思想上的统一，但它"只在每次被展现的过程中才达到其充分的存在"，这两个方面相互联系，即作品意义的整体和作品的表现是统一的，这种统一是历史的、时间性的，它体现为一种审美的无区分，伽达默尔强调要用这种审美的无区分来反对审美的区分，反对审美意识的抽象③，并明确地指出，艺

---

① [德]伽达默尔：《诠释学I：真理与方法》，洪汉鼎译，商务印书馆2007年版，第164页。

② 同上书，第165页。译文有改动。

③ 参见拙作《试析伽达默尔的"审美无区分"思想的理论意义》，载拙著《解释学之维——问题与研究》，人民出版社2009年版。

术是具有认识意义的摹仿,"在模仿中被模仿的东西,被创作者所塑造的东西,被表演者所表现的东西,被观赏者所认识的东西,显然就是被意指的东西——表现的意义就包含于这种被意指的东西中"①。

伽达默尔之所以用"构成物"这个概念来表征游戏,其实所体现的主要是一种现象学的眼光,强调艺术作品是一种意义的整体,它决不是自在的存在,这种意义的整体要通过一个彻底的中介实现出来;它决不是通过一种偶然的中介实现出来的,这种意义的整体是在这种历史的中介中"获得了真正的存在"②,这种中介指表现和观看,这可说是伽达默尔对"构成物"定义。具体到戏剧来说,它是存在于多种多样的表现和观赏中,在这里不是观点的多样性,而是存在意义展现的可能性③。这正是现象学所要求的。

艺术作品的存在体现在表现中,这种表现是有着变异的,但是这种变异决不是随意的,而是要受到艺术作品本身的束缚,表现中的一切变异,都受作品自身同一性的制约,它们只是这种同一性所赋予的一切可能的存在。对于伽达默尔来讲,艺术作品的存在不可能不讲它的同一性和连续性,艺术传统就和这种同一性和连续性有关。因此,构成物是同彻底的中介联系在一起的。对于艺术作品来说,传统和艺术作品的同一性和连续性完全一致。这里的变异性属于同一性的存在,具体来讲,理解属于被理解者的存在,解释属于被解释者的存在。这也可引申为作品与其解读传统的一致性。

艺术作品的创造和再创造是有着一个传统的,并依据一个传统的,这里面实际上就是一个道统,这中间的任何改变都不是随意的,有典范和规范所依的。伽达默尔始终强调了艺术作品的同一性,它同艺术的构成物相关,并要与相对主义、主观主义、心理主义划清界限,艺术作品作为构成物对再创造无限的敞开,它自身的同一性和连续性也无限地面向未来敞开④。这种同一性不是僵化、固定的,但也不是随意而不受到任何限制

---

① [德]伽达默尔:《诠释学 I:真理与方法》,洪汉鼎译,商务印书馆 2007 年版,第 165—166 页。译文有改动。
② 同上书,第 166 页。
③ 同上书,第 166—167 页。
④ 同上书,第 168—169 页。

的。伽达默尔的这一思想明显体现了一种辩证法的精神：既反对文本意义的固定性，又反对文本意义解释的随意性。尤其是为了反对相对主义，伽达默尔突出了文本的同一性和连续性。表演者和观众的自由创造都不是没有限制的，自由中有不自由，或者如我们经常所说的"戴着镣铐的舞蹈"。作品的制约性来自于作品本身，而不是外在的，或人为的。伽达默尔在这里实际上揭示了自由性和制约性、同一性和差别性、连续性和间断性的辩证法。在伽达默尔那里，构成物的意义的整体体现于彻底的中介中，这种中介是其意义的历史性的表现或展现。伽达默尔深刻地指出，"解释在某种特定的意义上就是再创造（Nachschaffen），……解释者按照他在其中所发现的意义使这形象达到表现。"①

我们这里可以将伽达默尔的构成物的意义整体与彻底的中介的关系同黑格尔的绝对精神和它体现在无限中介的辩证法中加以对比（换句话说，对这一部分，我们可以联系黑格尔的绝对理念、绝对精神和它的实现中的无限中介的辩证法来理解），它们之间存在着某种相似性。甚至可以说，黑格尔所讲的，哲学史就是哲学，就含有类似伽达默尔所讲的彻底的中介的思想。这再一次表明伽达默尔的哲学解释学带有浓郁的黑格尔主义的精神。例如，他对彻底的中介的解释是：这种作为中介的东西，也就是不断地扬弃自身，它并不是作为固定的核心，恰恰相反，它体现了变异和统一的综合。相对于每一个历史时代，它都是同时的②。艺术作品作为一种生命，一种发展着的生命必须有着这种联系和统一，否则，关于艺术的真理就缺乏任何根据，就会导致主观论美学、体验论美学，这种美学最终会由心理主义堕入相对主义、怀疑主义和虚无主义。而这正是现象学所要坚决反对的，无论是胡塞尔，还是伽达默尔都是如此。总之，伽达默尔的构成物和彻底中介的理论既有现象学的立场，又有辩证法的立场。阿佩尔曾专门谈到过伽达默尔的解释学与黑格尔的重中介的辩证法之间的密切联系③。伽达默尔说：

---

① ［德］伽达默尔：《诠释学 I：真理与方法》，洪汉鼎译，商务印书馆 2007 年版，第 169 页。
② 同上书，第 170—171 页。
③ 参见卡尔－奥托·阿佩尔《哲学的改造》，孙周兴等译，上海译文出版社 1994 年版，第 140、153 页。

> 逗留（Verweilen）显然是艺术经验的真正特色。一件艺术作品是永远不可能被穷尽的，它永远不可能被人把意义掏空。……没有一件艺术作品会永远用同样的方式感染我们。所以我们总是必须做出不同的回答。其他的感受性、注意力和开放性使某个固有的、统一的和同样的形式，亦即艺术陈述的统一性表现为一种永远不可穷尽的回答的多样性。但是我认为，利用这种永无止境的多样性来反对艺术作品的不可动摇的同一性乃是一种谬见。①

伽达默尔在这里坚持的是文本意义的同一性和差异性的对立统一的辩证立场，伽达默尔不承认他的思想是以一种形而上学意义上的同一性概念为前提的②，他对恶无限的辩护以反对黑格尔的真无限，本身与德里达的解构论有一致之处。但伽达默尔对德里达绝对地反对同一性表示不满，他认为：

> 德里达对在场的形而上学的指责主要依据的是海德格尔对胡塞尔的批判以及海德格尔以"现成在手"（Vorhandenheit）这个术语对希腊本体论所作的批判。但德里达既没有正确地评价胡塞尔，也没有正确地评价海德格尔。其实胡塞尔并没有停留于他的《逻辑研究》第1卷所谈论的理想的——即某一种的——意义（ideal - einen - Bedeutung）上，而是通过对时间的分析证明了那里所假定的同一性。

他接着又将这一点与解释学联系起来，指出：

> 解释学的分析却必须清除一种关于理解和相互理解的错误模式。因此在相互取得一致意见的时候决不是使区别消失于同一性之中。当我们说我们对某事取得一致意见时，这决不是说，某人同他者在信念

---

① [德]伽达默尔：《诠释学 II：真理与方法》，洪汉鼎译，商务印书馆 2007 年版，第 7—8 页。
② 同上书，第 8 页。

上完全一致了。我们德语对此有个很好的表述,即"Man kommt überein"(达成协议)。……这可表述为一种更高形式的综合(syntheke)。①

这一段话不仅充分地表达了伽达默尔的辩证法立场,而且也表达了现象学和辩证法在伽达默尔那里是一致和相通的思想。它构成了对德里达(包括接受美学)片面强调差异性的有力批判,也是对否认艺术经验中的真理的主观论美学——表现论美学和体验论美学的有力批判。这种美学体现的是一种现象学的坚决反对的心理主义,后者取消了艺术作品的真理,变成了某种人言言殊的东西。

伽达默尔的艺术构成物的概念可以推广到一切具有文本性质的对象上,并可以和他的解释学的核心概念——效果历史原则联系起来。伽达默尔指出,"事物本身就具有效果历史,这是一个解释学真理。"② 也就是说,事物的意义不是自在的、固定不变的,而是建构起来,但又不能归结为主观主义的那种东西,这种效果历史原则可以和一种广义的构成物联系起来,它所折射的正是一种现象学之光。

伽达默尔在这里进一步引出了艺术作品存在的时间性分析。他要说明的是,艺术作品的存在于时间中,在这种时间的变迁里,同一性得到了展现,变迁并没有使同一性丧失,而是变迁的所有方面都属于它的存在。③ 胡塞尔说"意义就是所具有的理念的同一性"④。我们要把握事情存在的表现和事情本身之间的内在的一致性。这里显然与胡塞尔的对内在时间意识现象学的分析和海德格尔的《存在与时间》的分析是一致的,伽达默尔的思路是:由构成物的转换到彻底(完全)的中介引出同一性和变异性的问题,最后引出审美存在的时间性分析,这是更深一层的现象学的分析。

---

① [德]伽达默尔:《诠释学 I:真理与方法》,洪汉鼎译,商务印书馆 2007 年版,第 18—19 页。译文有改动。
② [德]伽达默尔:《诠释学 II:真理与方法》,洪汉鼎译,商务印书馆 2007 年版,第 4 页。
③ 参见伽达默尔《诠释学 I:真理与方法》,洪汉鼎译,商务印书馆 2007 年版,第 170 页。
④ 转引自维克多·维拉德-梅欧《胡塞尔》,杨富斌译,中华书局 2002 年版,第 33 页。

三 艺术游戏的时间性的分析

伽达默尔从游戏入手对艺术作品或审美存在的现象学分析,离不开一种时间性的分析,如它和胡塞尔的内在时间意识的现象学、海德格尔对存在的时间性分析性是一脉相承的。胡塞尔说,"时间意识是建构一般同一性之统一体的策源地"①。海德格尔的《存在与时间》中的将"存在"与"时间"联系起来,存在被时间化了,而不是像传统形而上学那样将存在看成是无时间的,两者形成了鲜明的对比。这里的时间作了历史性的引申,"而这种历史性乃是从胡塞尔对时间性的原始现象性所作的分析中得出的"②。这一点构成了伽达默尔审美存在的时间性分析的出发点和理论背景。其实,伽达默尔对艺术作品存在论的分析伴随着一种时间性的分析。现象学的分析离不开时间性的分析。伽达默尔对审美存在的时间性分析就具体体现了这一点③。

如前所述,伽达默尔对审美存在或艺术作品存在的时间性分析在基本立场上是立足于海德格尔的,而海德格尔对于时间的理解与胡塞尔不同,这种不同伽达默尔心知肚明,他说:

> 当海德格尔也致力于从绝对的时间性去解释存在、真理和历史性时,其目的不再是与胡塞尔一样的,因为这种时间性不是"意识"的时间性或先验的原始自我的时间性。虽然在《存在与时间》的思想展开过程中,最初让人觉得好像只是一种先验反思的增强,好像达到了某个高级的反思阶段,时间被显现为存在的境域。但海德格尔指责胡塞尔现象学的先验主体性的本体论上的无根据性,却似乎正是通过重新唤起存在问题而被消除。凡称为存在的东西,应当由时间境域来规定。所以时间性的结构显现为主体性的本体论规定。但是情况还

---

① [德] 胡塞尔:《经验与判断》,邓晓芒、张廷国译,生活·读书·新知三联书店1999年版,第92页。
② [德] 伽达默尔:《诠释学 II:真理与方法》,洪汉鼎译,商务印书馆2007年版,第498页。
③ 同上书,第497—498页。

不只是这样。海德格尔的论点是：存在本身就是时间。这样一来，近代哲学的全部主观主义——事实上如我们不久将指出的，形而上学[这是被作为在场者（Anwesenden）的存在所占据]的全部问题境域，就被毁于一旦。①

然而，海德格尔的《存在与时间》与胡塞尔时间意识的现象学还是有联系的。在海德格尔早期，人的存在（即此在）在本体论上具有一种优先地位，从而构成了他的基础本体论。这里的基础本体论涉及此在与存在的关系，此在是唯一追问存在意义的特殊存在者，它是存在意义显现的场所，正所谓此在在此。而此在的有限性和时间性规定了存在意义的显现的历史性，所以存在是在人的此在中显现出来的存在，而不是无时间性的绝对在场的存在。海德格尔从此在的时间性、历史性境遇中来规定存在及其意义的②。因此在这个意义上，《存在与时间》就是此在的解释学现象学③，甚至这个书名就暗示了这一点。

对于伽达默尔来说，审美的存在和时间性分不开的，那么这究竟体现为一种什么样的时间性呢？伽达默尔认为，"'真正的时间'（die Wahre Zeit）就呈现于历史存在的'现象时间'（Schein-Zeit）之中"。众所周知，经典作品（如古希腊作品）产生于过去，但它又是永恒的，它在每一个时代都可以找到它的同时性。因为现实的时间永远是现在，这样看来，艺术作品好像由于它的同时性而具有超时间的性质。但伽达默尔批判了这样一种观点，即将审美的存在在每一个时代的同时性看作无时间性，他认为这种无时间性实际上是建立在时间性的基础上的。但倘若从这里引出存在着两种时间，即：历史性的时间和超历史性的时间，这种观点是错误的。因为在伽达默尔看来，所谓超历史的时间或"神圣的"时间，无

---

① [德]伽达默尔：《诠释学 I：真理与方法》，洪汉鼎译，商务印书馆2007年版，第351—352页。译文有改动。

② 参见伽达默尔《哲学解释学》，夏镇平、宋建平译，上海译文出版社1994年版，第211—212页。

③ 参见 Friedrich-Wilhelm von Herrmann, *Hermeneutische Phänomenologie des Daseis (Ein Kommentar zu äSein und Zeit)*, Vittorio Klostermann, Frankfurt am Main, Band I (1987), II (2005), III (2008).

非是时间的充满。因此,仅仅从时间性和无时间的对立中去理解审美的时间性都是不恰当的。因为这无法解释理解经验中的连续性的问题。伽达默尔实际上要强调的是这两种时间的统一。他尤其强调艺术作品时间的连续性,认为正是这种连续性"才造就了对每一种时间的理解"[①]。

伽达默尔在这里提到了人们对海德格尔时间视域的本体论阐述所引起的误解,以及由此所导致的后果[②]。伽达默尔认为,理解的存在方式本身就应被揭示为时间性。海德格尔在时间性的理解上,强调过去、现在和未来三位一体,这种一体对于艺术作品、作者和观众来说都是一样的。审美的存在,例如,艺术作品的存在,体现为一种辩证的时间规定。伽达默尔进一步区分了世俗的时间和神圣的时间,前者是从人的理解出发,后者从神的启示出发。伽达默尔认为,不能从神学的角度出发去理解艺术作品的时间性,艺术的时间与神圣的时间是不同的,不能混淆二者的界限,艺术作品的同时性、永恒性并没有脱离时间性,而是建立在时间性的基础上的。根据这一思想,伽达默尔具体分析了审美存在(主要是艺术作品)的时间性。

伽达默尔的出发点还是游戏。艺术作品就是游戏,游戏在这里指表现,艺术作品的本质是同表现分不开的,在这种表现中,艺术作品作为构成物具有其同一性或统一性。虽然这种同一性或统一性在表现中有差异和变化,但它仍然受这种同一性或统一性的制约,也就是说无论有什么变化,艺术作品仍然是其自身,或保持着其自身。从这个意义上讲,"表现就是以一种不可摆脱、无法消除的方式具有复现同一东西的特质",这里"复现"和他前面所表述的游戏的来回往复的性质相关联,同时这种复现决不是千篇一律、重复最初的表现或认识,他说,"每一种复现对于作品本身其实同样是本源的"[③]。

伽达默尔进一步分析了节日的时间结构来具体地说明这一点。在他看来,节日是一种典型的游戏形式,因此,这种分析仍在游戏的范围内。伽达默尔从现象学的角度描述了节日庆典活动的时间经验,实际上也就是节

---

① [德]伽达默尔:《诠释学 I:真理与方法》,洪汉鼎译,商务印书馆2007年版,第171页。

② 同上书,第171、139—140页。

③ 同上书,第171页。

日庆典的进行过程所显现出来的时间经验。就时间性来讲，节日的一个非常重要的特点就是它的重返与变迁，它是这两者的统一。它对应海德格尔的时间观：过去、现在和未来三位一体的那种统一关系。节日具有重返性，这种重返就具有了一种历史时间的意味，但它同时具有变迁性，因为每一次过，都有了不同，节日并不完全受它的起源规定和支配，也就是说它的历史上的关联是次要的。节日是"在变迁和重返过程中它才具有它的存在"①。这里面包含着一种辩证法的张力。

节日就是以人的庆祝方式去存在，这里体现为人与节日的同在，这种同在也就是一种参与，还有共享的意味在里面。正是从参与这个角度，伽达默尔认为，"同在"（Dabeisein）比"共在"（Mitanwesenheit）具有更多的意义，共在不一定指参与。古希腊的各种节日都伴随有"参与""共享"，而"理论"原本的含义与之有关②。"同在"体现为"同时"，它表现为有主体的参与，而不为主体的主观性所决定的那种忘我的状态，如柏拉图所描述的那样一种迷狂状态，灵魂出壳，在这种状态中，不是游戏者支配游戏，而是游戏支配游戏者。

伽达默尔将这种状态与人面对好奇的对象进行了对比，指出了它们的区别，仅仅引起好奇的对象在时间性上是缺乏持续性的，因此，伽达默尔甚至认为好奇与观赏者并不相关，因为一旦人的好奇满足以后，事物就不再新鲜，好奇心就不再存在了，这样观赏者不再会有重返和集中于对象的念头，即使继续面对着它，也只会产生着无聊和冷漠。而艺术作品则不同，它会引起人们对它的一种持续性的关注或逗留，而不只是瞬间短暂的陶醉，也就是说，它会引起一种持续性的欲求的存在，它会要求自身的具体化，即满足它的具体形式的出现③，这和对艺术作品的认识和真理的把握有关。

伽达默尔指出，"作品只要仍发挥其作用，它就与每一个时代是同时的。"伽达默尔在这里提到了与之有关的"同时性"，这种"同时性"构

---

① ［德］伽达默尔：《诠释学 I：真理与方法》，洪汉鼎译，商务印书馆 2007 年版，第 174 页。

② 参见伽达默尔《诠释学 I：真理与方法》，洪汉鼎译，商务印书馆 2007 年版，第 175 页。另外，伽达默尔《美的现实性》《科学时代的理性》和《赞美理论》中也曾提到过。

③ 同上书，第 178 页。

成了"同在",二者具有内在的一致性,"同时性"不同于审美意识的"同现",两者的区别在于:同现可以指不同的审美对象在同一个审美意识中同时出现,而"同时性"指的是,"某个向我们呈现的单一事物,即使它的起源是如此遥远,但在其表现中赢得了完全的现在性",伽达默尔在此强调,"所以,同时性不是意识中的某种给予方式,而是意识的使命,以及为意识所要求的一种活动。这项使命在于,要这样地把握事物,以使这些事物成为'同时的',但这也就是说,所有的中介被扬弃于彻底的现在性中。"① 这就将审美的时间性的分析和上面讲的构成物的彻底的中介(实际上是辩证法)联系起来了。

受克尔凯郭尔的影响,伽达默尔对同时性又作了进一步的区分:同时性并不等于同时存在,伽达默尔是从基督教信仰这个角度来表达的:例如,《圣经》向我们传达的东西并不是与我们同时的事情,它发生在过去,而不是现在,但它的意义是可以和我们联系起来的。这里又和上一节的彻底的中介牵扯上了②。相对于作者、观众,伽达默尔似乎突出和强调的是艺术作品的存在,而不是艺术家的存在,也不是艺术的观赏者的存在,这可能还是要联系前面所谈到的游戏和游戏者的关系来考虑。这还是要归结为与反对主观论美学有关,但并不是说,艺术作品的存在可以离开这些因素。

作品与观众"联结成了一种独立的意义圈",二者之间有一个审美的距离,这种距离,一方面保持作品相对独立的意义,阻止作者对作品的任何带有实践目的的干扰③;另一方面,正是这种审美距离又为审美的参与提供了可能,观赏者在观赏的自我投入中达到忘我的状态,并在这种状态中保持与自己本身的连续性,以及意义的连续性,"这就是观赏者自身的世界的真理,……这个世界展现在人面前,他在这个世界里认识了自己。"④ 所以,基督的再现是一个象征,那就是绝对的现在,艺术作品也有这一特点,艺术作品永远具有同一性,无论它处于怎样的变迁中。伽达

---

① [德] 伽达默尔:《诠释学Ⅰ:真理与方法》,洪汉鼎译,商务印书馆2007年版,第170、179页。
② 同上书,第179页。
③ 同上书,第180、182页。
④ 同上书,第180页。

默尔对同一性的强调以及它与瞬间性的统一构成了艺术作品历史性的存在的真理。伽达默尔的这一认识是和他所批评的主观论美学、体验论美学是针锋相对的，它们导致了绝对的瞬间性，最终使艺术家、艺术作品和艺术欣赏者都丧失了同一性[①]。而伽达默尔本人则要力求达到差异性和同一性、瞬间性和连续性之间的对立统一。可见，在伽达默尔那里，这构成了现象学与辩证法是统一的一个典型的例子。

伽达默尔关于审美存在时间性的分析，除了有胡塞尔《内在时间意识现象学》和海德格尔的《存在与时间》的影响外，如果向上追溯可以推至康德的《纯粹理性批判》中的时间问题、奥古斯丁的《忏悔录》中时间性问题。他的审美存在的时间性的分析，简括起来，是这样的：由于审美的变迁性都隶属于它的同一性，推出所有的变迁都是与作品本身同时存在的，从而引出对艺术作品的时间性的分析。在艺术作品中体现为一种历史的时间和超历史的时间，而后者是建立在前者的基础上的，因为超历史的、"神圣的"时间，无非是时间的充满，而不是短暂瞬间的汇集，因此它还是建立在历史的时间性的基础上的。然后伽达默尔将其进一步演变为对节日的时间性分析：变迁与重返。强调艺术作品具有同时性。伽达默尔指出，"生活世界的论题并不是全新的，在胡塞尔研究现象学的最深层——内在时间意识的自我构造显然是考虑到它的。"[②]

伽达默尔对游戏的现象学分析主要是一种本质的直观或本质的还原，"游戏"只是作为一个范例（伽达默尔的表述是作为艺术作品本体论分析的入门）。从这种范例中，通过我们的眼光的转化，而达到对艺术作品本质的直观。对于胡塞尔来说，现象学不是事实的科学，而是本质的科学。这个本质是通过现象学还原得到的，而游戏作为一种范例具有普遍性和有效性，通过一种现象学的还原，我们可以洞见到一种艺术作品的本质，然后将各类具体的艺术门类作为这种本质的事例或相关项。伽达默尔首先以悲剧为例证，然后再逐一扩展到造型艺术、文学等领域。

---

① [德]伽达默尔：《诠释学 I：真理与方法》，洪汉鼎译，商务印书馆2007年版，第134—135页。

② [德]伽达默尔：《哲学解释学》，夏镇平、宋建平译，上海译文出版社1994年版，第182页。

四　作为艺术作品本质的相关项：各门具体艺术

如前所述，伽达默尔以构成物的根本转换来作为他的游戏理论的核心，于是艺术作品的存在与观众的关系成了至关重要的了，尤其是进入古典或典范的作品，它所体现出来的一种持续的效果关系是永无止境的。于是伽达默尔接着以亚里士多德《诗学》的悲剧定义开始来揭示这一点，这个定义是：

悲剧描写的是严肃的事件，是对有一定长度的动作的摹仿；目的在于引起怜悯和恐惧，并导致这些情感的净化；主人公往往出乎意料的遭到不幸，从而成为悲剧，因而悲剧的冲突成了人和命运的冲突。①

伽达默尔之所以从悲剧开始，不仅是因为悲剧在西方自古以来就是影响最大的一个类型，而且还因为悲剧比其他戏剧如喜剧，甚至正剧更具严肃性，更远离纯粹审美的东西。之所以从亚里士多德的悲剧定义开始，是因为这个定义最早明确考虑到了悲剧的本质与观众情绪反应的联系，在历史上非常著名，而且与伽达默尔的主题十分贴切。况且他认为，悲剧具有作为普遍的审美存在的意义。② 在这里，伽达默尔的现象学立场也被用来克服审美的区分。③

前面反复讲到，伽达默尔不是从审美意识出发，而是从艺术经验出发，在这里他具体从悲剧的艺术经验出发，来分析艺术作品存在的本质，并高度评价亚里士多德的关于悲剧的本质同观众联系起来具有决定性的意义。④ 伽达默尔没有涉及亚里士多德的悲剧定义中的行动、情节和叙述等因素，而单挑出观众的反应作为探讨的对象，这具有一种现象学的视域。前面已谈到观众与悲剧之间有一个审美存在的距离，这种距离是审美存在意义得以产生的条件，正是这种关系和距离使得悲剧构成了一个不同于现实生活的相对独立和封闭的意义整体，观众不能任意左右它，但又必须参

---

① 参见亚里士多德《诗学》，1449b24—29。
② 参见伽达默尔《诠释学 I：真理与方法》，洪汉鼎译，商务印书馆2007年版，第181页。
③ 参见拙文《试析伽达默尔的"审美无区分"思想的理论意义》，载拙著《解释学之维》，人民出版社2009年版。
④ 参见伽达默尔《诠释学 I：真理与方法》，洪汉鼎译，商务印书馆2007年版，第182页。

与它，从这个意义上讲，悲剧实际上就是一种基本的审美现象。这样伽达默尔自己给悲剧下了一个定义："悲剧就是作为这种意义整体而被经验的悲剧性事件过程的统一体"①。伽达默尔从现象学的角度、从审美无区分的角度反驳了舍勒等人对悲剧是一种审美现象的怀疑。

伽达默尔分析了悲剧的审美经验，他首先根据亚里士多德，从悲剧对观众的特殊影响开始，这种影响表现为两种重要的情绪：怜悯和恐惧。伽达默尔拒绝从主观的角度来解释它们，而是将它们看成是外在突然降临到观众头上的事件，它猛烈地撞击着我们的心灵，然后我们迅速地作出反应，最先是拒斥，并与之分裂，然后又消除这种分裂，与之达到同一，悲剧中由这种情绪反映最后上升为一种认识，这种认识的升华与我们有关，这样它由最初的否定最终达到了一种肯定——由痛感转化为快感。

不过，伽达默尔在悲剧性的看法上，坚决反对亚里士多德的过失论，而更多强调超越个人主观支配的命运的力量，这样就为艺术的真理，建立了基础，我们从悲剧中最终所获得的是一种真理性的认识，而不只是康德所说的情感上的快与不快。"悲剧的肯定就是观看者自己由于置身于意义连续性中而具有的一种洞见"②，它带有一种真正共享的性质。在这里，情绪上的反映和认识是统一的、密不可分的。我们的任何认识都不可能不带有情绪的特征。受舍勒的影响，海德格尔在《存在与时间》中就揭示过，理解和情绪（现身情态）是分不开的，它们就是一体的，人不是一架理性的机器。

伽达默尔最后对审美存在，主要是艺术作品的存在作了一个总结性概括：

> 我们在游戏概念以及那种标志艺术游戏特征的向构成物转化的概念上曾经试图指明某种普遍性的东西，即文学作品的表现或音乐的表演乃是某种本质性的东西，而绝不是非本质的东西。在表现或表演中所完成的东西，只是已经属于艺术作品本身的东西，即：通过演出所表现的那个东西的存在。审美特殊时间性，即在被表现中具有它的存

---

① [德] 伽达默尔:《诠释学 I：真理与方法》，洪汉鼎译，商务印书馆 2007 年版，第 182 页。
② 同上书，第 186 页。译文有改动。

在，是再现过程中作为独立的现象而存在的。①

五　从艺术游戏到语言游戏

在伽达默尔的《真理与方法》中，既涉及艺术游戏，也涉及语言游戏。但是伽达默尔在《真理与方法》第一部分中对艺术游戏作了详尽的分析，而第三部分对语言游戏却语焉不详。之所以如此，是因为在伽达默尔看来，二者具有内在的一致性和同构性，也就是说，他对艺术游戏的分析也适用于对语言游戏的分析。

伽达默尔自己在《真理与方法》第2版序言中明确指出："我必须强调，我对游戏或语言的分析应被认为是纯粹现象学的。游戏并不出现于游戏者的意识之中，因此游戏的意义远比某种主观行为要丰富得多。语言也不出现于言语者的意识之中，因此语言的意义也远比某种主观的行为要丰富得多。"② 也就是说，伽达默尔从艺术游戏直观到的本质也适合于语言游戏。伽达默尔同海德格尔一样，要将胡塞尔的现象学从主观唯心论向客观性方面拉。如此看来，伽达默尔的游戏论可以分为两个部分：艺术游戏与语言游戏。他是从艺术游戏开始，到语言游戏结束。两者之间联系或者说一致性和同构性充分体现在伽达默尔这样一段话中：

> 我在书中（指《真理与方法》——引者按）先是讨论艺术游戏，然后考察了与语言游戏有关的谈话的语言基础。这样就提出了更宽泛更有决定性的问题，即我到底在多大程度上做到了把解释学向作为一种自我意识的对立面而显露出来，这就是说，在理解时不去扬弃他者的他在性，而是保持这种他在性。这样，我就必须在我业已扩展到语言普遍性的本体论观点中重新召回游戏概念。这就使我把语言游戏同艺术游戏（我在艺术游戏中发现了解释学典型现象）更紧密地相联系。这样就显然容易使我按照游戏模式去考虑我们世界经验的普遍语

---

① ［德］伽达默尔：《诠释学 I：真理与方法》，洪汉鼎译，商务印书馆2007年版，第188页。
② ［德］伽达默尔：《诠释学 II：真理与方法》，洪汉鼎译，商务印书馆2007年版，第541—542页。

言性。①

  这里的"更紧密"的联系，指在《真理与方法》第一部分中不是没有，而是不够突出、不够明确，例如，他在这部分就讲过："只要所有与艺术语言的相遇（Begegnung）就是与某个未完成的事件的相遇，并且这种相遇本身就是这个事件的一部分，艺术经验中就存在有某种广泛的解释学结论。"②不过伽达默尔关于艺术游戏与语言游戏之间的内在联系的表述是逐步明确化的，在《真理与方法》中还不是十分清楚，它出版之后，伽达默尔在一些别的论文中又作了许多补充性的说明，如收入《哲学解释学》中的《论自我理解问题》《人与语言》等。虽然伽达默尔承认任何理解都是一种自我理解，但并不将这种自我置于优先和中心的地位。③

  此外，伽达默尔自己还承认，他关于游戏的理解与维特根斯坦有一致之处。他还说，艺术游戏与语言游戏之间存在着一种密切的关联，这就是伽达默尔所提出的问答辩证法，这种问答辩证法虽然受到了柯林伍德的"问答逻辑"的启发，但却超越了他的问答逻辑，因为伽达默尔认为"世界定向并非仅仅表现在从说话者之间发展的问题和回答，而且这种世界定向也是由所谈的事情产生出来的，是事物'提出问题'。"④但伽达默尔也承认，他在《真理与方法》中并没有精确地区分艺术游戏与语言游戏这两个概念⑤。他后来补充道，"任何一种对话的进行方式都可以用游戏概念做出描述"⑥。他的《真理与方法》第二部分和第三部分的对话思想最

---

  ①　[德]伽达默尔：《诠释学 II：真理与方法》，洪汉鼎译，商务印书馆2007年版，第4—5页。

  ②　[德]伽达默尔：《诠释学 I：真理与方法》，洪汉鼎译，商务印书馆2007年版，第140—141页。译文有改动。

  ③　参见伽达默尔《哲学解释学》，夏镇平、宋建平译，上海译文出版社1994年版，第80页。

  ④　[德]伽达默尔：《诠释学 II：真理与方法》，洪汉鼎译，商务印书馆2007年版，第4—5页，第6页。

  ⑤　同上书，第6—7页。

  ⑥　[德]伽达默尔：《哲学解释学》，夏镇平、宋建平译，上海译文出版社1994年版，第66页。

先是在第一部分的将游戏作为"本体论说明的线索"中出现的①,这说明了伽达默尔的语言游戏和艺术游戏之间的联系。

既然艺术游戏和语言游戏是一致的,那么伽达默尔前面在艺术经验范围内对游戏的分析,也适应于语言,它们至少是异质同构的。所以,这也是伽达默尔在《真理与方法》第三部分没有再从游戏的角度去详细分析语言的原因,在伽达默尔看来,它们之间的关联是不言而喻的。它们之间的同构关系这部分开头的第一段话就可以明显地表达出来了。这段话是典型的存在论现象学的立场在伽达默尔的语言观上的体现:

> 虽然我们说我们"进行"一场谈话,但实际上越是进行一场真正的谈话,它就越不是按谈话者的任何一方的意愿而进行。因此,真正的谈话决不可能是那种我们意想进行的谈话。一般来说,也许这样讲更正确些,即我们陷入了一场谈话,甚至可以说,我们被卷入了一场谈话。在谈话中某个词如何引出其他词,谈话如何发生其转变,如何继续进行,以及如何得出其结论等,虽然都可以有某种进行的方式,但在这种进行过程中谈话的参与者与其说是谈话的引导者,不如说是谈话的被引导者。谁都不可能事先知道在谈话中会"产生出"什么结果。谈话达到相互了解,这就像是一件不受我们意愿支配而降临于我们身上的事件。正因为……谈话具有其自己的精神,并且在谈话中所运用的语言能让某种东西"显露出来"(Entbirgen)和涌现出来,而这种东西自此才有存在。②

伽达默尔这段话非常重要,它完全可以视为《真理与方法》第三部分的主题,其下面的内容都是围绕着它展开的。显然,它和伽达默尔的这部代表作的第一部分的艺术游戏的分析中的基本思想具有内在的一致性或同构性,但伽达默尔自己却没有具体地将这种同构性明确地揭示出来。我们可以依据他的文本(仅凭这段话就可以同前面讲的艺术游戏进行对比,

---

① 参见理查德·J. 伯恩斯坦《超越客观主义和相对主义》,郭小平等译,光明日报出版社1992年版,第204页。

② [德]伽达默尔:《诠释学 I:真理与方法》,洪汉鼎译,商务印书馆2007年版,第517页。译文有改动。

找出它们的同构性来）替他将这个工作做出来。伽达默尔的这种存在论的现象学分析，仍然同海德格尔一样主要反对近代以来的主观主义，包括主观主义的美学和哲学。这一点在他的现象学的分析中处处表现出来了。在这个方面他同胡塞尔的现象学的主观唯心论、先验论保持着距离。

伽达默尔将"事物的本质"和"事实的语言"看成是同义的[①]，主要强调它们的非主观性的一面，这也是后期海德格尔所着重强调的，语言并不是人的语言，而是事情的语言、存在的语言。不是人操纵语言，而是语言操纵人。伽达默尔上述看法应当说同海德格尔后期的思想保持着某种一致。另外，伽达默尔的名言："能够被理解的存在就是语言"也应当从现象学的角度去加以理解。[②]

伽达默尔虽然在《真理与方法》中并没有给真理下定义，但他明确地说，"什么叫真理，最好还是从游戏概念出发做出规定"[③]。其意思是在游戏与游戏者融为一体的活动中，真理被给予，这里的"游戏"更多与作为一种在语言中发生的事件——真理——相联系[④]，所以他的这本书的标题与其说是"真理与方法"不如说是"真理与发生"，而且据说他原先曾考虑过这个标题[⑤]。这里的"发生"应当作为一个现象学的概念来理解，这里的现象学主要指"发生现象学"或"生成现象学"（genetische Phänomenologie），虽然这一点应当追溯到胡塞尔（意向活动和意向相关项）[⑥]，但伽达默尔更多是在海德格尔的思想框架（此在和存在）下来加以发挥的（对此笔者将另文专论）。

[①] 参见伽达默尔《哲学解释学》，夏镇平、宋建平译，上海译文出版社1994年版，第72页。

[②] 参见伽达默尔《诠释学 II：真理与方法》，洪汉鼎译，商务印书馆2007年版，第541页。

[③] ［德］伽达默尔：《诠释学 I：真理与方法》，洪汉鼎译，商务印书馆2007年版，第659—660页。

[④] *Gadamer*, ed., by Robert J. Dostal, Cambridge University Press, pp. 254-255.

[⑤] Jean Grondin, *Hans-Georg Gadamer: A Biography*, Yale University Press, 2003, pp. 281-282.

[⑥] Roy J. Howard, *Three Faces of Hermeneutics*, University of California Press, 1982, p. 143.

几点基本结论

一、伽达默尔的游戏观受荷兰文化学家胡伊津伽的影响远远超过维特根斯坦。但胡伊津哈的出发点是人类学，而伽达默尔的出发点是现象学。两者的分析角度和方法不同，后者的理论层次更高、更深，他的游戏论包含立足于现象学的立场来吸收胡伊津伽的人类学的研究成果，而且这种现象学的立场更多体现为是海德格尔式的，而非胡塞尔式的。

二、伽达默尔对游戏作了系统的描述和结构的分析：首先，伽达默尔谈到了一般游戏的几个特点：重复往返、更新性、游戏即被游戏，游戏相对于游戏者具有优先性，游戏者的任务与游戏的任务的一致性；然后进入到表现，再由表现联系到观赏者，最后确立了游戏、游戏者和观赏者之间的关系，它通向解释学的基本关系，即文本与读者的关系。

三、伽达默尔的游戏论的分析经历了这样几种转折，他区分了自为的游戏和为他的游戏，并将前者向后者的转化视为根本的转化。从自为游戏到为他的游戏，从表现到观看、从游戏到节日，这种中间转换的关系是"构成物"和"观众"概念的引进。现象学的时间性分析，在这里具体表现为审美存在的时间性分析，伽达默尔非常重视这个分析。

四、伽达默尔游戏观的意义十分丰富，它的目的是要揭示艺术作品的存在论的意义及其与解释学的关系。相对整个哲学解释学，它具有象征性、寓意性和同构性，而且还暗示了游戏与语言的关系。可以说，伽达默尔的游戏现象学通向语言现象学，它适应于20世纪西方哲学的语言"转向"。

五、伽达默尔对游戏性质的界定的现象学立场是反对近、现代以来的主观唯心主义的。从这里我们也可以看到黑格尔的影子，同时我们也能看到海德格尔对他的影响，伽达默尔要将海德格尔前期和后期思想融为一体来构建自己的哲学解释学。他的游戏与游戏者之间的关系体现了海德格尔的存在与此在的关系，两者具有相通性。它让我们联想到伽达默尔游戏观的三个比较：游戏与游戏者（伽达默尔）、存在与此在（海德格尔）、历史理性与历史人物（黑格尔）。

六、从伽达默尔对游戏结构的现象学的描述中，我们可以发现它与辩证法的联系。这主要体现在游戏与游戏者、主动与被动、表现与观看、重复与更新、旁观与参与之间的对立统一关系。伽达默尔在作现象学描述的同时，带出了这些关系的辩证法，在一定的意义上可以称作"辩证的现象学"①。二者在伽达默尔游戏论的分析中是互为补充的。他的解释学包含着用辩证法来补充现象学的内容。

七、伽达默尔对游戏的描述分析是一种本质还原或本质直观，它所得出来的只是一种理想的可能性，而其后的各门具体类型的艺术分析只不过是这种可能性的相关项，是本质的事实。伽达默尔同胡塞尔一样，强调从具有自明性的直观出发，当然这里的直观不是自在意义上的，而是向我们显现出来的现象，但也不完全是主观意义上的。伽达默尔的现象学还原，从现象到本质就终止了，而不像胡塞尔那样还要走向先验还原，即还原到先验的自我意识，他和海德格尔一样都不接受胡塞尔的先验还原，正是后者对先验还原的坚持导致了现象学运动的分裂，并且使海德格尔代表的方向在现象学运动中逐步占据了主流。

八、伽达默尔游戏说的宗旨是反对西方近代以来占主导地位的主客二分思维模式，这一点同德国近代唯心主义同一哲学有一致之处。伽达默尔力图超越客观主义和相对主义，强调辩证法就是思想经验的事情本身。②这和现象学的口号——"回到事情本身"——相一致。现象学所接近的不是实体本体论，而是关系本体论。

九、伽达默尔对游戏的现象学分析不仅在艺术方面具有引导作用，而且对伽达默尔整个《真理与方法》或者说他的整个解释学都具有引导作用。提供了一种现象学意义上的"真理"的境遇。对其游戏论领会在其整个哲学解释学中具有牵一发而动全身的效果。虽然伽达默尔的《真理与方法》没有对"真理"给出明确的定义，但从现象学出发，我们不难领悟到这里的"真理"的含义是什么。

---

① 笔者这里受到西方学者 Roslyn Wallach Bologh 的启发，参见 Roslyn Wallach Bologh, *Dialectical Phenomenology: Marx's Method*, Boston, 1979, p. 2ff。

② 参见伽达默尔《诠释学Ⅰ：真理与方法》，洪汉鼎译，商务印书馆 2007 年版，第 631 页。

无法消解的主体性：
论德里达对于语言学的后主体性建构[*]

曹 瑜[**]

随着启蒙运动的纵深推进及其主体性思想的滥觞蔓延，对于主体哲学的反思与批判，无疑已成为现当代西方哲学的重要论题之一。而对于这种主体性的语言学解构，已然构成了一种后现代主义的哲学思潮，其中，海德格尔又作为这一思潮的引领者而备受尊崇。深受海德格尔存在主义语言学的影响，德里达将文字预设为一种无主体的源始书写，以解构传统语言学的形而上学在场性。然而，当德里达将包括海德格尔和胡塞尔在内的（后）现代语言学都解构为这种在场性时，却依然无法使自身的文字学摆脱主体性的前设。这是否意味着，主体性就是一种通往（后）现代性之路上的斯芬克斯？德里达对于主体哲学及其语言学的反思与批判就是一种无功之举？带着这些疑惑与问题，通过对这一思想历程的再次梳理与溯源，将不但为我们深入现当代西方主体哲学的前沿阵地提供清晰的理论标识，也将为我们进一步展开主体哲学及语言学的探究提供重要的思想借鉴。

一 存在论的语言学转向及其自然主体性的批判

随着海德格尔《关于人道主义通信》在法国的受众与日俱增，德里

---

[*] 基金项目：本文系国家社科基金后期资助项目（16FZX035）、西北工业大学人文社科类择优提升项目（G2017KY0207）、中国博士后科学基金面上项目（2015M581407）阶段性成果。

[**] 作者简介：曹瑜，西北工业大学马克思主义学院副教授，研究方向为哲学基础理论、现当代西方哲学、中西哲学比较等。

达干脆以这位大师的"亲炙"弟子而自居。事实证明,德里达日后的成长与崛起,的确与海德格尔之间存在着清晰地继承与创新的脉络。但鉴于海德格尔的教训,德里达首先声明,"为了避免重蹈所解构的东西的覆辙,我们不但要对这些评论的概念进行仔细而周全的阐述,而且还要严格确定它们与所解构的机体的附属关系。"①

众所周知,海德格尔所"重蹈的覆辙"一方面是指,尽管他从世界自身出发将世界把握为一个世界事件的过程,但在这一过程中,此在却作为世界的筹划者而再次恢复和占据了主体性的功能和地位,并使这种筹划活动成为人类生存的源始活动,成为一切存在者生存行为的基础,最终成为世界的基础。② 这样一来,他的历史存在论就再次退回到了始源哲学和主体哲学的传统,其摧毁基础主义的计划也就再次"重蹈了所解构的东西的覆辙"。另一方面是指,在存在与真理的关系问题上,尽管他也认识到了,真理问题并不是在认识理论或判断理论上成为课题的,而是源始地同存在联系着,并始终与此在的存在方式联系着,且以命题的形式被道出或揭示。但囿于其在此在主体性向历史存在论转变过程中,将存在实体化为民族的此在,将真正的存在能力等同于权力的攫取,将自由等同于国家元首的意志,将国家社会主义运动等同于真理的展开或揭示状态。③ 这样一来,形而上学意义上的存在性就再次"降格"为存在者意义上的国家主体性,真理的尺度也就完全掌握在这一"主体"手中,现象学意义上的此在也因丧失了揭示存在与真理的功能而再次"重蹈了所解构的东西的覆辙"。

而这种"重蹈覆辙"的根因,则在于海德格尔将历史存在论奠基于语言的世界,将语言世界的法则作为理解始终占统治地位的、前本体论的存在的主导法则。④ 在通过对亚里士多德《解释篇》和洪堡《论人类语言结构的差异及其对人类精神发展的影响》的存在学阐释,他不但将语言的解释为这样一种结构:文字显示声音,声音显示心灵,心灵的体验显示心灵所关涉的事情。而且将语言与存在揭示为这样一种关系:"只要语言

---

① Derrida, *Grammatologie*, Frankfurt am Main, 1974, p. 28.
② Heidegger, *Vom Wesen des Grundes*, Frankfurt am Main, 1949, pp. 37–43.
③ Ibid., p. 41.
④ Ibid., p. 37.

存在，那么语言，即时时发生着的说，就是一种在场者；人们从说的方面，着眼于分音节的声音和含义的载体来表象语言。"[①] 因此，说乃是一种人类活动，而分音节的声音乃是一切说的基础。如此一来，在海德格尔那里，语言就体现为一种由人类主体经验世界的形式，并认为正是这种形式将作为语言的语言带向了语言（Die Sprache als die Sprache zur Sprache bringen）。因此，他进一步指出，尽管语言首先显示为人类主体的说，但这并非语言的本质，"语言之本质现身乃是作为道示的道说"。[②] 尽管语言本质的显示需借助于一切道说者，但这种自行显示又总是先行于一切道说者的说，即"我们不仅在说这语言，而且我们从语言而来说"。[③] 正是在这种说与道说的生成关系中，语言就既作为"存在之家"又作为"成道之方式"而使一切道说者居于其中，归于大道，达乎语言之本质。此外，人们对于这种"说"与"道"的转换关系的追思或显示，并不是通过创造新的词语和词序，而是通过诗。这是语言的"自然之质"使然，否则，人们就会落入现代技术的"座架"，而偏离了语言的源始性。

但这在德里达看来，也正是这种语言形式将海德格尔的存在哲学再次带向了传统语音中心主义和近代主体哲学的范式。虽然海德格尔将语言从理性主义的传统语法结构中解救出来，但这种"解救"工作在一种自然主义的隐喻中，再次将语言的源始意义带向了一种浪漫主义和弥赛亚主义。正是这种诗意化和神秘化的自然语言主体，在将真理带向了超现实性的神秘主义的同时，也使筹划和揭示世界的语言逾越了一切批判机制，而最终将自身带向了莱布尼兹式的实体化之路。故此，德里达从语言表达的书写形式着手，将基于源始书写之上的文字学作为批判西方传统语音中心主义和近现代形而上学主体哲学的科学导言。通过这种具有自足性的源始书写，德里达将海氏基于语言学之上筹划世界和自我立基的此在观念及其先验主体性的创造性活动，归结为一种现代形而上学意义上的自然主体范式，[④] 并试图以一种无主体的后现代主义方式，来拆除海氏田园式的历史

---

① [德]海德格尔：《海德格尔存在哲学》，孙周兴译，九州出版社2011年版，第371—373页。

② 同上书，第383页。

③ 同上。

④ Derrida, *Grammatologie*, Frankfurt am Main, 1974, p. 37.

存在论的最后基础。而这种"拆除"又并非简单地否定,而必须是一种否定之否定。这即意味着,要使这项解构工作彻底完成,就必须连同与这种语言表达的自然主体性相对应的意识主体性一起予以清算,这或许正是构成德里达写作《声音与现象》一书的真正动机。

二 符号学的语义学转向及其意识主体性的批判

德里达在该书的《导言》中指出,在经将语言作为现象学开山之作的《逻辑研究》第二卷《表述与意义》一章中,胡塞尔就已符号(Zeichen)所具有的意义表达(Ausdruck)功能与自然符号所具有的指号(Anzeichen)功能之间的关系作出了明确区分。首先,意义是意向的表达,因此,并不是所有符号都具有一个"含义"(Bedeutung)、一个借助于符号而"表达"出来的"意义"(Sinn),指号意义上的符号不具有这种功能;① 其次,就表达与指号都作为一种语言符号而言,前者是一种语音符号,后者则是一种文字符号。语音由心灵激活并赋予意义,文字只是语音的无生命的、随意的、可有可无的替代物,最后,语言表达之所以区别于自然的标记符号,还在于其先天的语言结构,它相对于语境而言具有一种独立性,而自然标记则无法将指示的对象与其内容区分开来,因而也就无法摆脱对语境的依赖。②

这样一来,一方面就表达自身及其与符号的关系而言,它首先属于一种独白的精神生活领域,即主体在与自身进行交流时,没有必要将自己的内心世界用词语或命题的符号形式加以表达;③ 另一方面,相对于语言表达的意义而言,一切符号的物质基础(语词)就被作为一种外在因素而归入指号领域。因此,在胡塞尔看来,如果对表达和含义的关系进行反思,并将意义充实了的表达划分为语词和意义这两种要素,人们就会发现,表达意义的语词就似乎变成了一种"无关紧要的东西"。与此同时,表达似乎也将兴趣从自身引开并指向了意义,但是,"这种指向并不是那

---

① [德]胡塞尔:《逻辑研究》第 2 卷,第 1 部分,倪梁康译,上海译文出版社 2006 年版,第 31 页。

② Husserl, *logische Untersuchungen*, Vol. 2, Tübingen, 1913/1980, pp. 23 – 24.

③ Ibid., p. 35.

种我们在前面所阐述过的意义上的指示。符号的此在并不引发含义的此在，更确切地说，并不引发我们对含义此在的信念。被我们用作指号（记号）的东西，必定被我们感知为在此存在着。"① 这就进一步表明，通过语词或符号的形式所把握或指示的对象并非意义或含义本身，"在实际上作为意义的理想的同一性与它们所关涉的符号之间，并不存在什么必然的联系"②。因为一种意义的表达必然源自于意义的意向行为，一种理想（完满）的表达必然源自于意向的充实。而对于这一意义的最终把握和认识（证实），又是通过直观而非符号化的词语。通过直观，这些本质（意义）从"自身出发"将自己展示出来，并作为一种纯粹的现象而不断得以充实。当且仅当一个意向通过直观而得到充实时，即只有当"每个主观表达最终都可以被客观表达所代替"时，才使人们关于对象的认识具有了真理性和确定性。③

德里达反对这种用理性限定语言、用知识限定意义的意识主体性的语言表达行为，把这种把语言的表达等同于认知的手段、意义指向行为等同于意义实现行为、逻辑先于语法、认知功能先于沟通功能等的语义学思想，归结为一种传统形而上学的在场性。并在此基础上进一步指出，当这种消除了外在时间观念中的异在性或他在性的在场性，"一旦面对自我的在场的现在并不是简单的，一旦现在是在一个原始的和不可还原的合题中构成的，那么，胡塞尔的全部论证就会在原则上受到威胁"。④

首先，德里达认为，在胡塞尔关于即时的和作为烙印的"当下"的观念中，隐含着一种传统形而上学主体性的预设。尽管胡塞尔也承认，没有任何"当下"能够作为一种纯粹的即时而被孤立起来，但这仅仅是从作为"点"的"当下"相对于自我的同一性出发而被思考和被描述的。尽管胡塞尔也承认，时间的流逝不能简单地被分割为，通过自身而存在的片段或连续不断的点，但"一个内在时间性对象的流逝方式还是拥有一个开始，就是说一个'源点'。这是内在对象由之开始存在的流逝方式，

---

① ［德］胡塞尔：《逻辑研究》第 2 卷，第 2 部分，倪梁康译，上海译文出版社 2006 年版，第 44 页。
② Husserl, *logische Untersuchungen*, Vol. 2, Tübingen, 1913/1980, p. 104.
③ Ibid., p. 90.
④ ［法］德里达：《声音与现象》，杜小真译，商务印书馆 1999/2010 年版，第 77 页。

它的特点就是现在的"①。这即意味着，作为时间性的"现在"有一个不可位移的中心，具体而言就是现时的"当下"。这种实显的"当下"具有一种评价的特权，它不但支配着真理和意义的全部内涵和视域，而且还是自明性本身。这样一来，这种"当下"就作为一种"自我意识在场"的现代形而上学主体性，与传统形而上学的逻各斯中心主义一脉相承。

其次，囿于这种内时间意识现象学将即时的"当下"看作一种绝对的自我同一性，而切断了感知与非感知、在场性与非在场性、同一性与差异性之间的连续性，进而切断了作为第一哲学的形而上学的存在论基础。② 胡塞尔主张，"在理想的意义上，感知（印象）可能是构成纯粹的'当下'的回忆的'意识阶段'，是完全不同的连续性的阶段"③。而德里达却认为，只有当被感知的在场与一个非在场或一个非感知组织在一起时，即与回忆和最初的持存组织在一起时，才能被真实地显现出来。尽管胡塞尔坚信，从原则上讲，不可能将"构成现象本身与构成现象的同一性"这个过程的任何阶段陈列为一种连续相接的过程，也不可能将这种过程改造成为思想，以至于将这个阶段伸展为对于自身的同一性。④ 但这在德里达看来，只要我们承认这种当下的连续性，这种感知与非感知的连续性，就可以将其延伸至现时的自我同一性与瞬间中的非在场性（非同一性）。这种非同一性与自我同一性之间的差异，不但是联系不可还原的非在场与另一个"当下"（在场）的源头，而且是使原始印象不断得以重新涌现和净化的源泉。

第三，胡塞尔在将符号归入代现或展现的种类的同时，即将符号归入到指号的种类时，也切断了再现（表象）与持存（符号）之间的必然性联系，从而使现象学的客观化行为完全变成了一种主观性活动。在德里达看来，若不人为地加深持存与再现之间的鸿沟，若不掩盖它们之间实质上只是心理与意识的生产关系，人们就可以进一步回溯至它们的共同起源——在最普遍意义上所说的印迹。正是这种印迹，它比现象本身的原初性或自我的在场性更加原初。新近的科学研究也业已表明，现在的在场是

---

① ［法］德里达：《声音与现象》，杜小真译，商务印书馆1999/2010年版，第78页。
② 同上书，第4页。
③ 同上书，第82—83页。
④ 同上书，第83页。

从回归的褶皱、从重复的运动出发被思考的。这种褶皱不论是在在场中,还是在自我的在场中都不可还原,这种印迹或分延总是比在场更原初,并始终为在场留下了回归的路标。① 一旦我们意识到了"当下"或"在场"与一切实际经验的记忆循环相链接时,即直观或感知之所以成为可能,依靠的正是先行或回归时,一种具有自我在场的同一性的幻想就被彻底地瓦解了,一切意识现象学的客观化行为也就完全变成了一种主观性的活动。

最后,通过对意义、表达、理想性、真理、直观、感知和再现等观念的自我在场性范式的系统体验,德里达将胡塞尔忽视语言符号的基础性的原因,进一步追溯至西方语音中心主义的传统。在德里达看来,在独白式的形而上学传统中,尽管主体同时完成了三个近乎无法区分的行为:既产生了声音的形式,又通过自我的影响感觉到了语音的感性形式,同时也理解了意指的意义,但它们又都是以语音的优先性为前提。正是这种优先性才使"声音能够指出理想的对象或理想的意义的同时,而不会在理想性、在自我在场的生命的内在性之外丧失自我"。② 这种语音中心主义的传统在现象学的直觉主义中被发挥得更加淋漓尽致,它消除了时间性及它性等始源性的差异,而使得对象与意义的同一性变成了一种绝对性的同时,最终使得这种"无延异的声音、无书写的声音,同时就是绝对的鲜活或绝对的死寂"。③ 如此一来,这种语音中心主义与逻各斯中心主义也就异名同谓了,这也正构成了德里达批判传统形而上学实(主)体性语言学的起点。

三 语义学的文字学转向及其无主体性的困境

基于上述分析,德里达最终将胡塞尔对于这种摆脱一切实际经验内涵的意识主体性的绝对信念,归因于仅仅满足于自在意义的理想性——自我的同一性,而没有看到"能指的感知形式的理想性"——符号的非同一性。殊不知,"在看起来具有绝对性的当下之初,就存在着一种时间差异

---

① [法]德里达:《声音与现象》,杜小真译,商务印书馆 1999/2010 年版,第 86 页。
② Derrida, *Die Stimme und das Phänomen*, Frankfurt am Main, 1979, p. 134.
③ Ibid., p. 16.

和它性，它们既是被动的差异，又是制造差异的延缓。现在隐而不显。这种'尚未'构成了参考系，没有它，任何东西都无法被当做在场的事物来加以体验"。① 因此，只有厘清了这种差异性的全部内涵，语言学和主体哲学才能为自身的合理性勘定界限。

事实上，这种差异性或它性的客观性存在表明，它们不但是构成直观和再现活动的基础，而且这种直观和再现的结构只有借助于符号化的力量（替代功能）才能得以建构和运行。同理，表达也是一种具有外在性特质的符号化行为，正是这种外在性才造成了表达与意义之间的差异，进而使得表达和意义所呈现出来的多元性具有了一种客观实在性。这种多元性和客观性在语言意义的内在领域，以及言语者、听众或言语的对象等领域，其存在价值早已被肯定和运用。正是基于此，"德里达将表达、意义和经验之间的内在分化关系解释为一种闪耀着语言光芒的裂缝，只有在这道光芒当中，事物才能作为世界中的事物第一次呈现出来。"②

借此，德里达彻底放弃了从传统语言学出发去阐释语言表达的符号特性和功能，而是从书写的源始性出发，即从基础符号学的维度去考察符号的替代功能及其揭示世界的力量。在这种始源文字学中，作为书写的表达不断地提醒我们，"尽管主体完全缺席，尽管主体死了"，但这种文字符号依然可以让一个文本在一种延异化、时间化的符号结构中得到解释。这同时也意味着，对于现象学内时间意识意义上的经验的重复结构，唯有将其奠基于这种延异化、时间化的书写结构，才能使符号的替代、再现等功能获得一种真正的、"活生生"的时间维度。正是"在这一意义上，延异即是时间化，是有意识或无意识地诉诸时间性及时间化的迂回中介，它悬置了'欲望'或'意志'的完成或完满。"③ 这样一来，"延异"这个充满时间性力量的概念，就成为德里达批判一切摆脱经验内涵、趋于理想化和极端化的"自在"观念的有力武器。德里达将这种理想化、极端化的内在经验一直追溯至作为其存在之基的先验主体性，进而为我们掘明了，在这种先验主体性的实体化当初，就已经存在着一种不可消除的差异。

---

① [德]哈贝马斯：《现代性的哲学话语》，曹卫东译，译林出版社 2004 年版，第 204 页。
② 同上书，第 205 页。
③ Derrida, *Die Schrift und die Differenz*, Frankfurt am Main, 1972, p. 12.

如果按照书写文本的结构来设想这种差异的话，它就是一种脱离了主体性的活动，就是一种"无主体的事件"。其中，书写作为一切声音和文字的前提，在任何主体介入之前，就已经具有了意义或概念与其要表达的经验之间的差异性结构，即已经具有了外在世界与内在世界之间的差异性结构。基于此，一切"成为可能"的过程也就变成了一个不断延异的过程，一切区别于感性的知性同时也就是延异了的感性，一切区别于直觉的概念同时也就是延异了的直觉，一切区别于自然的文化同时也就是延异了的自然，一切区别于无主体性的自然的、意识的、先验的主体性同时也就是延异了的无主体性。这样一来，德里达在将主体性的先验原始力量阐释为一种无主体性的延异力量所具有的阶段性的历史创造性的同时，似乎也就实现了对于一切传统形而上学主体性及其（非）理性范式的彻底颠覆。

但是，如果完全将自我在场的主体性再次受动于符号的源始性及其差异性，那么，这种通过符号的源始性和"延异"的有效性所建构起来的无主体性的文字学（事件），事实上并没有摆脱传统形而上学的主体性范式。依循德里达的"延异"理路，尽管这种无名的源始力量打破了意识化或自然化的传统主体哲学的基础，但不过是将主体哲学的基础进一步延展至一种更加深远、更加模糊的源始力量，并以一种更加源始、更加神秘的主体形式表现出来，即"要想思考和表达这样一个年代，要想从'规范'和'前源始'的角度来思考这样一个年代，我们就需要有一个不同于符号和再现的名称，把胡塞尔认为能够作为一种特殊的、偶然的、附属的和次级的经验而予以孤立起来的东西，当作'普遍的'和'先根源的'，即作为漂泊的舞台和变向的经验，把各种再现相互连接起来，无始无终，无知无觉，最终成为一种把再现作为其生死欲求的再现的再现。"[①]这样一来，就使得那种作为源始书写的文本本身，"比意义和诸种意义更'古老'，在人们区别它们字面上'可感觉'到的东西和区别哲学史中的隐喻表演之前，比原初给出的、现时而又充满'事情本身'的知觉、比看见、听见、触摸都要古老。"[②] 然而，在这种贯穿于一切时间维度的叠复结构中，尽管每一个文本都指向了一种更加古老的文本，尽管这种更加

---

① Derrida, *Die Stimme und das Phänomen*, Frankfurt am Main, 1979, pp. 165–166.

② Ibid., pp. 164–165.

古老的文本甚至"古老"到我们无法想象和描述的地步,但是,它以基础主义和逻各斯中心主义来作为这种源始书写的起源和有效性的运行机制,却日渐变得清晰起来,从而使得一种在场性日益变成了这种无主体性的文字学无法摆脱的梦魇。

四 无法消解的主体性及其后主体性的建构

综上所述,德里达基于源始书写的延异理论,来批判和解构传统语音中心主义及其形而上学在场性,这无疑击中了海德格尔的存在主义语言学以及胡塞尔的本质主义语义学的要害。但吊诡的是,他的这种解构主义的终极预设,却始终没能摆脱结构主义和基础主义传统的形而上学在场性。

究其根因则在于,一方面,在索绪尔的"语言能指(从本质上说)并非语音,而是一种非物质的东西——它不是由物质材料构成的,而是由从研究其他声音形象中分离出来的差异形象构成的"[①] 这一观念的影响下,德里达将源始书写描述成为一种先于一切可识别的语言表达形式的踪迹,并以此作为一切言语和文字的基础,在一种"延异化"的功能和结构的作用下,又使一切符号要素之间以及符号之间的多元性和差异性,服膺于一种抽象而严整的秩序;另一方面,在关于源始书写及其踪迹的描述中,德里达最终指出,"踪迹的运动必然是隐蔽的,它的出现就是对自身的一种隐蔽。当他者宣称自己莅临时,它实际上是通过遮蔽自己而让自己在场"[②]。这无不与传统西方哲学通过上帝的不在场而为形而上学的在场性提供更加隐蔽的寓所的逻辑如出一辙,即上帝通过痛苦的缺席让人们看到了在场的希望,同时由于上帝的痛苦缺席,它的在场反而变得更加触手可及。如此一来,德里达的这种先于一切言说主体的源始书写,产生一切表达形式的延异结构,履行揭示世界功能的文字学,在一种更加开放的基础主义和结构主义的遮蔽中,依然充当着传统形而上学的在场性、同一性和主体性的角色。基于这种主体性的此在性、复数性和神秘性,海德格尔的自然主体在此似乎隐约可见,从而使得这种本体论意义上的原始书写与

---

① Saussure, *Grundlagen der Sprachwissenschaft*, Berlin, 1967, p. 141.

② Derrida, *Grammatologie*, Frankfurt am Main, 1974, p. 82.

一种启蒙意义上的神秘主义之间幽暗未明的隐晦关系，日渐变得有迹可循。

如此一来，德里达基于源始书写的非主体性预设，来消解传统语言中心主义及其形而上学在场性的哲学尝试，不但没能取得预期的成效，反而将其推向了一种更加源始、神秘和隐蔽的位置。其坚定的信念中所蕴涵着的艰辛与无奈，福柯感同身受，"哲学主体性的崩溃以及它在语言中的消散，也许是当代思想的基本结构之一，这种语言在放逐了主体性的同时，又于主体性不在场的空间内增值了主体性。"[1] 这种悖论或困境也许正是启蒙的辩证法所揭示给我们的奥秘——启蒙思想展望到了一种对所有可能客体的毫无遗漏的检查，但唯有一个例外，那就是人类主体，他始终处于分析者的位置，并且总是与被分析者保持一定的距离。但一个不争的事实是，德里达意图通过对另外一种无主体的世界及其存在方式的探寻，来体验一种主体缺失的极端状态，无疑为主体哲学的反思与超越开启了另一条路向，我们姑且将其称作后主体性的建构。通过这种建构，为我们进一步揭示了形而上学在场性的封闭性本质的同时，也进一步指明了作为一种方法和视域的解构主义的主旨和要义，即通过"在知的关闭中对在场提出疑问"，以及通过"在闻所未闻的问题的开放中对存在提出问题"，[2] 或将成为现当代西方哲学反思与批判主体哲学的重要议题之一。

---

[1] Foucoult, *Language, Counter-Memory, Practice*, Oxford Blackwell, 1977, p. 42.
[2] Derrida, *Die Stimme und das Phänomen*, Frankfurt am Main, 1979, pp. 163–164.

语言—历史中展开的场域*

——论赫尔德的人学思想

陈艳波**

一 引 言

以赛亚·伯林认为:"赫尔德的……三个观点对浪漫主义运动贡献巨大,……其一,我称之为表白主义(Expressionism)的观点;其二是归属的观点(notion of belonging),意即归属于某一个群体;其三,真正的理想之间经常互不相容,甚至不能调和。在当时,这三个观点中每一个都具有革命性意义……"[①] 显然,在伯林看来,赫尔德在启蒙时代首先鼓吹了表白主义、归属观点和多元主义(Pluralism)这三种观念,这些观念不但为后来浪漫主义、历史主义和文化民族主义的产生和发展奠定了思想基础,而且与启蒙时代理性哲学的基本原则直接相反。学者们经常引用和讨论伯林对赫尔德思想的归纳和洞见,但对赫尔德这些观念和思想背后的哲学基础却关注不多。事实上,赫尔德的这些观念都建基于他对启蒙时代主流人性观的批判和反思,建立在他对人性的独特理解之上。可以说,不理解赫尔德的人学思想,很难全面深入地理解伯林归纳的这些观念。同

---

* 基金项目:本文是国家社科基金青年项目《赫尔德文化哲学思想研究》(批准号:14CZX034)和贵州省人文社会科学规划项目一般项目——《赫尔德文化哲学思想研究》(批准号:13GZYB51)的阶段性成果。

** 作者简介:陈艳波,贵州大学人文学院副院长、副教授、哲学博士、硕士研究生导师,华中科技大学哲学系博士后,主要研究方向为文化哲学、文化理论、历史哲学。

① [英]伯林:《浪漫主义的根源》,亨利·哈代编,吕梁等译,译林出版社2008年版,第62页。

时，赫尔德的人学思想不仅有着丰富的内涵，而且在他的整个思想中具有基础性作用，深入探讨他的人学思想，对全面理解其整个思想有着重要意义。

二 德国思想界对人性问题的关注及对赫尔德的影响

在18世纪40年代，在德国思想界占统治地位的是莱布尼兹—沃尔夫体系。这一体系是沃尔夫将莱布尼兹思想中那种理性主义的倾向推至极端而形成的，但由于沃尔夫本人在哲学观点上并没有多少创见，更多是把莱布尼兹的思想用数学演绎的方法系统化了，所以这一体系被后人称为"莱布尼兹—沃尔夫体系"。沃尔夫是学数学出身的，他早年在大学里面讲授的也是数学。很自然，他对数学知识的那种确定性有一种特别的偏爱，这对他的哲学研究也产生了重要影响。首先，对沃尔夫而言，哲学的主要目的是以数学为模本为人类的全部知识建立具有完全自明性的形而上学基础，因此哲学的首要工作就是寻找具有完全确定性的知识；其次，无论探讨什么问题，沃尔夫总是热衷于按数学的模式从定义、公理和推理的程式来进行。Beck教授不无讽刺地说："他（指沃尔夫——引者）阐释一些不需要阐释的东西。他证明（虽然这些证明经常是如此的无效以至使一些较真的读者不满意）一些不需要证明或者容许不证明的东西。他定义一些不需要定义的东西。"[①] 显然，这使得莱布尼兹—沃尔夫体系成为了一套烦琐的经院哲学，远离了人们的现实生活。

及至18世纪60年代，英法等国的启蒙运动进行得如火如荼。受此影响，一批德国思想家（如哥廷根的Feder和柏林的Nicolai）开始对莱布尼兹—沃尔夫体系进行反叛，认为它专注于枯燥干瘪的逻辑证明，寻求脱离实际的绝对自明性和确定性，忽略和错失了哲学更紧迫和根本的任务：通过教导公众来实现启蒙。在他们看来，沃尔夫虽然是启蒙造就的典范，但他的哲学更像是中世纪的经院哲学，对一般的公众没有意义，不能实现启蒙公众的目的。这些思想家主张，哲学应该成为现实的（practical），应

---

① Lewis White Beck, *Early German Philosophy: Kant and His Predecessors*, Cambridge (Mass.): The Belknap Press of Harvard University Press, 1969, p.259.

当关注普罗大众的需要，应当以普罗大众能理解和接受的方式来书写，应当肩负教导和启蒙普罗大众的责任，总之，哲学应当成为普众的（popular）哲学。正是在这样的背景下，18世纪60年代的德国掀起了一场声势浩大的哲学革新运动，即哲学的普众化运动，当时的思想家发明了一个专门的词——Popularphilosophie（普众哲学）来表达这场运动的价值诉求。

显然，普众哲学革新运动的题中应有之义就是关注和研究人性（Humanität）问题。因为，如果哲学要为普罗大众服务，要教导和启蒙他们，就必须很好地去了解他们以及决定如何才能更好地为他们服务，对人性理解得越深入，对人的需要把握得越充分，就越能更好地为人类服务，这实质上就要求思想家要尽可能地去了解人性，研究人性，使哲学不仅是"为了人"的哲学而且是"关于人"的哲学。当时的德国思想家用"Anthropologie"（人类学）一词来专门称呼这种既"为了人"又"关于人"的哲学。当然，与今天学科建制中的人类学相比，当时德国思想家是在一个很宽泛的意义上来理解人类学的所指："关于人的教条，从神学的、身体的和道德感的方面来研究人的角色及其关系。"[①] 正是在这样一种对哲学的革新中，在对哲学要为普罗大众服务的呼唤中，理解和研究人性及如何更好地完善人性成为当时德国思想界的重要主题。

这场哲学革新运动对赫尔德产生了重要的影响。早在1765年，年轻的赫尔德就写下了一篇名为"哲学如何才能更普遍和更有用地促进普罗大众的利益"的文章，正如标题所表明的，赫尔德这篇文章的中心主题就是如何使哲学从经院传统注重逻辑推演、追求绝对确定性的自明知识转变为以普罗大众为中心、服务于他们利益的智慧。为此，他认为哲学应该是研究和促进人性的学问，传统的形而上学、逻辑学、伦理学都应该从人性的角度来理解，而不是将它们变成远离人、远离现实生活的法则，简言之，哲学应当成为一种彻彻底底的"人的哲学（Philosophie der Menscheit）"。在该文的结尾，赫尔德明确写道："所有哲学都应该是属于普罗大众的，都应该以普罗大众为中心关注点，如果哲学的观点能够像哥白尼体

[①] Johann Christian Adelung, *Grammatisch - Kritische Wärterbuch der hochdeutschen Mundant*, Vienna: Bauer, 1811, p. 392.

系从托勒密体系中突破出来那样进展,如果所有的哲学都变成人类学,那么将会有多少新的哲学发展在这里出现。"① 换言之,在赫尔德看来,哲学要更好地为普罗大众服务,就必须以普罗大众为中心,将哲学从传统的学院哲学转变为研究人性、完善人性的人类学,他将这种哲学主题和中心的转换看作哲学上的哥白尼革命。可以说,赫尔德青年时期对哲学应该是一种研究人性的人学的看法贯穿了他一生的哲学思考,不管是早年的牧师讲道、美学研究,还是后来的历史哲学、人道主义书信,甚至是对康德纯粹理性哲学的批判,他思考的核心主题都是人性是什么,如何才能更好地完善人性,实现人类的启蒙。正是在这个意义上,我们认为赫尔德的人学思想在他的整个思想中具有基础性意义。

三 赫尔德对启蒙人性观的批判

事实上,英国和法国的启蒙思想家率先开始了对人性问题的关注和探讨,而且正是在他们的影响下德国思想家才开始反叛莱布尼兹—沃尔夫体系、才开始他们的普众哲学革新运动的,特别是英国的休谟和弗格森等人关于"人性的科学"(a science of human nature)的理想以及法国的卢梭为普通人的自由而思考的精神,极大地影响了德国的思想家。康德在1764年曾坦言,是卢梭教会了他尊重普通人,让他重新寻找到了哲学思考的方向:"我渴望知识,不断地要前进,有所发明才快乐。曾经有一个时期,我相信这就是使人生命有其尊严。我轻视无知的大众。卢梭纠正了我。我意想的优越消失了,我学会了尊重人,认为除非我相信我的哲学能替所有人恢复其为人的共有的权利,否则我就还远不如寻常劳动者那样有用。"② 康德的观点很有代表性,它表达了那个时代思想家们对普通人性的普遍关切。可以说,对人性的探究是欧洲启蒙时期一个普遍的哲学话题。

不过,需要指出的是,由于受理性主义和科学主义的影响,启蒙时代

---

① Johann Gottfried Herder, *Philosophical Writings*, trans. and edited by Michael N. Forster, Cambridge: Cambridge University Press, 2002, p. 29.

② [德] 康德:《道德形而上学原理》,苗力田译,上海人民出版社 2005 年版,第 24 页。

占据主流的是一种抽象的理性人性观。这种人性观认为，人性内在地具有或者就是一些超时空的、不变的内在法则，这些法则隐藏在纷繁复杂的人类活动之中，就像自然规律隐藏在变化万千的物理现象背后一样，对人性的研究实质就是寻找和发现这些不变的内在法则。由于人类各种活动表现和沉淀在历史当中，因而对人性的研究需要通过对人类历史活动的考察来进行，如此历史研究的目的就在于在纷繁的历史现象中去探寻和发现人性的普遍法则，正如同牛顿在物理现象中寻求物理规律一样。休谟在《人类理解研究》中曾颇有代表性地说道："人类在一切时间和地方都是十分相仿的，所以历史在这个特殊的方面并不能告诉我们以什么新奇的事情。历史的主要功用只在于给我们发现出人性中恒常的普遍的原则来，它指示出人类在各种环境和情节下是什么样的，并且供给我们以材料，使我们从事观察，并且使我们熟悉人类动作和行为的有规则的动机"①。在历史现象中发现人性的普遍法则，其目的在于更好地建构社会、启蒙人性和服务人性。如此，人性虽然是一些超时空的普遍法则，无所谓进步和发展可言，但是人类历史却有进步和发展的问题，这种进步和发展表现在随着对人性法则发现和认识的深入，人类社会的文化和制度越来越符合人性，越来越与宇宙的自然秩序相和谐。贝克尔在《十八世纪哲学家的天城》中明确指出："既然人和他的心灵是由上帝创造出来的那种性质所形成的，所以人就有可能'单凭运用他们天然的才干'就把他们的思想和他们的行为、从而他们所赖以生活的那种体制都带入到与普遍的自然秩序相和谐的状态。"② 基于这样一种看法，人类历史在启蒙思想家眼中呈现为一幅不断进步的图景。孔多塞在《人类精神进步史纲要》中代表性地表达了这种看法："如果我们就其在同一个时间的某一空间之内对每个个人都存在着的那些结果来考虑这同一个发展过程，并且如果我们对它的世世代代加以追踪，那么它就呈现为一幅人类精神进步的历史表。这种进步也服从我们在个人身上所观察到的那些能力之发展的同样普遍的规律，因为它同时也就是我们对结合成为社会的大量的个人

---

① [英] 休谟：《人类理解研究》，关文运译，商务印书馆1981年版，第76页。
② [美] 贝克尔：《十八世纪哲学家的天城》，何兆武译，上海三联书店2001年版，第66页。

加以考察时那种发展的结果。"① 显然，人类历史之所以不断进步，是因为随着启蒙的展开，人类的事务越来越理性化地按照普遍人性来设计和安排。这就是启蒙时代欧洲思想家普遍相信的线性历史观。在此种历史观观照下，产生了当时在欧洲非常流行的"欧洲中心主义"：因为人类历史是线性发展的，所以启蒙运动之前的其他时代都处于未开化的蒙昧状态，除欧洲之外的其他地区也都还走在通往文明的途中，只有欧洲才是文明和开化的代表，是人类历史发展的最高成就，是人类历史上最进步的时代，同时欧洲思想家也以欧洲为标尺，对其他时代和区域的文明进行了批判。

启蒙思想家的抽象人性观和以当时的欧洲文化为标杆来贬低和轻视其他国家与时代的文化的做法，激起了赫尔德的强烈不满和批判。首先，他认为，并不存在抽象、普遍的人性，人性是像"黏土"那样，可以根据需要或模型形塑自身，不同的人生活在不同的自然环境和文化传统中，所形成的人性也是丰富多彩的。他说："并非如哲学家（主要指休谟和伏尔泰——引者注）所定义的那样，人的本性是一个装载着绝对、独立和不可变易的幸福的容器，相反它喜欢尽可能多的幸福的方式，是一块随着不同的境况、需要和压力而不同而可变的黏土，就是幸福的形象也根据环境而变化。"② 其次，立足于这样的人性观，赫尔德对欧洲中心主义进行了批判。如果人性是依据不同的自然环境和文化传统而变化的，如果人对自我和世界的理解取决于他生活其中的整个生活世界，那么就不可能存在一种可以用来衡量所有文化的标尺，以某一种文化为标准来判别的文化是不合法的。"那么一个人怎么可能用一种眼光，一种感情，一个概念来研究和把握所有的民族，所有的时代和所有的国家呢？这个概念将是多么没有生命力，多么不完全的怪物啊！在一个特定的大地上和天空下的生活方式、习俗、它所需的必需品以及它的特色，总之整个生动的生活场景要么被添加到这个概念中，要么先于这个概念被把握。"③ 以欧洲文化为标准

---

① ［法］孔多塞：《人类精神进步史纲要》，何兆武、何冰译，上海三联书店1998年版，第2页。

② Johann Gottfried Herder, *Philosophical Writings*, trans. and edited by Michael N. Forster, Cambridge: Cambridge University Press, 2002, p. 296.

③ Johann Gottfried Herder, *Against Pure Reason: writings on religion, language, and history*, trans. and edited by Marcia Bunge, Augsburg Fortress: Fortress Press, 1993, p. 38.

来看待其他文化，不但不能理解，而且还歪曲了它们。每一种文化都有只有从它的内部才能发现和理解的价值，"像每个球体都有自己的重心一样，每个民族也有自己幸福的中心。"①

四 赫尔德的人学思想

在批判启蒙人性观的基础上，赫尔德形成了自己独具特色的人学思想。赫尔德人学思想的实质是以一种自然主义的态度把人理解为有限的存在者。在赫尔德看来，人的有限性体现在两个方面。首先在认识能力方面，他认为，人的理性能力是不断生成、面向经验展开因而也是依据环境而变化的，人并不具备启蒙哲学家所宣称的与生俱来而且在每个人身上都一样的纯粹而普遍的理性；启蒙思想家的理性观实际上是将人的理性与人生存其中的处境相剥离、与个人丰富且独特的经验相剥离，而这样剥离后所剩下的是空洞干瘪的抽象，什么也不能说明。赫尔德在《纯粹理性批判的元批判》中对康德的纯粹理性观进行批判时曾说道："使自己独立于自身，即，将自己放置到超出自身的起源、内部和外部的经验，脱离整个的经验来思考自己：这没有人能够做得到。"② 其次在对人的自我理解方面，赫尔德反对启蒙思想家基于自然科学的眼光将人看作与外在世界相分离、相对立的自在而独立的实体；相反，他认为人对外部世界有一种本体论意义上依赖关系，人只有通过把外界事物"据为己有"才能形成和认识自我，只有在对外界事物的"据有"过程中才能实现和认识自己的本质。对此，赫尔德说道："我们只能通过我们自己来类比在我们之外的万物，因为我们只能通过和跟随我们自己来看、来听、来理解和行动。但是如果我们不把这些投射于万事万物，如果不是在万物已经有东西是可理解的、可听的和可看的，那么就不会有范畴，即不会有意义和理解存在。"③

赫尔德的人学思想与他对人类语言的独特看法是本质相关的，在他看

---

① Johann Gottfried Herder, *Werke*, in zehn Bänden. 10 vol. in 11 books. edited by Günter Arnold et al. Frankfurt am Main: Deutscher Klassiker Verlag, 1985 – 2000, Vol. 4, p. 39.

② Ibid., pp. 324 – 325.

③ Johann Gottfried Herder, *Metacritique: The Linguistic Assault on German Idealism*, trans. and edited by Jere Paul Surber, New York: Humanity Books, 2001, p. 99.

来，人类的语言是人区别于其他生物的关键，也是人的本质的集中体现，"语言是人的本质所在，人之成其为人，就因为他有语言"①"人被称为'说话的动物'，不具理性的动物则称为'哑巴'"②。下面我们就结合赫尔德的语言哲学观来展开和深入理解他的人学思想。

赫尔德的语言哲学观可以用三个关键词来集中概括：悟性（reflection/Besonenheit）、氛围（climate/Klima）和感觉（sensation/Empfindung）。悟性虽然是赫尔德语言哲学的一个基本概念，但他对其并没有严格界定。根据赫尔德的论述，悟性大致具有下列内涵。首先，它意指人的所有生命力量有机结合在一起所形成的总体的认知倾向，"人的力量所具有的这种倾向，有人称为'知性'（Verstand）或'理性'（Vernunft），也有人称为'意识'（Besinnung），等等。只要不把它们理解为分割开来的力量，不把它们仅仅看作动物力量的高级形式，这些名称在我看来都是一样的。人的所谓理性，就是一切人类力量的总和形式，就是人的感性本质和认知本质、认知本质和意愿本质的结合形式，或更确切地说，是与某种机体组织相联系的唯一积极作用的思维力量。"③ 需要指出的是，赫尔德在这里强调人类生命力量所形成的认知倾向的有机性与总体性，并非意味着他认为对人的认识能力进行感性、知性的区分没有意义，他只是认为这些区分的基础和前提是它们的有机性和统一性，区分只是对这个有机体和统一体不同方面或功用的侧重；其次，悟性作为人类生命力量的表达，它使人创造出了不同于动物语言的人类语言，"当人处在他所独有的悟性状态之中，而这一悟性（思考能力[reflexion]）初次自由地发挥了作用，他就发明了语言。"④ 悟性其实就是人类语言之所以得以创造、得以发明出来的人类主观方面的条件，动物由于不具有人类的悟性，它也就发明不了类似人类的语言；再次，悟性作为人类主观的一种认知倾向，它必须与外部世界相结合才能发挥作用，才能产生人类的语言，单就它自身则是空洞的、黑暗的，无法认识更不能产生语言。Jürgen Trabant 教授在论述赫尔德的语言哲学观时明确地指出了这一点："从语言产生的过程可以清楚

---

① [德]赫尔德：《论语言的起源》，姚小平译，商务印书馆1999年版，第21页。
② 同上书，第36页。
③ 同上书，第21—22页。
④ 同上书，第26页。

地看到，内部语言并非出于主体自身，它的产生需要外部世界。因此，语言并非是人类与生俱来的。只有创造语言的倾向——悟性——才是天生的，人类创造语言只能通过它和世界的相遇。"①

仅凭人类的悟性还不能产生语言，它必须与外部世界打交道才有可能，因此，外部世界的在场是人类语言产生的必要条件。赫尔德用"氛围"一词来意指对语言的产生的客观条件——外部世界。需要指出的是，赫尔德理解的氛围并不只是一个人所处的自然环境，而是包括自然环境在内的整个生活世界："一个地方的海拔，它的构造和产品，人们的饮食，生活方式，工作，服饰，习惯性的姿态，艺术和快乐，以及一切和人们的生活相联系的其他要素，都是对于氛围的描述。"② 换言之，氛围就是人所生活其中的自然环境及与此自然环境相适应的整个生活方式的总和。语言就是对这个总和的描述和反映，不同的语言描述和反映了不同的生活世界。"每个民族都根据他们的语言来思考来言说"③，之所以如此，是因为每个民族生活其中的那个具体的总和是不一样的，在此基础上形成的语言也是不一样的。这里很容易产生一种错觉和误解，仿佛在赫尔德的理解中语言就是对氛围的直接、客观的反映，是对外部世界的镜像摹写，其实不然，虽然赫尔德强调氛围对人类语言的产生有着决定性的方面，但语言绝不是对氛围的简单复制，它有着更多的内涵，我们可以通过赫尔德的"感觉"概念来说明这一点。

在赫尔德看来，悟性与氛围相遇首先形成的是感觉。感觉是西方近代认识论哲学的一个重要概念，特别是在经验主义哲学家那里，感觉主要意指人通过感官接受的知觉材料（sense data），这些知觉材料作为外部世界的图像，比较真实客观地反映了外部世界，是我们认识的来源。赫尔德理解的感觉与此不同，他认为"感觉"和事物根本无相似之处，感觉是心灵对感官接受的知觉材料进行综合统一而形成的，外部世界刺激我们的各

---

① Hans Adler, *A companion to the works of Johann Gottfried Herder*, edited by Hans Adler and Wulf Koepke, Rochester, New York: Camden House, 2009, p. 125.

② Johann Gottfried Herder, *Ideen zur Philosophie der Geschichte der Menschheit*, Werke, edited by Martin Bollacher, Vol. 6, p. 266.

③ Johann Gottfried Herder, *Philosophical Writings*, trans. and edited by Michael N. Forster, Cambridge: Cambridge University Press, 2002, p. 50.

个感官，不同感官对同一事物的刺激所形成的知觉材料也是不同的，心灵加工整理这些知觉材料，形成人类特有的感觉，它是人类心灵构造的"外部世界"。更为重要的是，人类心灵在加工整理知觉材料以形成感觉时，在其中融入了我们的情感，带进了我们的意志，掺杂了我们的价值，体现了我们的情绪和气质，Sonia Sikka 教授指出："当赫尔德强调思想的经验根源时，他经常使用的一个词就是'Empfindung'（感觉），它的意思就是'sensation'（感觉），但这个词不能把它同感情、气质、情绪等分开来理解。"[①] 因此感觉不是外部世界的图像，而是外部世界的"形象"，是人创造的世界，赫尔德直截了当地说道："动物看见它们感官的印象，而人则看见他们自己（创造）的形象"[②]。人类的语言正是对这种人类特有"感觉"的表达，是对人类创造的世界形象的体现。显然，这种语言与那种放之四海而皆准的科学语言不同，它深深地植根于一个民族、一个时代所处其中的那个具体的生活世界，表达和体现了这个民族、这个时代对世界独特的理解。

值得进一步指出的是，按照赫尔德的语言观，语言作为感觉和形象不只是人对外部世界的创造和表达，而且同时也是对人类自我的创造和认识。因为人的生命力量作为自在的本质是空洞的和黑暗的，它必须在与外部世界打交道的过程中才能够被充实和照亮。所以人通过语言创造和认识世界的过程就具有了双重意义：一方面语言构造了外部世界形象，形成了对外部世界的知识，彰显了外部世界的精神本质；另一方面，人的生命力量在外部世界中留下痕迹，将外部世界"据为己有"，创造和确证了自己的本质。"具有感觉的人用他自己的方式来感觉万物，感觉他身外的万物，他在万物身上留下他的形象，留下他的痕迹。"[③] 人确证和认识自己本质的方式就是用语言描述所感受到的一切，用语言抓住它，照亮它："他必须表达那些他在自身之中看到和感受到的一切，这样，心灵内部的

---

① Klaus Brinkmann, *German Idealism: Critical Concepts in Philosophy*, London and New York: Routledge, 2007, Vol. IV, p. 172.

② Johann Gottfried Herder, *Werke*, Frankfurta/M: Deutscher Klassiker Verlag, 1985, Vol. 1, p. 10.

③ Johann Gottfried Herder, *Philosophical Writings*, trans. and edited by Michael N. Forster, Cambridge: Cambridge University Press, 2002, p. 188.

印象，作为可说出的符号——语言就形成了。"① 所以语言在表达外部世界的同时，也创造和确证了内在自我。这种表达和创造作为"感觉"、作为"形象"，它不是被动地从外部接受的知觉材料，而是饱含了自己的人生经验、体现着自己生命喜怒哀乐的"生活世界"。正如 Sonia Sikka 教授指出的，在赫尔德这里，"语言因此就反映了被一个能感觉、有感情和具有意愿的具体存在者所遭遇的世界，而这同时也表明这个特别的存在者的最根本的特性是'诗化'的。"② 在这里，"诗化"意谓着创造，意谓着构建，而之所以是诗化的，是因为人用语言来表达他的独特而丰富的生命感受，表达他所遭遇的或喜或悲的世界，这些表达都带着强烈的主观意味，是人所创造的一个主客交融的形象，是人生存其中的意义王国，人对世界的认识体现在其中，人对自我的理解也体现在其中。

如此理解的语言，就具有了本体的意义，因为在语言中世界得以生成，自我得以确证。具体而言，通过语言，世界对人呈现为形象，形象作为人的"悟性"综合感官与世界打交道获得的知觉材料的结果，具有两方面的意义：一方面，形象作为我们运用"悟性（整个的生命力量）"的结果，是对生命力量的一种照亮，在这种照亮中人的自我得以形成和确证；另一方面，它作为我们综合外界刺激的结果，是我们关于世界的表象，是对世界的照亮，在这种照亮中世界获得了可理解性。语言作为人与世界打交道的产物，作为自我与世界中被创造和理解的部分，既照亮自我也照亮世界，成为人与世界，光明与黑暗的交会之所。人与世界、主体与客体之间那种既同一又差异的辩证关系，就在语言中形成和澄明了，语言使人与世界都获得理解。在语言中，人成为了主体，世界成为了客体；同时通过语言，人把世界把握为形象，这个形象成为人理解自身和世界的中介，语言道说着人与世界的交会之所。

很显然，由于每个时代、每个民族生活的氛围不同，他们通过语言所创造的"形象"也相应不同，他们对自我和世界的理解也就不同，这就

---

① Johann Gottfried Herder, *Werke*, edited by H. D. Irmscher, Stuttgart: Reclam, 1979, Vol. 8, p. 420.

② Klaus Brinkmann, *German Idealism: Critical Concepts in Philosophy*, London and New York: Routledge, 2007, Vol. IV, p. 172.

是人类语言所具有的历史性。又由于语言对人有着直接的建构作用，语言的历史性也带来了人生存和理解的历史性。同时，语言对人的建构性也使得文化传统的意义被揭示出来。人的本质在语言中得以构建，人的生命意义在语言中得以照亮，这两者都必须在语言的网络中才能完成。文化传统就是这样一种语言的网络，它作为一个族群对自身与世界理解的文字表达，作为生命意义的积淀和生活世界的开显，它形成一种视界，对这个族群的成员来说，这种视界直接影响他们自我的形成和维持生命意义的稳定。基于此，赫尔德认为，一个人只有生活在他从小长大的文化传统之中他才能更好实现自己的本质，更好地维持自身的生命意义，更好地获得人生的幸福，这正是文化传统的意义所在，也是他鼓吹文化民族主义的重要根据。

通过对语言对人的建构意义的揭示，赫尔德开创了与当时主流观点不同的人性观。在这种人性观看来，人性不是一些超时空、超语言的普遍法则，而是在语言和历史中不断生成和展开的场域。

五　结　语

从以上对赫尔德人学思想的分析，可以看出，伯林认为赫尔德率先提出的在启蒙时代具有革命性的三个观念都直接来源于他对人性的独特理解。首先就表白主义而言，赫尔德认为人的生命力量作为自在的人的本质是空洞的和黑暗的，它必须在外部事物上打下痕迹，实现出来，才能得以确证和照亮，所以人必须用一种方式来实现自己，确证自己，自我表达是人的根本需要，也因此具有根本的意义，这就是伯林指出的赫尔德的表白主义，它来源于人性的需要。其次是归属观念。由于一个人生活其中的氛围和与此氛围相适应的文化传统决定了他的自我理解，对他的生命意义有着本质的重要性，一个人必须属于一个群体实质上是指一个人必须属于一个文化共同体，这个文化共同体由一定的氛围和相应的文化传统构成，因此个人需要归属一个群体其实是人性使然。再次，由于不同时代、不同民族生活的氛围不一样，在此基础上形成的文化传统也很不相同，这些文化传统只有在对应的氛围中才能理解，不同文化传统之间不能脱离对应的氛围做抽象的比较，这种比较既是不可能也是不应该的，所以真理是多元的，价值也是多元的，这种多元建立在语言的历史性之上，建立在人生存和理解的历史性之上。

赫尔德将人性理解为在语言与历史中展开的场域，是他与启蒙思想家根本的区别，这个区别成为理解他们之间其他分歧的基础。

自由意志与物理世界的相互作用

蔡恒进[*]

一 物理方程与自由度

从宇宙大爆炸开始,恢宏的历史长卷就展开了。人类对于暗物质和暗能量等概念的研究还不是十分清楚,但物理世界的总体脉络已经比较明晰,宇宙的演化是由物理方程来控制的。早期的牛顿运动方程($F = ma$)就是一个简单的线性方程。90年前我们的认知深入微观世界,薛定谔也给出了一个线性方程。我们还有可能需要把超弦理论等其他因素纳入考虑,即便如此,我们仍然确信整个宇宙、物理世界是由方程控制的。

这就意味着,对于一个系统而言,若给定了初始条件和边界条件,那么该系统的物理演变在理论上就是确定的,也才会有决定论的宇宙。将宇宙视作一个系统,一切从大爆炸开始演化而来,从方程控制的意义上说宇宙属于决定论的。

人体本身就是由一堆电子、原子组成,这些粒子因而也受到方程的控制,人类的行为动作都满足物理定律,那我们还有没有自由意志呢?如果有,自由意志又是在哪里起作用的?这个问题在哲学上并没有统一的答案,很多哲学家认为自由意志属于"绝对理念"或一些类似的范畴,譬如"天"或"心",等等。康德认为可以将这些问题搁置起来,假设"自由意志"或"先验"存在,然后在此基础上去研究别的问题。包括很多后现代的哲学家,都把这个问题搁置起来。

---

[*] 作者简介:蔡恒进,武汉大学国际软件学院教授、博士生导师。

在科学研究领域，有关"自由意志"的课题不容易得到资金支持，评审组可能认为这类课题研究的内容太过虚无缥缈。但是，人类制造的机器越来越强大，AlphaGo 在围棋上对战世界冠军李世乭取得胜利，令人震惊。我们造出来的机器最终会变成什么样子、发展到什么地步，无人能知。盖茨、马斯克、霍金等人都曾警告说，人类亲手制造出来的机器可能把人类自己毁灭掉。举一个简单的例子，假如机器接受了一个任务指令，它能够把任务做到极致，比人快很多，在人类还来不及反应的情况下把人类强行抹掉，就如同我们清除垃圾邮件一样，这种情形也是有可能性的。也就是说，机器不一定要有很高的智能，而是只要机器的行动足够快，且有一定的学习能力，就可以做到毁灭人类。基于这个威胁论的存在，我们必须回答"自由意志是否存在"等基本问题。

人类属于物理世界的一部分，行为也受到物理方程的约束，看起来似乎不可能存在自由意志。我们认为，虽然方程很严格，但是依然存在很多自由度，这些地方就类似于动力学系统中的"鞍点"。鞍点可以这么理解，假设在马鞍面中间的地方放一个小球，我们会发现这个小球可以向左滑，也可以向右滑，且需要的能量几乎为零。有三种因素会让鞍点处的演化变得不那么确定：随机噪声、量子涨落和自由意志。从物理学的角度，假如有随机噪声或量子涨落的存在，小球肯定不会保持静止，它一定会掉下来。假如说有一个具有自由意志的智能体（agent），以稍微一点点（接近于零）的能量推一下，那么就能决定小球滚动的方向。在鞍点向左或向右推动耗费的能量都接近于零，但结果可以完全不同，且运动依然满足物理定律，因此鞍点可能是自由意志的一个切入点。

有一个哲学问题是"布里丹毛驴效应"。假如一头驴子恰在两捆一模一样的稻草的正中间，毛驴应该如何选择？从哲学上说它可能饿死，但实际上毛驴一定会作出选择，任意一边都有可能，这种情况下我们可以看作有自由度在起作用。这与"鞍点"是一个道理。

二 自我意识的产生

不少研究者希望通过物理还原的办法探寻自我意识的产生，但在分子和原子的层面，这样的努力还未成功，因此他们进一步追溯到量子效应的层面寻找答案。例如，Mattew Fisher 就笃信人的意识、记忆和思维都是量子纠缠的，因此他努力寻找量子纠缠的实体，并试图在人类大脑的环境下，了解延长量子纠缠时间的效应。

可是，在 Hoffman 看来，意识不大可能是从大脑神经网络涌现出来的，而且知觉不是为了认识现实而是为了繁衍后代而存在。他还假定意识是宇宙最根本的存在，所有的现实是意识的反应。现实就像 3D 桌面，而这个 3D 桌面是为了隐藏真实世界的复杂性而存在的。现实可能是一个巨大的网络，链接所有的自由意识个体。Hoffman 的观点在逻辑上可能成立，但我们的观点是，自由意识可以存在，且不必依赖量子的特性。人大概有 140 亿个脑细胞，40 亿神经元（neurons），神经元之间有很多连接。虽然 IBM 能够模拟神经元，使一个神经元可以与另外一千个进行连接，但真实的情况更复杂，一个神经元不仅可以和周围连接，还可以延伸得很远。人脑中有 100 多万亿个连接，相当于约 1000TB 的存储量，其复杂程度可以想象。正因为如此复杂，我们认为从哲学层面切入可能获得一些深入的发现。

通过研究一系列社会现象，我们首先提出了"自我肯定需求"理论。在这套理论体系中，"自我"成为了一个很核心的内容，那么我们就需要理解"自我"从何而来，对此我们提出了"触觉大脑假说"。婴儿出生的时候大脑 370g，而且大脑里的神经元数目基本上已经固定了，但是神经元之间的连接很少或很弱，需要在出生后才能快速成长。人的脑重在 3 岁已经接近成人，在 5 岁的时候，突触的数量达到顶峰。我们认为在这个过程中，假如有强烈的刺激，会对个体有影响。有人认为视觉刺激很重要，但实际上触觉刺激更重要。因为触觉刺激与内分泌系统比较紧密，比如疼痛、冷暖之类的感觉与内分泌能直接对应。也正因如此，婴儿才能产生我是我、外界是外界这种自我和外界的区分，这种"自我"与"外界"的剖分实际上这就是"原意识"，这是所有意识的起点，能够把自我和外界区分开。

有一些例子可以说明皮肤对智能的形成更重要。比如说，小鸡出生的时候，就会觅食，羽毛很快就长出来。对比之下，乌鸦出生的时候是很软弱的，它的羽毛要过几周才能长出来，显而易见的是，乌鸦的智能比小鸡更高，掌握的技能也比小鸡更多，这些都不是因为大脑的容量而引起的智能差异，它们的差异可能就是因为乌鸦出生后皮肤暴露在空气中，相比小鸡有更强自我和外界的区分。恐龙生存了一亿七千万年，进化出很多的形态，但没有证据表明恐龙是有智能的，为什么自然界给了恐龙足够的时间但是却没高级智能？恐怕是因为恐龙没有进化出一支皮肤敏感、自我意识又足够强的种类。这也就意味着，人类能够产生高级智能是因为敏感的皮肤促生了强烈的自我意识，因此人类不仅是唯一具有高级智能的物种，也是唯一需要穿衣服的物种。我们是从进化（而不是个人发展）的意义上来讲，触觉更重要。佛家说"眼耳鼻舌身意"，眼是摆在第一位的。这个"眼"字代表视觉，通常我们都觉得视觉很重要，但视觉其实是更晚期的进化产物，而且相比于触觉，视觉和内分泌系统的关联较小。在自然界中，人的皮肤十分敏感，毛发很少，外界的刺激对人类而言很强烈。有敏感的触觉，就会有比较强烈的自我意识，通过代际迭代，二者之间的关系会越来越强。

人对世界的认知，起始于"自我"和"外界"的剖分，这个剖分是我们建立的第一个模型。一旦意识到"自我"的存在，就不会被证伪，"我"一直都在。笛卡尔也早就意识到，人可以怀疑任何东西，但是不能怀疑自我，因为发出疑问的主体就是自我。这个剖分是一个对所有人都适用的模型，所以把它定义为原意识。复杂的概念最先都是从二元剖分来的，而且对世界的认知是在同一性和差异性之间来回迭代。

在认知早期，人的皮肤就是稳定而显著的"自我"与"外界"的边界，但随着经验的增多，"自我"与"外界"的边界不再停留在皮肤上。假使一个智人采了一个水果拿在手里，他一定不希望别人把它抢走，更强势的人可能会认为这棵树上的苹果都是自己的，最好别人都不要来采。很多动物也有领地意识，会觉得某个地盘是自己的，其他动物不要过来惹它。这可以看作"自我"的向外延伸。汽车是我们腿的延伸、电脑是大脑的延伸、工具是手的延伸……这意味着，现在我们常说的"自我"或者心灵（mind），都已经抽象化了，不再停留在原来的皮肤上。

"自我"与"外界"的边界也可以向内收缩。假如一个人失去了手臂或腿，他也不会觉得"自我"少了一块。"自我"或心灵是一个很抽象的存在，它在哪里我们并不知道。一个共同体甚至是一个国家本质上也是一个"自我"的存在。"自我"与"外界"的边界既可以向外走，又可以向内走。这就导致了两个后果,一是自我的概念可以脱离物理世界和现实束缚存在;二是很难被发现,因为边界不清晰而且处于动态变化之中。中国人讲的盘古开天辟地,是把天和地给分开,实际上,把"自我"和"外界"分开才更有意义,才是真正的混沌初开。

三 自由意志的实存

人类有关于"自我"的意识或观念,这种观念是一个抽象的存在,一些物理现象的集合可以与之相对应,但又不完全是由粒子或物理条件所决定的。对"自我"的意识或观念,在个体成长的最初阶段是从皮肤这一物理边界形成的,且这种观念一旦形成,"自我"就会脱离原来的物理边界的束缚,开始生发。一方面,"自我"在生发的过程中能够影响物理世界;另一方面,这种影响能够继续被"自我"感知从而加深对"自我"的观念。

确定了"自我"的存在,自由意志也开始形成。不论最初触发"自我"生发、产生行为冲动的触发点是否为物理因素,"自我"已经决定要做出(一系列)行动,这些行动可以真实地影响物理世界,且影响的结果能够符合"自我"的预期,并被"自我"感知到。因此"自我"就产生了能够按照自己的意识行动并影响世界的观念(自由意志),并且接下来的行动触发点极大可能就完全出于"自我",而最初的那一次触发究竟是源自物理的或是其他因素,对"自我"而言已经不再重要,关键是"自我"已经能够自主地触发行为,并通过一次次真实地感知到预期的结果,不断加深对"自由意志"的确信。

自由意志能对物理世界产生实际的影响,不仅符合"自我"的预期,而且一定符合物理规律。因为产生预期的根据来自于"自我"与"外界"的交互,随着交互加深、经验积累,我们对"外界"的物理规律有了越来越丰富的认识,预期会越来越准确。在"自我"生发的(尤其是最初的探索)过程中,也可能出现自由意志的结果与预期不符的情况,但这种经验会随着与外界的进一步交互而被修正,迅速被后继的、更准确的预期经验覆盖。

涉及社会现象、社会行为,自我意识需要不断通过外界的肯定来承认自我。我们有这么一种需求，假如总是没有外界刺激，像国家总是不打仗、没有任何纠纷的话，国家的意识会逐渐削弱，个体也是一样。这种需求叫作"自我肯定需求"，它是刚性需求，其最重要的表现就是它的评价高于个体认知范围的平均水平。自我肯定需求是一个比较性的、社会性的需求，它是自我历史的纵向比较，也是与他人、与周围的横向比较。它可以看作人类发展的动力，也是人类社会诸多矛盾的起源，而且这个矛盾是不可磨灭的。佛家讲要去掉"我执"，但一个人去掉"我执"以后"自我"就消散掉了，不再具备人的基本属性。佛家的"我执"、基督教的"原罪"可以归为自我肯定需求。

我们和外界的关系很复杂，我们用世界万象来观照自己，又凭借自由意志影响世界。在这个交互的过程中，自我意识不断地升华，不断地形成一个保护层，我们称其为"认知膜"。认知膜有一个特征，像细胞膜一样，是保护自我认知的。这个世界上发生那么多事情，人们能够感知的、愿意接受的，实际上很有限。认知膜的作用简单来看就是过滤。这个认知膜既可以存在于个人层面，又可以存在于组织层面，还可以存在于国家和文明的层面。

四　自由意志对物理世界的作用

人类如何在满足物理规律的情况下，通过自由意志对物理世界产生作用呢？我们可以通过高台跳水的案例来理解这一过程。没有受过专业训练的人可能动作十分滑稽，但如果是一个技术一流的运动员，他就可以姿态优美地跳入水池。物理规律的约束在于，当运动员离开跳台（假定空气影响不计），他的运动轨迹一定满足牛顿方程，人体重心的轨迹一定呈抛物线。即使如此，运动员依然可以自由调整他的身体姿势，选择不同的姿态入水，这个过程的细节就由他自己控制，这就是自由意志的体现。

如果继续追问，一个人怎么做这些姿势？为什么要这么做？如果一直朝前追溯，要把所有的原因都追出来也是可能的。假如我们纯粹从物理学观点来分析这个运动员，把所有细节都用物理方程的方式形成一条完整的因果链，会一直连到宇宙大爆炸那一刻去。当追溯到宇宙大爆炸，那个时候任何一点变化都有可能影响现在的决定。这种追溯不仅不现实，而且对我们分析当前运动员的行为也没有帮助。与其如此，我们不如采取另一种观点，即认为运动员具有自由意志，他自己在决定怎么做动作，所以他的入水是如此优雅。

　　自由意志一旦产生，就会影响我们的行为，从而影响乃至改变物理世界。巴菲特决定投资华盛顿邮报，并且有足够的资金来支持并且参与其管理，这笔投资就会成为一个成功案例，这也就是巴菲特的个人意志对外界的作用。类似地，马斯克投资 Space X、Tesla、Solar City，这是他个人意志的体现，Apple 很大程度上也展现了创始人 Steve Jobs 的自由意志。腾讯投资斗鱼，就会提供资金和渠道，帮助斗鱼发展。

　　投资是人类的重要行为，能深刻地反映人性，也展示了自由意志对于我们自身和世界的深刻影响。从 20 世纪 90 年代开始记录的道琼斯互联网综合指数走势图可以看出，90 年代开始的互联网泡沫，指数突增很多，接下来是泡沫破灭，人们赔得很惨，再往后是缓慢的增长。类似这种自由意志改变历史进程的事件历史上还有很多，那么到底是英雄创造历史还是人民创造历史？大多数经典作家相信人民创造历史，但同时也相信真理往往掌握在少数人手里。在 90 年代，在互联网公司刚开始上市的时候，大家都不怎么相信这些关于眼球经济的故事，质疑既然不赚钱为什么公司值那么多钱。但随着股价的飙升，人们开始由疑惑变成接受。结果所有人都买了互联网股票，连美联储都同意说进入了新经济时代。但泡沫终于破灭，股票价值也随之跳水，大家很多的钱都打了水漂。这个故事本身的方向还是对的，前面是少数人讲故事教育大众，后边是普罗大众真的参与进来，然后才真的是赚钱，今天，互联网股价的指数基本回到了泡沫顶端的水平，我们也可以想象今后还会涨得更高。应该说，是提出愿景的精英和进行认同的普罗大众共同创造了历史，这是人类作为一个自我意识整体的作用过程，亦是人类全体自由意志发挥作用的体现。

五　结　语

　　通过触觉大脑假说，我们理解到自我意识诞生于"自我"和"外界"的剖分。因为人的皮肤非常敏感，更容易产生强烈的自我意识，在探求"自我"与"外界"的关系的过程中就产生了高级智能，进而有了主观能动性或自由意志。人的自由意志不仅仅塑造了人类历史，本质上也参与到了整个宇宙的演化之中，发展到一定境界，人就可以达到"从心所欲而不逾矩"的状态——即使有物理规律的约束，我们还是可以很优雅地生存，展现自己的意志，从必然王国走向自由王国。

"主体"与"结构"的双重变奏[*]
——马克思社会形态演进动力论的建构

李 聪[**]

社会形态的演进动力一直是社会历史问题研究的核心问题之一，也是众多思想流派之间论争的重大主题。马克思的社会形态的演进动力论就是在整个欧洲由"科学主义"和"人本主义"交织的文化之网中，经过历史主义、浪漫主义、青年黑格尔派的自我意识、行动哲学以及达尔文的进化论等思想的浸润而成。如果把这些时代精神看作马克思社会形态演进动力论形成的思想背景，而在这种背景下，马克思又是如何建构起自己的社会形态演进动力论的呢？

一 酝酿：1835—1844 年

首先需要明确的是，马克思在青少年时期并没有直接使用过"社会形态"的术语。直到 1852 年 5 月的《路易·波拿巴的雾月十八日》，马克思才正式使用了"社会形态"一词，并且也没有用"动力"来表达这种社会形态的演进。但这并不意味着青少年时期的马克思没有对社会形态演进动力进行分析。从广义上讲，关于社会历史变迁的观点却处处体现在马克思的文本中。本研究就是在广义理解的基础上，以时间的先后对马克思社会形态演进动力论的相关文本进行分析。

---

[*] 基金项目：中国博士后科学基金第 57 批面上资助（编号：2015M572059）。

[**] 作者简介：李聪，复旦大学法学博士，山东大学马克思主义学院博士后；泰山学院思想政治教育学院讲师。

（一）"定在"中的自由

马克思最早期的文本是一些诗歌作品。诗歌主要是写给自己的父亲以及恋人燕妮的。而马克思的这些早期的文本对探究马克思社会形态演进动力论有什么关联呢？从最早的诗歌《人生》和《查理大帝》，到后来马克思写给父亲的诗歌，这些诗作总的风格就是浪漫主义和一种深沉的悲剧意蕴。其实马克思的这种自小的浪漫主义情怀与后来马克思接受包括卢梭在内的浪漫主义思想找到了心理根据。

马克思少年拉丁语作文中则直接发表了对社会历史"阶段"最初观点。而少年马克思在诗歌创作中又表现出浪漫主义主体意识，以及在拉丁语作文中表现出对社会历史发展进行的阶段性划分的历史意识。但此时的马克思的"主体"还不具有阶级意识和革命倾向，此时的历史在马克思心目中也还是一种以抽象价值进行评价的对象性存在，而不是一种演进意义上的规律性判断。接下来，在马克思进入大学到写作博士论文以及大学毕业从事新闻工作所发表的一些争取自由权力的文本中，一直到马克思在青年黑格尔派和赫斯行动哲学的影响下所写的《关于费尔巴哈的提纲》中，都充溢着对主体推动社会形态演进的思想。

在博士论文中，马克思通过比较伊壁鸠鲁和德谟克利特的自然哲学，论述了伊壁鸠鲁的原子运动比德谟克利特的原子运动多出的"偏斜"运动，从而肯定了"定在"中的自由。这其实突出了人的自我意识，一种人的自由性，并把自我意识看作人的本质。他认为，没有任何神可以同自我意识并列，人的自我意识具有最高神性。所以，对神的存在的证明不外是对人的本质的自我意识存在的证明。马克思论述了主体的这种自主意识，"在这个意义上说，对神的存在的一切证明都是对神不存在的证明，都是对一切关于神的观念的驳斥。"[①] 虽然此时的马克思还主要是继承了法国启蒙运动以来的理性精神，但他已经注意到了自由中的"定在"。即精神的自由不是没有条件、毫无约束的，而是处于一定的制约之中。这其实可以看作马克思唯物史观的一种朦胧的表达。因为对这种"定在中的自由"的分析已经开始证明马克思意识到思想观念其实是限制在一定的

---

① 《马克思恩格斯全集》第1卷，人民出版社1995年版，第101页。

物质基础所决定的社会关系之中的。不过，从博士论文写作的时间和马克思此时所接受的精神资源来看，此时的马克思还主要是表达了一种对主体性"自由"的最朴实的诉求而非对"定在"的高度关注。

从马克思1841年大学毕业到1843年3月17日马克思发表声明退出莱茵报编辑部这段时间，是马克思的思想发展的"莱茵报"时期。在这个时期，马克思把"自由"看作人的本质。在反对书报检查争取出版自由的斗争中，马克思把自由看作人所固有的东西，提出"自由确实是人的类本质"[①]。在这个基础上马克思通过诘问的方式对书报检查制度提出控诉："难道自由不是全部精神存在的类本质，因而也就是新闻出版的类本质吗？"[②] 这反映出马克思此时还主要是站在民主主义的立场上对言论自由的诉求和对封建专制的反抗。在他看来，改变德意志专制体制的动力就是一种建立在批判基础上的一种主体性力量。此时他只是看到了"批判的武器"还没有真正认识到"武器的批判"。这暗含着马克思对社会历史发展的推动力还主要是寄托于对自由精神的倡扬。而与此同时，马克思也提出应该以现实的人为基础从社会关系出发去把握人的本质。所以，他认为人的"特殊的性格"的本质不是"它的胡子、它的血液、它的抽象的肉体，而是它的社会特质"[③]。当然，此时的马克思还没有从一种原则性的哲学高度来对社会历史发展做出一种必然性论断，这一状况一直到马克思在费尔巴哈的唯物主义的影响下，开始对黑格尔的客观唯心主义体系提出质疑。在《黑格尔法哲学批判》及其"导言"以及《神圣家族》等文本中，马克思开始逐步提出一种社会形态演进的结构性推动力量，紧接着在《1844年经济学哲学手稿》中，马克思对于人类社会演进道路的认识主要还是用人的本质的"异化"和"复归"的过程来描绘，对"私有财产"向"共产主义"的演进趋势，在这时已经开始做了说明。他指出："共产主义是对私有财产即人的自我异化的积极的扬弃，因而是通过人并且为了人而对人的本质的真正占有。"[④] 同时马克思把人类社会形态的演进分为"异化前""异化"和"异化后"三个阶段。在随后的《詹姆

---

① 《马克思恩格斯全集》第1卷，人民出版社1995年版，第167页。
② 同上书，第171页。
③ 《马克思恩格斯全集》第3卷，人民出版社2002年版，第29页。
④ 《马克思恩格斯文集》第1卷，人民出版社2009年版，第185页。

斯·穆勒〈政治经济学原理〉一书摘要》中，马克思对人的本质做出新的界定："人的本质是人的真正的社会联系"①。在马克思看来，这种联系本身既非观念联系，也非感情联系，而是现实的经济利益联系。其实这也标志着马克思对于人的本质的见解开始由原来的抽象意义上的人，向现实的在物质生产关系中的人转变。所以才有在《关于费尔巴哈的提纲》中马克思直接把人的本质定位为"社会关系的总和"。在马克思看来，这种社会关系是人在积极实现人的本质过程中实现其存在的直接产物。所以，他认为"我们的生产同样是反映我们本质的镜子"②。这些文本本身都是处于马克思由对静态的人道主义意义上"人"向推动社会历史前进的"主体人"转变过程中。因为在马克思看来，"改变世界"要比"解释世界"更加重要和迫切。

（二）主体实践

社会形态的演进动力在马克思的文本中还表现为对主体推动社会形态演进的高度重视，而主体推动社会形态演进主要表现为马克思对实践的高度重视。早在《1844年经济学哲学手稿》中，马克思已经开始使用实践概念，不过那时他把实践主要理解为劳动，理解为人的本质力量的对象化活动，即感性活动。这一看法无疑受到了黑格尔与费尔巴哈的影响，但又有根本区别。黑格尔理解的对象化是精神的外化和自我复现，费尔巴哈所理解的感性活动是纯粹利己主义的、现成的自然性活动。马克思所理解的对象化则是切切实实的人与自然关系中，人通过劳动改变自然界的生存活动。这其实内含着主体通过实践对现实社会演进的一种改变作用。马克思所理解的感性活动是"历史生成"。所以，马克思说："因此，历史的全部运动，既是这种共产主义的现实的产生活动，即它的经验存在的诞生活动，同时，对它的思维着的意识来说，又是它的被理解和被认识到的生成运动。"③这就是说，劳动的历史生成，既是现实感性的，又在其中发生着理解的认识行为，这也就是马克思所说的"感觉在自己的实践中直接

---

① 《马克思恩格斯全集》第42卷，人民出版社1979年版，第24页。
② 同上书，第37页。
③ 《马克思恩格斯文集》第1卷，人民出版社2009年版，第186页。

成为理论家"①。

　　随着马克思认识的不断深入，在马克思和恩格斯合写的《神圣家族》中，实践概念更多地取代了劳动的概念，其涵盖面扩延到工人的生产劳动、市民社会中的工商业经营以及革命阶级的社会变革等许多方面，并通过对现实的一些观察，马克思开始不满意于费尔巴哈的抽象人本学，对费尔巴哈的批判就此展开。

　　当马克思通过写作《关于费尔巴哈的提纲》对费尔巴哈静态人本学展开批判时，也就意味着马克思对改变社会历史演进的主体态度发生变化，开始走出费尔巴哈的影子，在文本词汇上摒弃了"类本质"的提法，对人的观念由普世意义上的"抽象人"向"现实人"过渡，得出"人的本质并不是单个人所固有的抽象物，在其现实性上，它是一切社会关系的总和"②的重要论断。这一论断既是一个科学抽象，又是一个思维具体。这一论断不仅从根本上把人和动物区别开来，而且把不同时代、不同阶级和阶层的人相互区分开来。这反映出马克思对人的本质认识开始由抽象向具象，由理想向现实转变。可见，《关于费尔巴哈提纲》通篇都在倡导一种人的行动主义实践，并将实践明确界定为现实的、感性的活动，即前面所提到的"环境的改变和人的活动或自我改变的一致，只能被看做是并合理地理解为革命的实践"③，并提出"全部社会生活在本质上是实践的。凡是把理论引向神秘主义的神秘东西，都能在人的实践中以及对这个实践的理解中得到合理的解决"④。这种主体的实践其实正是改变社会形态演进的主体性力量——社会形态演进的动力在这里得到一种彰显，一种对主体改变世界的而不只是解释世界的理论诉求。而更重要的是，从西方哲学思想演变的历程来看，马克思通过对实践观念的强调，从根本上实现了一种哲学革命，从存在论的角度终结了欧洲自笛卡尔以来的主客二分的惯性思维。同时，马克思这种看似激进的通过主体性来推动社会前进的想法在接下来的文本中显示出了一种重大的历史跳跃——一种更加确定性的阐述出现了。这种阐释具有了一种通则性和历史哲学的意味，就如同索绪尔通

---

①　《马克思恩格斯文集》第 1 卷，人民出版社 2009 年版，第 190 页。
②　同上书，第 1 页。
③　同上书，第 500 页。
④　同上书，第 501 页。

过语言学研究发现了结构主义原则、皮亚杰通过分析儿童的心智和现实经验相互作用发现了"认识发生论"原理一样，马克思解释社会历史演进的动力原则——以唯物主义历史观为表象的结构性动力呼之欲出了。这种伟大的创新性思维表现在马克思和恩格斯合写的《德意志意识形态》之中。

二　发展:1845—1848 年

如果说青少年时期的马克思主要是通过诉诸主体理性和主体实践性来分析社会形态的演进动力，而从马克思和恩格斯合写的《德意志意识形态》里，这种广义的"革命的"实践则被进一步理解为整个现存感性世界的基础。即政治、法律、道德、宗教以及人的各种思想观念"都是从人们生活的历史过程中产生的"①。因此，从 1845 年至 1848 年，马克思关于社会形态演进的动力论开始发生重大的理论转向。

（一）生产力推动

社会形态演进动力论作为马克思唯物史观的基础，是马克思在批判黑格尔的法哲学以及青年黑格尔派的唯心主义基础上建构起来的。马克思批判唯心史观是把人类社会的演进看作"绝对观念逐步实现的东西"②或"例证和插图的汇集"③。开始把社会形态演进的推动力从"天上"拉回到"尘世"，并进一步揭示出社会历史发展同自然界一样是由客观规律所支配的"自然历史过程"。开始认识到物质资料的生存方式在社会历史发展中的决定性意义，并由此出发探索社会历史发展的动力。这在马克思与恩格斯在 1845 年 9 月至 1946 年夏完成的合写的《神圣家族》中已初露端倪。在《神圣家族》中，马克思恩格斯通过批判鲍威尔的英雄史观而阐释了群众史观，赋予无产阶级作为主体推动社会形态演进的历史使命。而在《德意志意识形态》中，马克思已经开始转变为较为详尽地阐释生产

---

① 《马克思恩格斯文集》第 1 卷，人民出版社 2009 年版，第 525 页。
② 《马克思恩格斯文集》第 4 卷，人民出版社 2009 年版，第 278 页。
③ 同上书，第 283 页。

力和生产关系、经济基础和上层建筑之间的矛盾运动推动社会历史演进的"结构主义"思想，并在此基础上初步考察了"部落所有制"等几种不同的历史发展阶段。

有的学者认为这是马克思、恩格斯对全人类历史一般都要经历的原始公社制、奴隶制和封建制这三个阶段的最初的、还不够完善的表述。而庞卓恒先生则认为"这是误解"，认为应该"首先需要看到马克思、恩格斯做此论说的历史背景和语境是，他们当时主要是为了驳斥以鲍威尔等人为代表的青年黑格尔派的唯心史观，和费尔巴哈从机械唯物论转轨的唯心史观。指出历史并不是他们想象的观念演化史，而是人们的生产力及其决定的分工和包括所有制在内的'交往方式'从低级向高级发展的历史。"① 笔者同意庞先生的观点。因为马克思在写作《德意志意识形态》时并不主要是想表明社会形态的演进阶段，而是在强调社会形态演进的基本动力，也就是从生产力的角度来理解社会形态演进的动力。

马克思在1859年出版的《〈政治经济学批判〉序言》中，在《德意志意识形态》中对社会结构分析的基础上，对这种总体性的推动社会形态演进的"结构性动力"进行了更具体的阐释。他分析说："法的关系正像国家的形式一样，既不能从它们本身来理解，也不能从所谓人类精神的一般发展来理解，相反，它们根源于物质的生活关系，这种物质的生活关系的总和，黑格尔按照18世纪的英国人和法国人的先例，概括为'市民社会'，而对市民社会的解剖应该到政治经济学中去寻求。"② 在表明了自己研究政治经济学的心理动因之后，马克思接着又进行了总结性的分析："人们在自己生活的社会生产中发生一定的、必然的、不以他们的意志为转移的关系，即同他们的物质生产力的一定发展阶段相适应的生产关系。这些生产关系的总和构成社会的经济结构，即有法律的和政治的上层建筑竖立其上并有一定的社会意识形式与之相适合的现实基础。"③ 所以，马克思得出一个带有"结构"意味的结论："物质生活的生产方式制约着整

---

① 庞卓恒：《马克思社会形态理论的四次论说及历史哲学意义》，《中国社会科学》2011年第1期。
② 《马克思恩格斯文集》第2卷，人民出版社2009年版，第591页。
③ 同上。

个社会生活、政治生活和精神生活的过程。不是人们的意识决定人们的存在，相反，是人们的社会存在决定人们的意识。"① 而更为重要的是，在这些叙述的基础上，马克思紧接着对社会形态演进的动力进行了阐释："社会的物质生产力发展到一定阶段，便同它们一直在其中运动的现存生产关系或财产关系发生矛盾。于是这些关系便由生产力的发展形式变成生产力的桎梏。那时社会革命的时代就到来了。随着经济基础的变更，全部庞大的上层建筑也或慢或快地发生变革。"② 所以，"无论哪一个社会形态，在它所能容纳的全部生产力发挥出来以前，是决不会灭亡的；而新的更高的生产关系，在它的物质存在条件在旧社会的胎胞里成熟以前，是决不会出现的。"③

由以上分析可见，马克思在《德意志意识形态》中分析社会形态的历史演进时仿佛社会形态的演进是一种客观必然性的规律性演进，各个社会形态的交替仿佛是呈现一种由生产力推动进而产生的多米诺骨牌效应。这给人一种社会形态演进无主体的感觉，仿佛在生产力的推动下，人的精神结构最后也要随着经济结构的改变而发生改变。所以，这种无主体过程恰恰证明了马克思对社会形态演进的"自然历史性"的断言。即社会历史演进的动力来自于一种无主体的生产力和生产关系、经济基础和上层建筑之间的辩证矛盾，如同马克思所说："按照我们的观点，一切历史的冲突都根源于生产力和交往形式之间的矛盾。"④ 可见，在马克思看来，生产力与交往形式间的矛盾存在，已经不单单是一种社会实践意义上的现象，而是上升到一种本体论意义的哲学高度——这种矛盾不仅决定着不同形式所有制的变更，而且还是经济政治思想文化斗争的根源。在这里马克思强调的这种社会历史变迁的结构性动力其实就是生产关系一定要适用生产力发展的规律。

概言之，马克思在《德意志意识形态》中，以自己独特的"存在论"给思想史中的一切唯心主义社会形态演进动力观以沉重的打击。马克思始终站在现实的基础去建构范畴，从物质实践来解释观念。所以，马克思在

---

① 《马克思恩格斯文集》第2卷，人民出版社2009年版，第591页。
② 同上书，第592页。
③ 同上。
④ 《马克思恩格斯文集》第1卷，人民出版社2009年版，第567—568页。

《德意志意识形态》中，以现实的人的物质资料生产取代《1844年经济学哲学手稿》时期的理想的人的自由自觉的活动。相应地，他以"现实的人"的现实本质取代《1844年经济学哲学手稿》中理想的人的"类本质"。从这个角度看，马克思反过来开始用具象取代了抽象、用个别代替了一般、用唯名超越了唯实。所以，在《德意志意识形态》时期，作为社会形态演进动力的"主体性"在马克思的思想建构中已经开始被"遮蔽"和暂时性"隐退"，成为结构性总体中的一种只有在"上层建筑"中还能看到踪影的存在。这时的思想上层建筑已经不表现为实践性的人，而是作为人类精神意识的道德哲学美学观念等形式而存在了。可见，作为推动社会形态演进的重要动力的主体性，开始由"自我意识"到"自由"再到"自由自觉的活动"，然后就是"社会关系的总和"。当马克思的唯物史观完全确立之时，人的本质已经和现实的"物质生活资料生产""劳动"相联系了。所以，马克思在《德意志意识形态》中，开始立足于特定的实践和社会关系所形成的动态网络系统寻找人的动态坐标。这个从"抽象的人"转向"现实的人"的过程，就视角转换来看，实质上是从早期的"个体和类"进入"个体和社会"，这反映了马克思的人的本质观发展的思想轨迹。

总之，此时的"主体性"在宏达的理论叙事面前势必被遮蔽，因为在所谓的铁的社会历史规律面前，主体只是暂时退出了历史的后台。紧接着，在《哲学的贫困》中，马克思强化了在《德意志意识形态》中这种"无主体"的社会形态演进，认为"手推磨产生的是封建主为首的社会，蒸汽磨产生的是工业资本家为首的社会"①。在《共产党宣言》中又利用唯物史观的基本观点阐述了封建主义资本主义等各种社会形态的演进。不过，在《共产党宣言》中，马克思对工人阶级充当资本主义掘墓人的历史使命深信不疑，并且对无产阶级发挥自己的主观能动性推动社会形态的历史演进充满了信心。而马克思在稍后的《雇佣劳动与资本》一书中却又明确指出："……古典古代社会、封建社会和资产阶级社会都是这样的生产关系的总和，而其中每一个生产关系的总和同时又标志着人类历史发

---

① 《马克思恩格斯文集》第1卷，人民出版社2009年版，第602页。

展中的一个特殊阶段。"① 在这一系列论述中都蕴含着丰富的关于社会形态演进动力的相关内容,只不过此时表现出的是一种由生产力发展引起的矛盾性动力压倒由主体能动性推进社会历史变革的整体态势。

(二) 阶级斗争

通过以上文本分析可知,在《德意志意识形态》中,马克思试图通过科学主义的方式建构一种对社会历史演进的一揽子解释框架。在这种框架结构中,生产力和生产关系、经济基础和上层建筑的矛盾运动形成了社会形态演进的动力系统。这仿佛给人形成这样一种错觉:马克思关于社会形态的演进是一种"无主体"的动力系统,好像马克思论述的只是一种历史哲学意义上的总体性的框架,而和作为主体的人无关。这其实是一种误解,即使在以论述唯物史观为主旨的《德意志意识形态》中,也在彰显作为社会历史演进动力的主体性作用。马克思说:"我们首先应当确定一切人类生存的第一个前提,也就是一切历史的第一个前提,这个前提是:人们为了能够'创造历史',必须能够生活。但是为了生活,首先就需要吃喝住穿以及其他一些东西。"② 马克思在此基础上其实开始进一步引出:"因此第一个历史活动就是生产满足这些需要的资料,即生产物质生活本身,这是人们从几千年前直到今天单是为了维持生活就必须每日每时从事的历史活动,是一切历史的基本条件。"③ 笔者认为马克思在这里强调的其实是一种作为主体人,在改变社会历史过程中的能动性活动。但在《德意志意识形态》中,马克思对主体能动性对社会形态演进的推动作用被马克思所建构的结构性的历史框架所遮蔽。而现实的社会历史发展却又为马克思进一步表述推动社会形态演进的主体实践性动力提供了契机,而这种主体性表述的历史背景就是1848年的欧洲革命。在这场革命中,马克思受无产阶级团体共产主义者同盟委托开始为其起草章程。这个章程就是马克思恩格斯表明其社会形态演进动力观点的《共产党宣言》。

---

① 《马克思恩格斯文集》第1卷,人民出版社2009年版,第724页。
② 同上书,第531页。
③ 同上。

在《共产党宣言》中,马克思主要是通过两种论述方式来表明自己关于社会历史演进动力的基本观点。一是表明社会历史发展的主体性动力是通过阶级斗争的方式来实现的。在《共产党宣言》中,马克思开头就写道:"至今一切社会的历史都是阶级斗争的历史。自由民和奴隶、贵族和平民、领主和农奴、行会师傅和帮工,一句话,压迫者和被压迫者,始终处于相互对立的地位,进行不断的、有时隐蔽有时公开的斗争,而每一次斗争的结局都是整个社会受到革命改造或者斗争的各阶级同归于尽。"① 此时的马克思更加明确了作为主体实践性的革命要求,明确地把解释世界和改变世界描绘为一个宏大的实践方案。此时的马克思不局限于单纯的物质生产劳动,而是认为阶级斗争作为改变世界的实践在社会历史领域的重大作用。可见,马克思对实践的理解也在发生一个有趣的变化:马克思从最初的较多地从人与自然的关系入手理解实践,到后来更多是从人与社会的关系着眼理解实践,从根本上关注人的基本生存状况到强调彻底改变现存社会制度和社会关系的革命实践。

总括马克思在《共产党宣言》中表达出的社会形态演进动力论,非常耐人寻味。马克思一方面用一种历史必然性规律来论证了社会生产力是社会历史发展的动力之源,通篇都洋溢着对未来更美好社会必然实现的科学主义激情,同时又把社会形态演进的动力付诸于阶级斗争,特别强调社会历史变化的主体能动作用——这仿佛出现了既强调客观必然性又强调主体能动性推动社会形态演进的双重动力论。是否存在双重动力论呢?下一章将具体分析。

三 形成:1857—1867 年

马克思的《共产党宣言》产生于轰轰烈烈的 1848 年大革命,本身带有很深的时代烙印。而当革命的烈焰渐渐熄灭的时候,马克思关于社会形态的历史演进的动力问题更是以一种更成熟的形式表现出来了,这就是马克思在《1857—1858 年经济学手稿》《〈政治经济学批判〉序言》中出现

---

① 《马克思恩格斯文集》第 2 卷,人民出版社 2009 年版,第 31 页。

的关于社会形态①演进的"三形态"以及"五形态"的经典性表达。而在这种表述的过程中,也暗含着对推动这种社会形态演进动力的基本描叙。

(一)"三形态"演进动力论

侨居伦敦期间,马克思通过对英国古典政治经济学的系统研究,在《1857—1858年经济学手稿》中,马克思把整个人类社会形态的演进划分成"三形态"图式。即人类历史的发展要经过"人的依赖关系""物的依赖关系"和"自由个性"三个阶段。马克思这样表述道:"人的依赖关系(起初完全是自然发生的),是最初的社会形式,在这种形式下,人的生产能力只是在狭小的范围内和孤立的地点上发展着。以物的依赖性为基础的人的独立性,是第二大形式,在这种形式下,才形成普遍的社会物质变换、全面的关系、多方面的需要以及全面的能力的体系。建立在个人全面发展和他们共同的、社会的生产能力成为从属于他们的社会财富这一基础上的自由个性,是第三个阶段。第二个阶段为第三个阶段创造条件。因此,家长制的,古代的(以及封建的)状态随着商业、奢侈、货币、交换价值的发展而没落下去,现代社会则随着这些东西同步发展起来。"②结合马克思当时所处的环境以及马克思相关文本的内容,马克思关于社会形态演进的"三形态"论包含以下要素:第一,"三形态论"划分的依据是从人的发展本身来考虑的。"三形态论"是马克思人学主题的又一次冲动。因为在马克思的思维方式中,人的问题始终是他关注的终极性问题,一切社会的革命都是为了人的解放。即使在对社会历史发展的阶段性解释的过程中,马克思始终不会忘记对人的发展过程的最基本看法。另外,"三形态"论的划分是以个人受社会环境控制程度的强弱,以及个人自由度的大小作为标准——"以人为依赖的社会"指的是生产力落后,个人受环境摆布,人与人直接联系,个体没有独立性,离开群体,个人无法生存;"以物为依赖的社会",个人摆脱了身份限制,在形式上获得独立,

---

① 《马克思恩格斯全集》中文第 2 版把第 1 版出版时的"社会形态"翻译为"社会形式",为了使用的方便,这里还是沿用传统的翻译法。

② 《马克思恩格斯文集》第 46 卷(上),人民出版社 2009 年版,第 52 页。

人之间的社会联系是通过商品交换而形成的,在这样的社会形态中,人受制于物,人也容易被物化。"人的自由而全面发展"的阶段作为人类社会形态演进的第三个阶段,其特征是个人获得完全独立,人与人自由组合,人们自觉驾驭社会生活并能自由支配社会环境;第二,"三形态"之间的时间跨度非常大。形态一从人类社会开始到封建社会结束,这是一个漫长的过程;形态二主要是指资本主义社会,在资本主义社会中,人与人的交往主要是通过商品来予以勾连。形态三是指共产主义社会,只有在共产主义社会中,物质产品丰富,人可以做到自由而全面发展;第三,从马克思文本论述的相关内容来看,"三形态"演进是马克思在《德意志意识形态》中的相关论述的进一步的概括和总结,具有更强的概括性。马克思在《德意志意识形态》中将"家长制的,古代的状态"合并在一起,在《1857—1858年经济学手稿》中以"人的依赖关系"进行了表述。其中"家长制"的社会形态,就是马克思在同一文稿中多次提到的"亚细亚的生产方式"。

(二)"五形态"演进动力论

马克思在《政治经济学批判〈序言〉》中,以严密的逻辑,简明扼要地阐发了他所发现的唯物史观的经典公式和社会形态演进的基本动力。他说:"人们在自己生活的社会生产中发生一定的、必然的、不以他们的意志为转移的关系,即同他们的物质生产力的一定发展阶段相适合的生产关系。这些生产关系的总和构成社会的经济结构,即有法律的和政治的上层建筑竖立其上并有一定的社会意识形式与之相适应的现实基础。……社会的物质生产力发展到一定阶段,便同它们一直在其中运动的现存生产关系或财产关系(这只是生产关系的法律用语)发生矛盾。于是这些关系便由生产力的发展形式变成生产力的桎梏。那时社会革命的时代就到来了。随着经济基础的变更,全部庞大的上层建筑也或慢或快地发生变革。"[①]同时,马克思又指出:"在考察这些变革时,必须时刻把下面两者区别开来:一种是生产的经济条件方面所发生的物质的、可以用自然科学的精确性指明的变革,一种是人们借以意识到这个冲突并力求把它克服的那些法

---

① 《马克思恩格斯文集》第2卷,人民出版社2009年版,第591页。

律的、政治的、宗教的、艺术的或哲学的，简言之，意识形态的形式。我们判断一个人不能以他对自己的看法为根据，同样，我们判断这样一个变革时代也不能以它的意识为根据；相反，这个意识必须从物质生活的矛盾中，从社会生产力和生产关系之间的现存冲突中去解释。"① 可见，马克思把整体的社会结构分为生产力、生产关系、经济基础和上层建筑几个层次，而且彼此之间存在着相互的矛盾运动。生产力和生产关系的矛盾运动决定着经济基础和上层建筑的矛盾运动。马克思揭示了推动社会形态演进的方向是由低级向高级发展，同时指出了社会形态演进的动力系统，那就是生产力和生产关系，经济基础和上层建筑之间的矛盾运动。

　　在生产力的推动下，社会形态是如何演进的呢？马克思从社会生产方式演进序列的角度，提出了社会形态演进的"五形态论"。他指出："大体来说，亚细亚的、古希腊罗马的②、封建的和现代资产阶级的生产方式可以看作是经济的社会形态演进的几个时代。"③ 并且接着说："资产阶级的生产关系是社会生产过程的最后一个对抗形式，……人类社会的史前时期就以这种社会形态而告终。"④ 这是继《德意志意识形态》之后，马克思对社会形态演进过程的又一次表述。不同的是，社会形态演进的逻辑起点由《德意志意识形态》中的"部落所有制"改为《〈政治经济学批判〉序言》中"亚细亚的生产方式"。然后以此为依据，再加上马克思提出的未来的共产主义社会，这是马克思首次提出了社会形态演进的"五形态"思想。

　　如果对社会形态演进的"三形态"和"五形态"作一比较可以发现："五形态论"中各个社会形态是依据生产方式即生产力与生产关系结合的不同而相互区别。其最基本的划分标准是作为生产关系中最核心的部分——所有制关系。马克思之所以能够创立社会形态演进动力论，关键是

---

① 《马克思恩格斯文集》第 2 卷，人民出版社 2009 年版，第 592 页。
② 《马克思恩格斯全集》第 1 版以及《马克思恩格斯选集》第 2 版中都翻译成"古代的"。这容易使人产生误解，以为这适用于一切民族的历史演进，而这里"古代"只是指西欧社会的"古代"。所以，中央编译局在 2009 年出版的《马克思恩格斯文集》和 2012 年出版的《马克思恩格斯选集》第 3 版中都把它改译为"古希腊罗马的"，这准确地表达了马克思的本意。
③ 《马克思恩格斯文集》第 2 卷，人民出版社 2009 年版，第 592 页。
④ 同上。

他通过对人类社会的横向剖析,并将社会生产关系的演进归结于生产力的不断发展,从而揭示出社会形态演进动力的性质及其矛盾运动的规律,并将社会历史进程理解为生产力推动下生产关系不断生成与被取代的自然历史过程。而"三形态论"却是从人本身出发来对社会历史发展做出的判断,是一种马克思自《1844年经济学哲学手稿》就已发源的哲学人本主义的继续,是站在人的基础上对社会形态演进的观察而得出的结论。当然,马克思由于思考和研究的需要,在1859年出版了《政治经济学批判》第一分册之后,开始了新的章节安排和新材料的分析。并在三大经济学手稿基础上马克思1867年出版了他的经济学巨著《资本论》第一卷。在这部杰出的著作中,马克思充分使用唯物辩证法通过对资本主义生产方式内部的辩证分析,证明了资本主义只是经济的社会形态演进的一个阶段,从而进一步验证了他对社会形态演进是一个"自然历史过程"的基本判断。马克思在《资本论》"序言"中是这样来描绘了社会历史发展的"自然史"过程的。他说:"问题本身并不在于资本主义生产的自然规律所引起的社会对抗的发展程度的高低。问题在于这些规律本身,在于这些以铁的必然性发生作用并且正在实现的趋势。工业较发达的国家向工业较不发达的国家所显示的,只是后者未来的景象。"[①] 而对于资产阶级,马克思显示出一种历史必然性将"自动"地把他们扫入历史垃圾箱的信心。马克思分析说:"我绝不用玫瑰色来描绘资本家和地主的面貌。不过这里涉及的人,只是经济范畴的人格化,是一定的阶级关系和利益的承担者。我的观点是把经济的社会形态的发展理解为一种自然史过程。不管个人在主观上怎样超脱各种关系,他在社会意义上总是这些关系的产物。"[②] 很显然,当马克思把社会形态的演进看作一种自然历史过程的时候,其实已经把社会形态演进的动力归结为一种非主体的结构性力量。

通过以上分析可知,马克思社会形态演进动力论揭示了社会历史发展同自然界的发展一样是由客观规律所支配的"自然历史过程",揭示人类社会发展规律的科学性和客观性,并在此基础上论证资本主义社会的暂时性和历史性。因此,马克思的社会形态演进动力论充满了历史主义律动。

---

① 《马克思恩格斯文集》第5卷,人民出版社2009年版,第8页。
② 同上书,第10页。

马克思社会形态演进动力论的这种历史感是在黑格尔、费尔巴哈以及英国的古典政治经济学和空想社会主义的影响下产生，同时又是对他们的超越。黑格尔思想具有极强的历史感，并且黑格尔哲学这种历史维度曾一度影响了马克思唯物史观的建构。而由于黑格尔历史哲学客观唯心，"不接地气"，不能真正变成改造当时德意志社会的"武器的批判"而遭到马克思的批判。

所以，马克思历史性地扬弃黑格尔思辨哲学，创立了唯物主义历史观。费尔巴哈在批判基督教的基础上把宗教对人的异化进行了一种"还原"工作。认为基督教的本质其实就是人的本质，基督教是人本身的一种精神现象，神学其实是人学。相对于黑格尔的客观唯心主义哲学体系，马克思把人从"天上"拉回"人间"。而费尔巴哈哲学的这种人本学特征却把人归结为一种抽象意义上的个体，把人类不同的个体的个性归结为一种"类本质"。这种解释性行为本身就缺乏一种改变社会的动力体系，所以也遭到马克思的猛烈批判。马克思是用主体"实践"代替了费尔巴哈的"类本质"，这样，推动社会历史演进的马达就被马克思启动了。庞大的社会形态如果是一列待发的列车，实践着的主体就是内存的燃料。

另外，马克思在研究古典政治经济学的过程中发现的最大的问题就是古典政治经济学家往往是从资本主义现实出发去解释问题，不解决研究的前提和条件，而只是从抽象演绎出发去对现象进行分析。所以，在马克思看来，以亚当·斯密和大卫·李嘉图为代表的古典政治经济学家缺乏的恰恰就是一种历史主义眼光，更何况在马克思生活的时代，曼彻斯特学派的理性主义的抽象演绎法根本就没有真正能在德国形成一种真正的影响，而真正起影响的是历史主义方法论原则。青年马克思虽然批判过以萨维尼为代表的法的历史学派，但从马克思受历史主义的影响来看，马克思又是一个思想方法上的历史学派，是一个对资本主义的起源以及其将来发展高度重视的思想家。所以，马克思的《资本论》中内蕴着一种辩证的历史感：由商品出发的分析模式，进而使用价值和价值、私人劳动和社会劳动的矛盾导致整个资本主义生产体系的崩溃。所以，以马克思的历史主义眼光来看，社会主义代替资本主义，不是一种历史的偶然，而是一种建立在缜密科学论证基础上的历史必然。

再从马克思对空想社会主义的批判来看，马克思认为空想社会主义是从一种抽象的道德主义出发的一种具有说教空想特征的历史观。在马克思看来,这些空想社会主义本身是无异于嘟囔着爱的呓语的毫无历史观的痴人说梦。马克思批判了这种社会主义思想的空想特征,从一种客观必然性的科学主义高度确证了社会形态演进的历史必然性。在他看来,一种通过横切面对无产阶级进行经济分析其实是一种抽象的理性主义方法,而他是站在整个历史发展的前后相继中来考察阶级和阶级斗争的。所以,德里达高度评价了马克思思想中体现出的这种唯物主义的"历史主义"元素。他说:"传统的文本没有一个讲清楚了政治正在全球化的方式,讲清楚了在最有创见的思想潮流中技术和传媒对于它们的不可简约性——而这已经远远不只是那个时代的铁路和报纸,对于它们的不可简约性,马克思和恩格斯在《共产党宣言》中已经以一种无与伦比的方式做过分析。"① 总之,在马克思文本中,既有对史前史的探讨,又有对未来社会历史演变的价值目标的定位——马克思闪耀着其如炬之目光,雄视着社会形态的历史变迁,从而使其作品充溢着宏大厚重的历史主义风格。

韦伯在《新教伦理与资本主义精神》的结尾处对工具理性支配的未来曾有这样一个悲观的断言:"没人知道将来会是谁在这铁笼里生活;没人知道在这惊人的大发展的终点会不会又有全新的先知出现;没人知道会不会有一个老观念和旧理想的伟大再生;……这个文化的发展的最后阶段:'专家没有灵魂,纵欲者没有心肝;这个废物幻想着它自己已达到了前所未有的文明程度'。"② 韦伯对现代性的悲观预言,其实是对工具理性统治一切的控诉。而在马克思的社会形态演进动力论中,对工具理性对人的统治进行了批判。也就是在马克思的社会形态演进动力论中还存在着对休谟意义上的"应该"的价值诉求。所以,马克思的社会形态演进动力论实现了合规律性与合目的性的高度统一,工具理性和价值理性的历史一致。青年黑格尔派的"自我意识"哲学之所以被马克思批判为一种书斋中的思想,巴枯宁的无政府主义也遭到了马克思的批判、拉萨尔的"工

---

① [法] 雅克·德里达:《马克思的幽灵》,何一译,中国人民大学出版社1999年版,第21页。

② Marx Weber, *The Protestant Ethic and the Sprit of Capitalism*, Harper Collins Academic, 1991, p. 182.

资铁律"以及整个英国古典经济学在马克思的批判下也失去了其"科学性",其主要原因也就在于马克思认为这些理论中都缺乏一种价值维度,都是一种单纯的所谓的"科学"解释。

另外,马克思在进行人道主义的价值诉求的同时,又跟非理性的意志哲学划清了界限——如果把马克思的社会形态演进动力论置放在19世纪的整个欧洲思想版图上来透视,就会发现叔本华、尼采和哈特曼非理性主义把社会历史的演进动力归结为非理性的极具表现主义激情的生活意志或权力意志。就如同费舍尔在为以赛亚·伯林的著作《反潮流》一书所作的序中指出:"一场反对18世纪和19世纪的中心价值,即反对自由主义的理想主义、世界大同、科学、进步和合理化组织这类信念的战斗;一场在整个19世纪由躁动不安的伟大反叛者——傅立叶、普鲁东、施蒂纳、克尔凯郭尔、卡莱尔、尼采、托尔斯泰和索雷尔——发起的战斗;它们在20世纪的继承人是存在主义者、无政府主义者和反理性主义者,以及当代形形色色的一切反叛运动。这些思想家、团体和运动之间虽然存在着深刻分歧,但它们骨子里都是亲兄弟:它们所从事的战斗,都是以某种有关自我和自由行动者的内在的,以某种无法消除的、特殊而具体的认同感为旗号。"① 而马克思的社会形态演进动力论规避了这种非理性主义的弊端,马克思虽然也强调主体在推动社会历史前进中的巨大推动作用,但马克思的社会形态演进动力论同费舍尔所说的这些非理性思想有根本区别。因为马克思的社会形态演进动力论极强的价值诉求融于他宏大的对社会历史发展的规律性叙事之中了。

所以,马克思一方面重视社会历史发展的规律性;另一方面又在世界祛魅之路上踽踽独行,力图克服工具理性对人的规制,从而逃出"铁笼"以求解放。这也是马克思为什么如此高举主体性的大旗,寻找社会历史前进的主体性动力的原因。在马克思看来,实现人的自由解放,仅凭人道主义的"爱的呓语"和正义的说教是不可行的,只能通过轰轰烈烈的无产阶级革命,才能为人的自由发展和未来共产主义社会的实现提供切实的基础。所以,马克思说:"而无产者,为了实现自己的个性,就应当消灭他们迄今面临的生存条件,消灭这个同时也是整个迄今为止的社会的生存条

---

① [英]以赛亚·伯林:《反潮流:观念史论文集》,译林出版社2002年版,第38—39页。

件，即消灭劳动。"[1] 无产阶级"不把哲学变成现实，就不可能消灭自己"[2]。所以，马克思渴望最终实现的社会形态是一种人的自由而全面发展的共产主义社会。这种社会形态从本质上是一种价值判断的结果而非单纯是一种客观必然性的结果。

---

[1] 《马克思恩格斯文集》第1卷，人民出版社2009年版，第573页。
[2] 同上书，第18页。

康德的"喜悦的心情"

袁 辉[*]

康德不否认道德能带来快乐，并称由此产生的心情为伊壁鸠鲁式的"喜悦的心情"（das fröhliche Herz / Gemüt）。在《实践理性批判》中，他对这种心情持谨慎的态度，既不承认它可以替代道德的法则，也不认为它能替代道德的动机（KpV AA V 115 – 116）。[①] 在之后的著作里，喜悦的心情得到了越来越积极的评价：在《纯然理性界限内的宗教》里，康德为了回复席勒对他的批评，提出喜悦的心情"是德性意念的纯正性的一种标志"（Rel. AA VI 23）；在《道德形而上学》里，喜悦的心情则直接成为了道德培养的目标之一，没有它，道德法则的运用将会"没有任何价值，并且不受喜爱"（MS AA VI 485）。

对喜悦的心情不乏研究。可惜的是，这些研究将道德的满足（Zu-

---

[*] 作者简介：袁辉，华中科技大学哲学系。

[①] 康德著作的引用除《纯粹理性批判》采用 A、B 版页码外，其他均采用普鲁士科学院的版本，即 *Kants gesammelte Schriften*, *Königlich Preußische Akademie der Wissenschaften Hrsg.*, Reimer, später de Gruyter, später Berlin und Newyork, 1900 ff.

文中所涉及引用文本的缩写对应如下：

AA： Akademie – Ausgabe von Kants Werken *Kants gesammelte Schriften*

Anthropologie： *Anthropologie in pragmatischer Hinsicht*

GMS： *Grundlegung zur Metaphysik der Sitten*

KpV： *Kritik der praktischen Vernunft*

KU： *Kritik der Urteilskraft*

MS： *Metaphysik der Sitten*

Rel.： *Die Religion innerhalb der Grenzen der bloßen Vernunft*

friedenheit)、喜悦的心情和作为自然情感的人类之爱混淆在了一起，从而产生了种种误读。本文首先将区分道德的满足和喜悦的心情，说明它们的起源，即人对自己的德性的意识；进而重新理解康德回复席勒批评时所提到的命题，即有德之人既能彼此促进具有美感的自然情感，也能给自己带来喜悦的心情，但道德本身在审美上只是崇高的；最后还将论证，康德后期对喜悦的心情的积极评价既非自我矛盾，亦非外在的附加，而是他的实践哲学发展的结果：后期康德的实践哲学不再讨论道德的理性条件，而是越来越具体地讨论人的德性的感性特征。

一 道德的满足和喜悦的心情

这一节将分析道德的满足和喜悦的心情之间的区别与联系，纠正传统的康德研究对它们的误解，探求它们的来源，以便为第二节和第三节的讨论做好准备。

康德认为，人意识到自己的德性时必然会伴随着一种消极的愉悦感，即道德的满足，它是"对我们的实存的一种消极愉悦，在其中我们意识到自己一无所求"，康德也称之为理智的满足（KpV AA V 117–118）。贝克将它等同于道德兴趣的积极方面，即理智的愉快，进而将它和伊壁鸠鲁的喜悦的心情联系起来①，这种解读是不正确的。正如帕顿所指出的，道德的满足是一种消极的愉悦，而道德的愉快以及喜悦的心灵则产生于一种积极的快乐；不过，他还是认为消极的满足感"怪异"。② 其实，消极的快乐不难体会，它是一种如释重负的感觉。康德的人类学观察到两种快乐，一种"仅仅是对痛苦的消除，并且是某种消极的东西"，一种则是"适意的预感，因而是愉快的状态的增强，从而是某种积极的东西"，前一种快乐产生于"离开当下状态的意识"，后者产生于"进入一个未来状态的展望"（Anthropologie 231）。这第一种消极的快乐符合康德对理智的满足的描述，即当人们把自己从"把他纠缠于其中的那些各种各样的［感性的］

---

① Lewis White Beck, *Commentary of Kant's "Critique of Practical Reason"*, University of Chicago Press, 1984, pp. 229–230.

② Herbert. J. Paton, *The Categorical Imperative – A Study in Kant's Moral Philosophy*, Princes Gate, London, 1946, p. 57.

不满足解放出来"时,就能够感受到道德的满足(KpV AA V 160)。

除了摆脱感性不满这一消极意义之外,道德满足还有一个积极的意义,"对来自另外源泉的满足"(KpV AA V 117 - 118, 160)。感性的满足来源于感性偏好的满足,对立面是种种感性偏好的不满;道德的满足感则是被康德称为"灵魂的平静"(Seelenruhe)的理智的满足(MS AA VI 377);而这种满足的对立面是被康德称为"灵魂的不安"(Seelenunruhe)的理智的不满:人们违背道德法则、犯下恶习时会责备自己的行为,会受灵魂不安的折磨而产生痛苦(KpV AA V38);人们必须首先成为有德性之人,并在自我反思中对"自己生存的道德"进行很高的评价,才能得到灵魂的宁静(KpV AA V 116)。

康德没有说这种进行自我评价或自我谴责的理智的源泉是什么,但它很可能就是人的良心:良心会对人做出审判,也会"宣布他无罪或者谴责他"(MS AA VI 440)。正如盖耶所指出的,良心本身不是感情,只是自我审判的理性,但它能在感情上产生痛苦或安宁,[1] 康德也的确说过,良心的内疚是道德的,但会产生痛苦作为结果(MS AA VI 394);当良心宣布人无罪的时候,他所感受到的"不是积极的(作为快乐),而是消极的(在先前担心之后的安宁)"(Beruhigung MS AA VI 440)。这可以解释灵魂不安的原因,也可以解释"灵魂的平静"这个称呼的深层意义。

喜悦的心情则是一种积极的快乐,它带来的是积极的愉快(MS AA VI 485)。康德观察到,正如感性对象能带来愉快一样,经验理性的、甚至纯粹理性的判断也能带来愉快,因为它们能带来的"可能的舒适或者不舒适的展望";例如,健康本身是令人愉快的,但经验理性对自身健康状态的判断也能带来一种来自理性的愉快,即对终身的舒适状态的展望(KU AA V 208, 331)。这种理性反思之后的展望所带来的愉快符合前面划分里的第二种积极的快乐,即对未来展望时产生的"适意的预感"。这一点非常重要,在后两节还会继续提到。康德称这种来自理性判断的愉快为实践的愉快,但不是所有实践的愉快都能带来喜悦的心情,如帕顿和贝

---

[1] Paul Guyer, *Moral feelings in the Metaphysics of Morals*, Denis (ed.), L. Kant's Metaphysics of Morals - A Critical Guide, Cambridge University Press, 2010, p. 143.

克所指出的，喜悦的心情来自于纯粹的道德判断的愉快。纯粹理性法则规定人的意志时，具体的说道德法则"有能力规定主体产生一个客体的行动的能力"时，会产生愉快感（KpV AA V 9）。当这种愉快和对象的联系如果成为习惯性的，并被知性判定为按照普遍的规则有效时，就成为了理智的兴趣，即道德兴趣（MS AA VI 212－213）。

但是，传统研究没有看到，这种理智的愉快感只是喜悦的心情的必要条件，而非充分条件。愉快本就其本身而言和来源无关，感性对象乃至经验理性的运用和德性带来愉快感是一样的，正如人们使用金子时不考虑它的来源，不管它是山里挖出来还是沙里淘出来一样。为什么只有有德之人才能保持喜悦的心情呢？因为在康德看来，喜悦的心情除了愉快感之外，还以对自己德性的意识为前提："如果一个人是有德行的，哪怕他身体状态的幸运对他是多么的有利，如果他不在自己的每个行为中意识到自己的德行，就不会对生活感到快活"；康德进一步说明，这种对自己德性的意识就是良心的宁静：

正直的人如果不是实现意识到自己的正直的话，是不可能感到幸福的，因为由于德性的意向，他在违禁的行为中将被自己的思维方式逼迫着对自己做出责备和道德上的自我谴责，这就可能剥夺他对可能包含在他的生活状态中的快意的一切享受了（KpV AA V 116/ 208）。

人是感性存在者，他不可避免地违背义务，因此他需要运用自由，摆脱感性偏好的束缚，成为有德性之人。但是这还不够，他会回忆起过去的违禁的行为，会后悔，保持这种引发悔恨的回忆甚至还是一种义务（MS AA VI 485）。因此他需要自我反思，意识到自己已经成为有德之人，得到良心的无罪宣判，才能保证喜悦的心情不被自责所剥夺。这一点在本文第二节还会提到。

道德的满足和喜悦的心情都是人拥有德性之后的结果，并都以良心的无罪宣判为前提。但是两者并非并列的感觉：前者和后者有一个递进的关系，或者说前者更为本质一些。在《实践理性批判》里，康德虽然也谈到了喜悦的心情，但认为只有道德的满足才是"一种必然与之［德性］结合在一起的、不是基于任何特殊情感的、恒久不变的满足"（KpV AA V 117）。《道德形而上学》康德才提出"德性是它自己的酬报"，将消极的和积极的愉快结合在一起：人们能在德性中感到"一种道德上的愉快的原则,这种愉快超出了纯然的对自己的满意(这种满意只能是否定性的)";不过,康德继续说明,积极的愉快只伴随得到他人肯定的甜美义务,而消极的道德满足则伴随着任何义务,包括没有得到他人肯定的苦涩义务(MS 391, AA VI 377)。这一点在本文第三节还会提到。

这一节确定了道德的满足和喜悦的心情的区别和联系:前者是消极的愉悦,后者则是积极的愉快,两者都以良心的安宁为前提,但前者比后者更本质。

二 喜悦的心情和培养(Kultur)

康德在《纯然理性界限内的宗教》里的一个长达一页半的注脚里,针对席勒对他的批评进行了回复。康德的这个注脚由三个破折号划分为四个部分,谈及人的德性的种种直接或间接的审美特征和感性特征,如崇高感、美感、作为自然情感的爱以及喜悦的心情。对此的研究虽然很多,但多误解了康德所要表达的观点。以喜悦的心情为线索,澄清这些误解,回复康德的本意,就是这一节的任务。

注脚的第一部分说道:

席勒教授先生在他的以名家手笔撰写的一篇论道德中的优美与尊严的论文(《塔莉亚》,1793 年第 3 期)中,不赞成对责任感的这样一种介绍方式,好像它会造成一种苦思冥想的情绪似的。但是,由于我们在最重要的原则上是一致的,只要我们能够相互理解,我也看不出在这点上有什么一致或不一致。

阿利森和赫费都直接或间接地指出,康德在这里掩盖了他和席勒的本质差异,因为即使在重要原则上他们的观点不相同:席勒认为道德愉悦感是德性的组成部分;而在康德这里道德愉快感只是德性的结果,它只能标志后者作为条件已经具备;同时,席勒认为人们可以出自对人类的爱的感觉而乐于执行义务,而在康德这里人类之爱只是经验性的爱好,无法替代真正的道德动机;人们不可能永远出于诸如同情,爱之类经验性的爱好而乐意遵循义务,人必须在必要的时候战胜感性爱好,即使在承受痛苦时也能出于敬重感而执行义务;感性可以被培养得与理性大体一致,但完全的和谐一致只是一种理想状态。①

这些批评都是有合理性的：康德的确在《实践理性批判》的动机论里明确批评那种和席勒观点类似的道德狂热主义。但是，当他们认为康德在注脚的其他三个部分也掩盖了他和席勒的差异时，就出现了理解偏差。让我们先看注脚的第四部分，这一部分受到的误解最多。例如，贝克认为康德这里用自然情感的爱（如同情心等人类之爱）替代了道德动机，而这种做法是他在《实践理性批判》中所反对的。②

——如果人们要问：这种仿佛是德性的气质的审美属性是什么样的，是勇气十足，因而兴高采烈？还是胆怯卑躬，俯首屈就呢？这样的问题几乎是没有必要回答的。后一种奴性十足的情绪产生时，绝不可能不伴随着对法则的一种暗中仇恨，而遵循自己的义务时的喜悦的心情（不是在承认义务时的那种惬意），则是德性意念的纯正性的一种标记，即使在虔诚中也是如此。虔诚不在于有忏悔心的罪人的自虐（自虐是很模棱两可的，通常只是对违背了聪明的规则的内心谴责），而是在于将来改善的坚定决心，这种决心受善的进程所鼓舞，必然会产生一种喜悦的情绪。没有这样一种情绪，人们就绝不会确信自己也由衷地爱上了善（Rel. AA VI 23）。

前文所引的研究指出了康德和席勒的实质差异，这可以解释，康德为什么不将喜悦的心情等同于德性，而只是说前者是后者的纯正性的一种标记，也可以解释康德为什么在括号里补充喜悦的心情"不是在承认义务时的那种惬意"。但康德并没有掩盖这些差异，或者用自然情感人类之爱替代道德动机。在证明自己的义务概念不会带来"一种苦思冥想的情绪"时，康德还含蓄地指出，这种不良情绪或者喜悦的心情有其源头：罪人的自虐会带来"奴性十足的情绪"，进而产生对道德法则的仇恨；而真正的虔诚才会带来对喜悦的情绪，进而使人爱上善。无论罪人自虐还是真正的虔诚，两者都和对德性的反思有关：

---

① Henry E. Allison, *Kant's Theory of Freedom*, Cambridge University Press, 1990, p. 182; Otfried Höffe, "*Gerne dien ich den Freunden, doch tue ich es leider mit Neigung / Und so wurmt es mir oft, dass ich nicht tugendhaft bin*", *Überwindet Schillers Gedanke der schönen Seele Kants Gegensatz von Pflicht und Neigung?* Zeitschrift für Philosophische Forschung 60, 2006 Höffe, pp. 17 – 18.

② Lewis White Beck, *Commentary of Kant's "Critique of Practical Reason"*, University of Chicago Press, 1984, pp. 231 – 232.

第一，康德谈到忏悔和自虐，这个涉及第一节所谈到的消极条件，即良心的安宁。结合其他文本看，"违背了智慧的规则的内心谴责"是生活中经常出现的懊悔心情，即"某人为某事（一件坏事）揪心"，它之所以违背了聪明的规则，是因为"想要使得发生的事情不曾发生，这是毫无意义的"（Anthropologie 236）。就道德上的坏事而言，自虐不仅不聪明，而且还损害德性。《道德形而上学》里对这种自虐有更详细的批判：它"不是旨在德性，而是旨在狂热的涤罪，不是为了在道德上（亦即怀着改善的意图），而是为了赎罪"，这种惩罚事实上不能使得过去的罪行消失，只能带来无趣的奴性十足的情绪，还会带来对道德法则的"隐秘仇恨"（MS AA VI 485）。正如第一节所说的，人由于自己的感性禀赋不可避免地违背义务，他在回忆从前违背义务的行为时会后悔。因此，人们只有意识到自己的正直，即在人们"意识不到故意的违禁时，在意识到自己没有因为堕落而固定在这种违禁时"，才能真正免除良心的谴责，才会给伊壁鸠鲁式的喜悦的心灵提供条件（MS AA VI 485）。第二，虔敬是上一节所提到的道德的快乐的积极条件，即一种带来预见的理性判断：人们在意识到自己的德性状态时，会产生"将来改善的坚定决心"，对它的意识能够带来积极的展望，人"受善的进程所鼓舞"，会产生一种喜悦的情绪。

第四部分末尾的一句话，"没有这样一种情绪［喜悦的心情］，人们就绝不会确信自己也由衷地爱上了善，也就是说，把善采纳进自己的准则"，受到的误解最深。例如，李明辉认为这是一种自我矛盾，因为爱是自然的情感，而善的准则是理性的义务。[①] 康德的确在其他地方明确地区分了作为自然情感的人类之爱和作为准则的爱的义务（MS AA VI 449），但他在这里说"爱上了善"不是这个意思，更不是为了迎合席勒而混淆爱和义务。首先，从上下文看，在注脚的第四部分只谈喜悦的心情，没有谈到自然情感；其次，爱这个词在康德的文本里意义很宽泛，除了爱的自然情感之外，舒适感和兴趣本身就可以称作爱，例如，在观察到道德世界和自然世界的和目的性时，理性会产生舒适感，人会爱上被观察的对象（KpV AA V 160）。再如，产生审美的理智兴趣时，人们也会爱上美的对

[①] Minghui Li, *Das Problem des moralischen Gefühls in der Entwicklung der kantischen Ethik*, Bonn, 1987, pp. 261 - 262.

象,成为对美的爱好者(KU AA V 311)。

因此,"由衷地爱上了善"只是说,善因为道德的兴趣令人愉快,讨人喜欢;相反,如果道德是不愉快的,阴沉的,使人闷闷不乐的,德性会成为可恨的。这种说法还可以在其他文本中找到(MS AA VI 484 – 485)。如果爱上善只是出于道德的兴趣,就像爱上美是出于审美的理智的兴趣,那么这个命题就和"采纳了善的准则"这句话不矛盾;它们甚至还构成了一种递进关系:因为道德准则的概念建立在道德兴趣的概念之上(KpV AA V 79)。康德的意思只是强调前面的观点:快乐的心灵是德性意念的纯正性的标记,没有它,"人们就不会确信"自己已经拥有纯粹的道德的兴趣,并在自己的意志中建立起了道德的准则。

康德真正和席勒探讨自然情感和德性和谐统一的地方,是注脚的第二部分和第三部分。即便在这里,康德也是没有放弃自己的立场,而是含蓄但不含糊地对席勒进行了批评。第二部分原文如下:

——我很乐意承认,我不能把优美附加在义务概念上,这正是为了它的尊严起见,因为义务概念包含着无条件的强迫,而优美与它恰恰相反。法则的崇高(就像西奈山上的律法一样)产生出敬畏(不是使人退避三舍的畏惧,也不是诱使人产生亲近感的魅力),敬畏唤起子民对其主宰的敬重。但在这一场合里,由于这一主宰就在我们自己心中,敬畏唤起的就是对我们自己的使命的一种崇高的感觉,这对我们来说比所有的美都更有吸引力。

义务的主宰状态就是人的德性的状态,它本身不是美,而是崇高的,这一部分的内容不难理解,在《判断力批判》里康德明确分析了道德的审美特征:道德的动机在克服其障碍时,必须牺牲感性的快乐,这是一种剥夺感性的过程,因此如果对这种德性的状态进行审美的反思,唤起的"更多的是敬重的情感……而不是爱和亲密的好感";事实上,非道德的情感热忱(Enthusiasmus),乃至任何英勇性质的激情都是崇高的,因为它们都有克服其他感性障碍的力量(KU AA V 271 – 272)。值得注意的是,康德谈论的不是道德判断和审美地崇高之间的类似,而是人的内在自然。包括道德的动机和其他英勇性质的情感,它们都和外在的自然一样,都有一种克服内在或外在对象的力量，因而都是审美地崇高。因此，康德在这一部分直接反对了席勒的观点：他不认为德性是感性自然和理性义务的优美的和谐；道德法则的主宰不依靠自然情感，必要时道德的动机还必须克服来自自然情感的阻碍。

以另一个破折号开始的第三部分里，康德转向德性之美：

——但是，德性，即严格履行自己的义务这种有坚实基础的意念，就其结果来说是舒适的，它比大自然或是这个世界上的艺术所能提供的一切还要多；而且人性的庄严形象，既然在他的这种形态中被树立了起来，也完全允许诸如美惠女神的陪伴。然而，如果所说的还仅仅是义务，那么，美惠女神就要敬而远之了。不过，假如德性被普遍接受的话，它可能就会在世界上传播出来那些优美结果，如果注意到这些结果，在关注道德的理性就会通过想象力（把感性召来）一并发挥作用。

舒适（Wohltätig）可以被翻译为慈善的（行为或义务），它还有一个意思是感性的舒适和愉快，如音乐带来的舒适感（KU AA V 332）。第二个意义更能解释文本里的命题，即德性带来的愉快比"大自然或是这个世界上的艺术所能提供的一切还要多"，康德意思是说，德性带来的愉快远胜于自然美和艺术美所能带来的愉快。

美能带来无兴趣的愉快，美是道德的象征，康德的这两个命题已经众所周知，第三部分进一步的命题却是相反的方向，即德性带来的愉快也能引来"美惠女神的陪伴"，德性是间接地美的。其他地方康德谈及"看似与德性一致还最为协调一致的舒适生活"时，也提及"美惠三女神""缪斯九女神"（Anthropologie 278）。为什么康德突然又说，与德性一致的愉快是美的呢？李明辉认为康德这里所说的是前面所谈到的德性的崇高，舒适感是崇高感之后的那种消极的愉快（Li, 260 - 261）。这种解释忽略了康德的以破折号为开始的转折，而且不符合康德明确表达的意思：德性本身是崇高的，甚至与美不兼容；但德性的"优美结果"能带来形象力的游戏。康德的命题在于，作为一种人内在的自然，德性带来的舒适感和外在自然的景物以及艺术品一样，都是美的对象。

注脚第三部分的这个美的舒适感是第四部分的喜悦的心情吗？不是，美的舒适感来自对自然情感的满足。一个细节是，注脚第四部分，以及在《实践理性批判》和《道德形而上学》里，关于喜悦的心情的文本都没有提到美。另一个细节是，康德在说"假如德性被普遍接受的话，它可能就会在世界上传播出来那些优美结果"时，使用的是德语的第二虚拟式，表示现实并不存在；而谈喜悦的心情时用的是直陈式，表示客观实在。康德意图是向席勒证明，德性和自然情感协调一致的和谐状态只是一种长期道德培养（Kultur，一般译为文化，这里译为培养更为适合）之后的理想状态。

更具体地说，这些自然情感是人彼此交往时产生的相互的爱和敬重感。贝克指出，这些情感是"交往的德性"的结果，这种解读是正确的。前面提到的"看似与德性一致还最为协调一致的舒适生活"指的就是指朋友间的交往，在其间可以得到美惠女神和缪斯的陪伴（Anthropologie AA VII 278）。人们"以其道德的完善性彼此间推进交往"，在社会交往的得体表现中彼此培养出"安逸、容易相处、相互的爱和敬重"，使得"美惠女神与德性结伴"；但这些情感"只是外围的东西或者附属的东西，它们给人一种美的、类似于德性的外表"，它们不是真的德性，人们却"毕竟通过努力使得这种外表尽可能接近真实"（MS AA VI 473）。

康德部分赞同席勒的观点，即德性能带来舒适的感觉在内的自然情感，它们是具有自然美的情感，但康德不认为它们是真正的道德情感，它们最多只拥有"类似于德性的外表"。感性与德性一致的舒适生活只是一种理想，只是"看似"的一致，是一种"召来想象力"的理想状态。这样，我们也能读懂康德第三部分结尾处所使用的希腊神话的隐喻：

赫拉克勒斯只是在制服了各种怪物之后才成为缪斯九女神的首领，在这样的工作面前，那班善良的姐妹们将栗然而退。维纳斯·乌拉尼亚的这些女伴们一旦想插手规定义务的事务，并为此提供动机，就会成为追随维纳斯·狄俄涅的姐妹。

这个隐喻还是对席勒的批评：道德本身不是美的。赫拉克勒斯在希腊神话中是半人半神的英雄，在康德这里代表"被置于德性和肉欲之间"的人（MS AA VI 379），怪物则是对道德的感性阻碍。人战胜自己感性的战斗只能产生崇高，而带不来喜悦的美感，缪斯九女神只能栗然而退。当然，之后有德之人能够带来美，但也只是间接的。维纳斯·乌拉尼亚和维纳斯·狄俄涅在希腊神话中都是美和爱的女神，但前者是来自上天的纯粹的、灵魂的爱；后者是则是人间、肉体的爱。康德的隐喻批评了席勒将德性和美直接等同的观点：当爱和美如果作为追随德性的结果，她就是纯粹的和符合道德的维纳斯·乌拉尼亚；当她们想成为规定义务的法则，或替代敬重感作为道德的供动机时，就会成为道德上不纯的维纳斯·狄俄涅。

综上所述，传统的康德研究没有注意到康德用三个破折号所区分的话题转移，所以误解了康德本来的思路：第一部分做出一个总体的回复，第二部分指出德性本身只是令人敬畏的和崇高的，第三部分指出道德间接地是美的，因为有德性的人们在交往时促进彼此的自然情感，即一种美的、类似于道德的情感，这些情感的满足能带来美丽的舒适感，第四部分转而谈到德性之人自己会拥有喜悦的心情，因为对德性的理性反思和展望会鼓舞人心，使人爱上善。康德对席勒批评的回复没有为了迎合席勒而抹杀他们的差异，而是坚持了他们的分歧：有德之人能彼此促进美丽的自然情感，也能给自己带来喜悦的心情，但后两者本身只是德性的结果，却不是它的动机。

三　顽强的心情和康德实践哲学的发展

本文的开头提到，康德在其第二批判中对伊壁鸠鲁的喜悦的心情即便没有加以否定，但对它持一种谨慎的态度，在以后的文本中对它却越来越重视。这一节将证明，康德的这种改变并非偶然的和外在的，更不是自相矛盾，而是有其一贯的问题和发展的内在逻辑。

阿利森认为，康德后期提到喜悦的心情是为了回应席勒对他的批评，[1] 这一解释当然有其合理性，但却没有认真对待康德在《道德形而上学》的方法论里用喜悦的心情所要解决的问题：德性在与障碍做斗争时会"牺牲一些生活的乐趣"，使得"心情沮丧和闷闷不乐"；如果没有喜悦的心情，义务会"不受喜爱"，人们甚至会"尽可能逃避实施它的机

---

[1] Henry E. Allison, Kant's Theory of Freedom, Cambridge University Press, 1990, p. 181.

会";"德性甚至成为可恨的,而德性的追随者会被赶走"(MS AA VI 484–485)。

道德不能带来感性的快乐,为人所逃避,这个问题早在《实践理性批判》里就已经注意到了:道德动机"很难说是一种愉快的情感",因此人"作为一个人而言只是不情愿地听任自己敬重。人们试图找出某种东西能够减轻我们敬重的负担",但他没有提喜悦的心情的必要性,因为至少道德动机又"很难说有什么不愉快"(KpV AA V 77)。消极的满足貌似就足够了:一个人如果因为正直而损失感性快乐,他会在自己的自由中发现他内在的价值,获得一种慰藉,即内在的安宁,至少他没有丧失道德的尊严(KpV AA V 88)。《实践理性批判》的方法论里康德则直接说到,感觉到道德的满足时,心灵能摆脱感性的"负担"而得到"解放和减轻"(KpV AA V 160–161)。

当然,在后来出版的《道德形而上学》里,康德不再满足于"解放和减轻",而是进一步要求"舒适的生活享受",要求德性讨人喜欢,最终解决德性为人所逃避的问题。这个改动不和康德早期的观点相矛盾,因为康德在《实践理性批判》的方法论结尾说道:"我本来只想借此指出一种道德的教养和训练最普遍的方法论准则……所以如果我在像这样一部只是预备性练习的著作中只限讨论这些基本特征,人们也不会责怪我了。"(KpV AA V 161)

第一节已经提到,道德的满足和愉快的心情之间有一个递进关系,而且前者是一种必然伴随着任何义务的消极愉悦感,因此可以是义务的"基本特征";同时《实践理性批判》的方法论只是"预备性的练习",并不反对"广泛的工作",即《道德形而上学》的方法论里的进一步地研究。因此,康德对喜悦的心情的态度转变不是自相矛盾。

进一步说,这种态度转变还体现了康德实践哲学发展的内在逻辑,即从探讨德性的理性前提条件到研究理性在人身上的具体体现。虽然在最早出版的《道德形而上学的奠基》里康德就提到道德兴趣和愉快感(GMS AA IV 460),而且在《实践理性批判》里他直接提到了喜悦的心情,但康德没有用它解决人们逃避义务这个问题,而是努力将他们和义务的原则以及道德的动机区分开来,这符合《实践理性批判》的目的,即阻止经验性理性想要"单独充当唯一对意志的规定的僭妄",并证明纯粹理性能够充足规定意志（KpV AA V 16）。"与人的本性发生特殊关系"的研究则不属于批判，而属于《道德形而上学》，后者需要预先认识"人借以实际存在的特殊性状"，之后才能"将义务特殊地规定为人类的义务"（KpV AA V 8）。

哪些"人借以实际存在的特殊性状"是喜悦的心情所必需的呢？第一节已经谈到，积极的愉快来自于道德的兴趣，而愉快是道德兴趣的感性性状之一。在《实践理性批判》里康德只在前言的注脚里的谨慎谈论它，而且认为"对概念进行完备的分析之前"不能对它进行彻底的规定（KpV AA V 9）。《道德形而上学》一开始，康德就对人的欲求能力和愉快进行了详细的区分和研究，并明确提出了"理智的愉悦"，并将它定义为德性的感性结果（MS AA VI 212 – 213）。

第二个感性性状是在方法论提到的顽强的心情。康德将它和喜悦的心情一起列为道德培养的目标。顽强的心情是有德之人实际存在的性状：它是"习惯于忍受偶然的生活灾难和缺少同样多余的闲情逸致"的状态，康德将之比成道德上的健康，即"一种消极的舒适，它本身不能被感受到"（MS AA VI 485 – 486）。这是康德对德性的感性性状的新认识：和道德的满足以及喜悦的心情相比，它更直接，因为它不产生于良心对自我的反思，而是德性力量的直接的展现：这种力量在于，人们在驯服了自己的感性之后，能够"深思熟虑的和果断地决定实施法则"时保持"平静中的心灵"（MS AA VI 409）。

大多数文本没有提到顽强的心情，或仅仅将它和喜悦的心情并列。但是，两种心情之间存在着递进和条件的关系。道德的健康这个比喻有其特殊含义：前面已经提到康德的观察：身体的健康本身能带来舒适的感觉，但对终身安康状态的展望（尽管是经验理性的判断）能带来一种实践的愉快；德性的健康也是如此，尽管德性本身只能带来一种消极的舒适，但对这种状态使人"意识不到故意的违禁，意识到自己没有因为堕落而固定在这种违禁"，带来了自己终生德性状况的展望，从而使人得到"重获自由"时的快乐（MS AA VI 485 – 486）。当然，和身体健康带来的快乐不同，道德健康带来的快乐只是意志被道德法则规定的结果，而不规定意志的原则和动机。

以上论述表明，康德并非偶然地、外在地积极评价喜悦的心情，而是为了解决他一直希望解决的问题，是他的实践哲学从抽象的道德原理拓展到具体的人道德的存在的结果。在康德的笔下，庄严崇高的道德法则带来了越来越丰富的感性后果：从早期消极的道德的满足和积极的喜悦的心情到美丽的自然情感，再到后期舒适的道德的健康。在晚期出版的《实用人类学》里的一段话里，喜悦的心情甚至超出了道德哲学范畴，成为了一种更加具体的人生智慧，让我们用这段话结束本文的讨论吧：

习惯性地心境快活，虽然多半是一种气质特点，但却也常常可能是原理的作用；例如，伊壁鸠鲁那被别人如此称谓并因此受到诋毁的享乐原则，它真正说来应当指的是智者永远快活的心情……这样，就可能并且应当以好的心情去从事艰辛但又必要的工作；甚至以好心情去死亡；因为这一切若是以坏心情和闷闷不乐的心境去做或者承受，就失去价值了（Anthropologie AA VII 236）。

对罗尔斯式正义的主体性分析

舒年春[*]

自从美国哲学家约翰·罗尔斯1971年发表《正义论》以来，正义问题引起大多数欧美学者以至（改革开放以来）中国学者的密切关注，相关研究成果可谓浩如烟海，居于正义问题研究核心处的罗尔斯本人更是终其一生为正义问题的解决殚精竭虑。"正义"往往体现为人们面对跟自己相关的客观的事态所产生的一种公平感或义愤填膺。这种感受虽然直接源于客观的事态，但经常的情况是面对同样的事态，不同的人感受不同，有时甚至出现截然相反的感受。出现这样的情况一般而言是因为不同的人基于各自的角度对事态的分析不同，也就是说产生出来的感受有不同的依据。而且随着时间、地点和情境的变化，人们乃至同一个人对相似事态都有起了变化的感受与评判。这是正义问题的众说纷纭、莫衷一是的一面。这种情形使得正义这样的语词、问题在20世纪英美学界被斥为无意义而一度与科学研究绝缘。正义问题研究当然要关注正义感和影响正义感的各种情感态度，但更深入地讲，它要聚焦正义原则究竟为何、如何得到辩护等问题。

一

学界通常把社会政治理论区分为说明性的（explanatory）理论和规范性的（normative）理论两种，以对道德问题的分析为例：我们如何说明

---

[*] 作者简介：舒年春，哲学博士，华中科技大学哲学系讲师，研究方向为马克思主义哲学和政治哲学。

道德行为这个问题是一个第三人称的、理论上的问题，这是一个有关某种智能动物为何以某种方式行为的问题；规范性问题则是一个第一人称问题，这问题是对道德行动者提出的，而这个道德行动者必须实际上做道德所要求做的事情。[①] 在此意义上，罗尔斯式正义关涉的就是一个规范性问题，它是对价值冲突问题的反应与解决努力，它提供的是一种如何解决价值冲突和进行价值选择的规则或原则。所以，规范是为了满足解决价值冲突的需要而产生出来的，作为规范的内容与目的的正义原则不是对人类社会现实状况（即价值冲突）的描述，而是本身就表达着对现实状况的不满，它要对现实状况进行某种纠正、弥补，它要把人类社会规范得更加合乎人类的意志与理想，也就是追求一个正义的社会。

正义原则要真正成为解决价值冲突问题的规范，就要考虑以下紧密关联的两个层面的问题：（1）规范制定层面。规范的制定者是谁？规范体现、维护的是谁的利益？规范的制定如何体现、维护这"谁"的利益，也就是规范制定的程序为何？这里的"谁"不仅仅指具体的个人，还指个人组成的组织、群体乃至一定的社会，指一定历史发展阶段上的社会（或民族、国家）以及整个人类。（2）规范贯彻层面。规范是对谁提要求？这里的"谁"跟规范制定层面的"谁"一样包括人类、一定历史发展阶段上的社会、一定社会内的群体、组织和具体的个人等层次。规范要求的是这些"谁"的态度、性向（disposition）抑或行为还是其一或全部？规范由谁来执行？被规范提要求的这些"谁"基于什么理由遵循规范？规范的执行者跟一般的规范约束对象一样也是受规范约束的。

规范制定层面的"谁"（第一个"谁"）跟规范贯彻层面的"谁"（第二个"谁"）如果是同一的，那就是自己为自己制定规范、是自己在贯彻、执行自己制定的规范，此即人类自我立法理想的实现。但自我立法理想往往不可能直接实现，除了人类历史中少见而短暂的"直接民主"

---

① ［美］克里斯蒂娜·科尔斯戈德：《规范性的来源》，杨顺利译，上海译文出版社2010年版，第16—17页；英文本 The Sources of Normativity, edited by Onora O'Neill, Cambridge University Press, 1996, p. 16. 前者是一种社会科学研究，提供的是理论上的说明，后者意味着如果你想理解一个哲学家的规范性理论，你就必须让自己置身于行动者的位置，道德正对他提出严苛的要求。你询问哲学家：我真的必须做这吗？为什么我必须做这？哲学家的回答就是他对规范性问题的回答。

时期，它通常指古希腊雅典城邦民主制，但这种自我立法的实现是以奴隶劳动和奴隶不是公民为前提的。在实际的社会历史发展进程中，这两个"谁"经常不同一，第一个"谁"往往是少数精英，第二个"谁"通常包含第一个"谁"在内，而且前者在人数上远大于后者；而第二个"谁"当中经常有一部分（有时甚至是很大一部分）会被忽略掉、牺牲掉，这里被牺牲掉的部分不可能属于第一个"谁"。这样，制定出来的规范要被第二个"谁"接受，第一个"谁"要么假托天意或自然、要么以上帝之名立法以解决两个"谁"的同一性问题。而近代以来，西方世界经过文艺复兴、启蒙运动和宗教改革的洗礼，把卢梭的"主权在民"、康德的"人是目的"等思想观念融合为代议制政府的政治法律理论与制度，通过间接民主和法律的统治（法治）的方式来构建两个"谁"的同一性。可以说，近代以来的民主法治是成功而讲理的（reasonable）两个"谁"的同一性的构建方式。

所以，对于规范能否得到辩护或证成而言，构建这两个"谁"的同一性尤为关键。这两个"谁"之间的同一是理当如此而实际上又是需要具体建构的。

由于正义规范的着眼点是价值冲突与价值选择，而且正义规范解决价值问题的前提性的原则是人是目的，是尊重与维护每个人的权利、自由、尊严等，所以，这两个"谁"的同一性的建构或正义规范的证成问题可以借用马克思主义价值论的主体性分析方法。我们这里讲的"马克思主义价值论"以李德顺的"价值论"为典型，李氏价值论所主张的主体性分析方法基本内容包括以下三点[①]：（1）价值产生于人类特有的对象性关系（主客体关系及其运动）、实践活动之中，产生于人按照自己的尺度去认识世界改造世界的活动，价值是实践的一个内在尺度、一种基本指向。所谓价值，就是指客体的存在、属性及其变化同主体的尺度是否相一致或相接近。用"客体适合于主体的尺度"而不是仅用"满足主体需要"来界定价值，因为需要不是主体尺度的全部；用"主客体关系"而不用"人与物的关系"的表述，因为价值关系不仅发生在人与物的关系中，也

[①] 李德顺：《价值论》（第2版），中国人民大学出版社2007年版，特别是25—28页。该著第1版1987年由中国人民大学出版社出版。

发生于人与人的关系及其他一切可能的对象性关系中。（2）如此理解"价值"意味着作为价值主体的人是这种价值思维方式的核心，它联系着人的主体性存在，"主体性"标示着"人在自己的对象性关系中的权利（right + interest）与责任"。承认价值的主体性意味着承认和尊重每个人在价值选择上对自己的生存与发展的权利与责任。我们对价值的谈论，对作为价值主体的人对任何事物（包括人自己）所下的价值判断，不管意识到与否，实际上都是、并且应该是以人自己的尺度去评量的。万物的价值及其等级秩序并不是世界本身所固有的，从来都是人按照自己的尺度来排列的，都是对于"谁"（或具体的主体）的价值。（3）健全的主体性不仅仅是权利的主体，也不仅仅是责任的主体，而是既是权利主体又是责任主体，是权利主体和责任主体的统一。因此，一方面，我们在考察和评判任何价值时，都应该立足于现实的社会关系，首先明确它是对于谁、对什么人的价值，并只有经过对主体的社会存在和社会意识进行考察和比较，才能做出正确的判断和选择；另一方面，每一个主体对自己所作的一切价值选择、判断及其标准，都要有一个清醒的意识，承认并重视人自己在一切价值判断和选择上的权利、责任及其统一，自觉地承担，并不断地自我检验、自我完善和自我超越。（4）健全的主体意识是作为价值主体的人既是权利主体又是责任主体，是权利主体和责任主体的统一，具体化的主体性分析主要体现为对具体主体的社会存在与社会意识的分析，一般而言体现为四种类型或层次的主体，即：人类整体、某一特定历史阶段的人类、每一时代的人类社会（包括各种不同的人的社会群体，如民族、国家、地区、阶级、阶层、行政单位、各种社会团体等）和具体的个人。

这样一种主体性的价值思维方式运用到正义规范的证成问题上，首先要明确正义规范是人以自己的尺度要求、评量世界的表现，正义规范的内容不是世界本身固有的，而是人自己的尺度的具体体现，正义规范是服从、服务于作为价值主体的人的生存与发展需要这个根本目的的；其次，要弄清以下两个问题：一是规范的价值主体问题。规范是"谁"的利益的体现，就是规范是"谁的规范"或"规范为了谁"问题，这里的"谁"有人类、社会、群体、个人等具体层次，"利益"表现为具体主体的需要和能力，需要和能力都有物质和精神两个方面。在规范的制定或立法层面，需要尊重和保障的是具体主体的需要和能力，它体现为人作为规范的价值主体在面对价值冲突时进行价值选择的各种权利、自由和责任,这种权利、自由和责任在规范的制定层面表现为人作为规范的价值主体以某种方式参与规范的制定。

二是规范的约束对象。规范的约束对象即规范的适用范围,规范的约束对象包括精英立法者、规范的执行主体和其他相关人。在共同受规范约束的意义上,这些"人"是作为一般行为主体而存在的,"人"是行为主体意味着"人"面对规范的约束,其行为体现着其自由与能动性,服务于其生存与发展的需要;立法者是规范的直接制定者,在规范贯彻的意义上他们跟其他人一样遵守规范;规范的执行主体依"规范"执行"规范",在此"规范"有位阶(一般而言,在法律体系中,宪法的位阶最高,下位法不能违反上位法,如很多国家有"违宪审查"制度)的分别。

可以把规范的执行主体称为"法律人",而把规范的约束对象和规范的价值主体称为"法治人"①。"法治人"包含"法律人",前者大致等同于法治社会里的公民,后者是包括法律学者在内的法律从业者。从实质内涵讲,规范的价值主体和规范的约束对象是同一的,这跟前述的两个"谁"的同一性类似。规范的约束对象和规范贯彻层面的"谁"是一码事,这个"谁"要接受规范提出的要求,但与此同时,作为规范约束对象的"人"是行为主体,这意味着这个"人"还是能动的,它同时还是规范的价值主体。所以,提出"规范的价值主体"和作为规范约束对象的"人"是行为主体这样的观念可以构成正义规范证成的新思路。

规范的价值主体意味着如果他受这规范约束且这规范是为了他的利益,那么他就是这规范的价值主体。这讲的是"规范的价值",它意味着规范作为价值客体对价值主体、人的利益(包括需要、愿望与能力等)的满足,规范是人的利益得以实现的条件、手段、工具,在归根结底的意义上,是规范为人的利益服务,不是人为规范服务,这里,人是目的。

---

① "法律人""法治人"的区分参见李德顺在中国政法大学 2016 届研究生毕业典礼上的讲话。

在完整理解规范的价值主体和规范的证成问题上，还有一个"规范价值"问题。跟"规范的价值"根据价值客体划分价值类型不同，"规范价值"是根据价值主体的具体历史状况来划分价值类型，它说的是任何事物包括人的行为在内对人的规范本性与需要的意义，这意味着对一定规范的依赖已被确认为现实的人的一种基本需要，对规范的依赖成为现实的人的完整生命的一部分，满足和实现这种需要则成为了对人的一种直接价值。在这种理解中，规范成为人的主体性尺度的一部分，规范也就成了人的目的本身了，或者说，规范成了作为目的的人的一部分。在此意义上，正义感就是"规范成为人的主体性尺度的一部分"这一点的具体体现，人们在日常生活中往往会对跟自己并不直接相干的人及其行为、性向有义愤填膺之感就是正义感在起作用。

二

罗尔斯式正义即公平正义（justice as fairness）是一种社会规范理论，可以运用主体性分析这种价值思维方式来解读。对正义规范进行主体性分析，首要的就是要辨明在规范的制定与贯彻的过程中，处在具体的交往互动关系中的主体是谁（复数），对于这个"谁"即主体们而言，正义规范既是他（她）们满足其生存与发展需要的工具（规范的价值），又是他（她）们的全面发展的内涵的一部分（规范价值）；而面对正义规范这个共享客体，复数主体之间的关系是主体间关系，即面对共享客体的共主体，这里的复数形式的"主体"是一个整体[①]，在此意义上，这个复数形式的"主体"是"一"。

在具体考察罗尔斯正义理论如何回答规范制定和贯彻层面的主体性问题之前，依据前文的分析，我们先提出如下问题：(1)规范的价值主体或立法者、规范的制定者。公平正义规范归根到底是根据、体现和维护谁的

---

① 这里，首先是规范的价值主体跟规范之间的主客体关系，其次才是面对规范的整个主体拆分开来之后的主体与主体之间的关系，所以，主体间性并不能构成对主体性的替代。在马克思主义哲学价值论的意义上，主体只能是人，主客体关系是人所特有的对象性关系；不存在一种没有对象的、纯粹的主体与主体之间的关系，主体总是相对于客体、对象而言的，离开对象，无所谓主体，主体是指对象性活动中作为行动者的人。

利益、反映谁的愿望的？一句话，规范为了谁？在现实中，规范的价值主体怎样到位？（主体1）

（2）规范的约束对象、守法者。公平正义规范是要求谁、约束谁的行为的，它的适用对象是哪些人，不是哪些人？它由谁来执行？这些都是被要求遵守正义规范的人们，既是规范的约束对象，是被动、受制约的，同时也是自己行为的主体，可以说他们是贯彻、落实正义规范的守法主体和执行主体。

在正义规范的体系中，行为主体的权利与责任如何确定和实现？公民个人或社会成员个人在多数未直接参与规范的制定的情况下对规范的遵循如何可能？司法、行政机构如何公正地贯彻正义规范？即设想由什么样的人和组织机构来具体地掌握、执行正义规范？怎样保证其履行职责的方式始终符合正义的精神和面貌？这些是规范的约束对象或行为主体（主体2）的问题。

主体1是价值论意义上的，主体2是行动哲学意义上，归根到底它们指的是同样的一些人。在规范的制定与贯彻过程中，主体1和主体2共同构成"人是目的"的保障。两种意义上的主体最终为"一"，无论在理论上还是在实践中，这个"一"都是极其重要的，然而这个"一"在现实社会生活中，很容易被撕裂。主体1和主体2如果一致，那么立法与执法、守法就自然而然地是统一的，这就是理想的"自我立法"之实现。但是，不一致是常有的事，于是就有一个对规范没有反映其利益与愿望的那一部分人进行说服、补偿以使之遵循这些规范的问题。这里需要分清几个问题：第一，先撇开规范的层次问题，讲理的情况是人们既是规范制订的参与者、主体又是规范适用的承受者、对象，所以，立法主体制订规范时不能只顾自己或自己所代表的那部分人的利益，还要照顾利益与愿望未得到表达的那部分人，这些人常常被称为少数群体、边缘人群或弱势群体，否则规范既是得不到辩护的，又是无法施行下去的；第二，要清楚规范是约束谁的，这是规范所具有的权威的适用范围，比如：中国政府的法令约束不了在美国的律师，商事法律约束不了刑事案件；第三，规范虽然常常以命令（以威胁、暴力为后盾因而是强制执行的）的形式出现，但随着公民个人自主意识的增强和民主法治建设的推进，规范要真正发挥作用还需要通过接受者即行为主体的审查，也就是具体的规范在接受者那里只是被视为建议,对自己的处境有着最切实理解的接受者有权决定该规范是否与其实际需要和基本价值观①相符,从而决定"建议"是否成为"命令"。

三

在罗尔斯的正义理论中,(1)正义规范是以全体社会成员为其价值主体的,如果考虑到他晚年万国之社会正义问题的思考,我们大体上可以说正义规范是以持续发展的人类整体为价值主体的。罗尔斯是个康德主义者,他力图把"人是目的"的理念和"人类自我立法"的理想变成现实。一方面,罗尔斯通过他的新社会契约论—原初状态把理性人的利益最大化的追求置于讲理、公平的境况的约束之中,这样理性而讲理的、自由而平等的个人借助包含"无知之幕"的原初状态这个思想实验所要求的层层过滤,而一致选择他提出的两个正义原则作为指导社会基本结构的第一位原则,从而巧妙地在理论上把"人类自我立法"的理想给实现出来了。任何人只要他愿意,按照罗尔斯的指示,他是能够随时随地进入正义原则的"选择"阶段的,在此意义上,所有人都参与了原则选择这种根本性的"立法"。随着"无知之幕"的逐步拉开,在原初状态中参与缔约的各方逐步进入现实的世界,社会基本制度的设计进入制宪、立法、规则的施行等阶段②,从而与人们身处其中的鲜活的世界勾连起来。

另一方面,罗尔斯直面现实,特别关注自由民主社会里的"最少受

---

① "基本价值观"是罗纳德·德沃金(Ronald Dworkin)在《认真对待权利》的"中文版序言"中所提出的两种价值观类型之一,另一种是"派生的价值观"。举例来说:如果我说我们应该保护知识产权,因为它可以使我们更好地保护我们在思想表达自由方面的财产利益;假如在我的观点中我只是预设了应该保护财产利益而对之并不进行任何论证,那么保护财产利益就是我的基本价值观;假如我还认为,这一财产利益为新思想的发展提供了必不可少的动机,那么促进新思想的发展就是我的基本价值观,而保护财产利益就成了我的派生价值观。德沃金说,一个观点的适切性取决于它的基本价值观的吸引力。参阅 [美] 德沃金《认真对待权利》(中文版序言),信春鹰、吴玉章译,中国大百科全书出版社2002年版,第8—9页。

② 这是罗尔斯所谓的正义原则制定与贯彻的四阶段序列。参阅《正义论》英文修订版1999年,第31节,第171—176页。

惠者",其正义原则的第二个的一部分[①]即差别原则就是专门考虑"最少受惠者"的利益。如果把社会财富总量看成是木桶里的水,这些最少受惠者就如同组成木桶的那块最短的木板,社会财富的量取决于最短的那块木板,这样,最少受惠者的财富水平就成了整个社会财富水平的尺度。罗尔斯引入基本善理念以界定最少受惠者,基本善是公民能够全面发展和充分运用他们的两种道德能力以及追求他们明确的善观念而必需的各种社会条件和适于各种目的的手段。根据社会生活的一般事实和政治人的观念(the political conception of the person)[②],罗尔斯给出了一个基本善清单,包括基本的权利和自由(平等的政治自由、思想自由、良心自由和结社自由等)、拥有各种各样机会的背景条件下的移居自由和职业选择自由、拥有权威和责任的官职和职位之权力和特权、收入和财富、自尊的社会基础等。[③] 进一步地,罗尔斯指出:最少受惠者是指拥有最低期望的收入阶层,根据其收入和财富而不是其性别、种族、国籍等辨认出最少受惠者。罗尔斯在制度设计上以政治人观念为核心,针对自由放任的资本主义、福利国家的资本主义、一党控制的带有指令性经济的国家社会主义而主张把全体社会成员置于"完全社会合作成员"的起点的财产分散拥有的(property-owning)立宪民主制度,通过确定最低生活保障和调整相对固定的边际税率来保证公民个人的独立自主能力(具体体现为两种道德能

---

① 在《作为公平的正义——正义新论》(2001年,第42—43页)中,差别原则是第二个正义原则的第二部分(另一个部分简称"机会的公平平等原则");在《正义论》修订版(1999年,第46节)中,差别原则是第二个正义原则的第一部分,但在紧随其后的优先规则表述中,罗尔斯又明确地说:第二个正义原则以一种词典编排式的次序优先于效率原则和最大限度追求利益总额的原则;公平的机会原则优先于差别原则。此即第二个优先规则:正义对效率和福利的优先。所以不论差别原则在具体表述上是第二个正义原则的第一部分还是第二部分,大体而言罗尔斯正义原则的优先性排序是平等的自由权原则(第一个原则)、机会的公平平等原则、差别原则。但罗尔斯把差别原则作为第二个原则的第一部分也许意味着其正义观念还包括最具优先性的一条原则,即必须满足每个人的基本物质需要。R. Peffer 在 Marxism, Morality and Social Justice (Princeton University Press, 1990) 中即在罗尔斯的正义原则前加上这条最具优先性的原则,主张用四条原则表达罗尔斯的正义观念。参阅冯克利译《二十世纪的政治哲学家》(迈克尔·H. 莱斯诺夫原著,商务印书馆2002年版),第313页。

② 这种政治人观念把人视为自由的和平等的,赋有道德能力,并能够成为一名完全的社会合作成员。参见《作为公平的正义》(《正义新论》),姚大志译,上海三联书店2002年版,第94页。

③ 《作为公平的正义》,姚大志译,第73、94—95页。

力的全面发展和充分运用),而且在主要考虑代内正义问题的基础上关注代际正义问题,反对牺牲当代人(或未来人)利益的过高(或过低)的储蓄率。他依据这样一种社会观,即社会是一个世代相继的公平合作体系,提出自己的、可能为所有世代的人们所共同遵循的正义的储蓄原则[1],他要求差别原则要与正义的储蓄原则相一致。所以,罗尔斯的正义规范是以持续发展的人类社会为价值主体的。

(2)一般说来,规范的约束对象或行为主体是一定自由民主社会里的自由而平等的公民,当然是像在美国这样的自由民主社会里的公民。他们具有平等的道德人格,具体表现为两种道德能力即获得有效的正义感的能力和形成、修正及理性地追求某种善观念或各种最终目的的能力,这样的公民不仅是理性自律的,还是完全自律的;人们所具有的有效的正义感保证着他们对正义规范的遵循,而且他们拥有平等的基本自由体系,在机会的公平平等的前提下行动;公民对符合正义原则的法律有严格遵循的义务,因为他们所遵循的规范是他们自己所"选择"或者说"承诺"的;"选择"罗尔斯这种道义论道德理论所主张的道德原则要求把个人特殊的兴趣、目的、能力等不可通约的东西放在括弧里。而且根据适用于个人的公平原则和自然义务原则[2],公民对法律(即使是不太正义的法律)有严格遵循的职责。但是法律规范的不正义性一旦超过一定限度,公民个人的

---

[1] 罗尔斯反对纯粹的时间偏爱,认为现在活着的人们利用他们在时间上的优势来谋取过分的利益是非理性的,如西季威克所说,理性意味着一种对我们生命的所有阶段的不偏不倚的关心;也反对为着最大化的福利而主张过度积累的古典功利主义原则。于是他设计一种原初状态立场即采取任一世代的立场以在社会历史的整个过程里公正地对待所有世代;而且他假定原初状态里的缔约各方代表着家庭的延续线,带有连续的世代之间的情感纽带。(《正义论》中译本,2003年第四次印刷,何怀宏、何包钢、廖申白译,中国社会科学出版社1988年版,第44、45节,尤其是第292页及英文修订版,哈佛大学出版社2001年第四次印刷,第44、45节。)所以,罗尔斯基于他的两个正义原则,提出正义的储蓄原则以便各个世代承担起实现和维持正义社会各自所需负担的公平份额。

[2] 罗尔斯明确指出,一种完整的正当理论不只是适用于社会基本结构的正义原则,还包括适用于个人的公平原则和自然义务(本分)原则以及用于调整、规导国家间关系的国际法原则等。也就是说,在原初状态里缔约代表所要达成的协议是包括这三个层次的规范的。参阅《正义论》中译本,第109页及英文修订版,第94页的那个纯粹纲要式的图表。从公平正义的观点看,一个基本的自然义务是正义的义务,这一义务要求我们支持和服从那些已经存在的、运用到我们身上的正义制度,它也限制我们以使我们促进尚未确立的正义安排的建立,至少在无须付出过多代价的情况下,我们应当这样做(《正义论》英文修订版,第99页;中译本,第115页)。

非暴力违抗（包括公民不服从和良心拒绝）行动便可以得到辩护①。

罗尔斯特别分析了另一类行为主体即规范的执行主体，它是自由民主社会里的司法者（主要是法官和其他司法人员），还包括运用公共理性参加公共论坛的公民个人和政府官员，其中作为公共理性范例的最高法庭对正义规范的贯彻最为彻底。这里，作为规范执行主体的司法、行政人员除了以公民身份一般地遵循法律之外，更进一步要按照其职业所规定的角色要求公正地推行法律以实现秩序、安全与正义。

此外，罗尔斯还把正义规范推进到万民之大社会中，提出万民法八项基本原则，大体而言，这个层次的规范的价值主体、行为主体依次是诸民邦（peoples）（包括自由民邦、合宜民邦以及受不利条件牵累的民邦等）；自由民邦、合宜民邦以及受不利条件牵累的民邦。这三种民邦相当于一国之自由民主社会里的优势群体、中间阶层和弱势群体，三种民邦之间的关系是人民内部矛盾。要注意罗尔斯在《万民法》中讲的"法外国家"（outlaw states），它类似黑格尔所讲的市民社会里的"群氓"②：群氓是穷人中的一群，他们构成社会的最底层（underclass），通常永远没有机会参与到主流的社会生活与政治生活中去；这些人最大的、最本质的特点是具有"群氓心态"，表现出一种针对富人、政府与整个社会的内在愤懑与戾气，不承认权利；这些人通常与社会为敌、与文明为敌；值得注意的是，群氓心态也存在于富人之中：富人相信自己可以买到任何东西，因为他们狂妄自大，对金钱的力量极具信心，所以，财富也同样会导致穷苦的群氓所展现出来的愚昧与无耻。如何对待群氓是对当局智慧与能力的最大考

---

① 罗尔斯认为，完整的正义论包括两个部分即理想理论部分和非理想理论部分。前者确立了那些在有利条件下规约一个完满的正义社会的原则，这是一些对人类社会中不可避免的自然限制和历史偶然因素进行调整的原则；后者处理的是能否容忍不正义和在什么情况下能够容忍不正义，它是面对社会现实把理想的正义观念运用到人们所面临的不正义的具体情形上，包括惩罚和补偿正义、正义战争和良心反对（conscientious objection）、公民不服从（civil disobedience）和军事对抗等方面，这些方面是政治生活中的核心问题。罗尔斯主要考察的是理想理论，对非理想理论只是作了简短的分析，如公民不服从和良心拒绝（conscientious refusal），特别是公民不服从，即便如此他还是强调其近于正义的背景假定，当然在后期，罗尔斯对正义战争问题有专门考察。罗尔斯这么做，是因为他认为理想理论是正义理论的根基部分（fundamental part），而且它是分析非理想理论部分的必要条件。

② 参阅迈克尔·O.哈迪蒙《黑格尔的社会哲学：和解方案》第七章第三节，陈江进译，即将由北京师范大学出版社出版。

验，因为群氓和有"群氓心态"的人似乎总是存在于社会当中的。同样，由于国际社会中总会存在所谓的"法外国家"，所以，如何对待法外国家也是对万民之社会的最大挑战。罗尔斯对所谓"法外国家"的排挤、打击、意欲除之而后快的态度和处理受到的诟病很多。总之，如何让群氓和法外国家接受进而遵循正义规范是正义规范证成中的难题[①]。

以上对罗尔斯式正义的主体性分析表明：罗尔斯的公平正义观是得到了辩护的，虽然有其边界，因为规范的价值主体和受规范约束的行为主体是同样的人，它们的主体性或自律经由其正义原则"选择"与落实的"四阶段序列"、基本善理念、最少受惠者观念、正义的储蓄原则、政治人观念（包括两种道德能力、完全的社会合作成员身份）、公共理性理念、财产分散拥有的立宪民主制观念等概念工具构建起了社会正义的"大厦"，真正把"人是目的"的理念落到了实处，也就是把个人在价值选择问题的权利与责任落到了实处。

[①] 包括独狼行动、伊斯兰国在内的全球恐怖主义的存在即是此种难题的表现，恐怖主义似乎是现代文明的边界。

词语有其自身的生命

何 涛[*]

如贤者所言:"身体的安康在于节食,精神的健康在于少错,宗教的完美在于赞颂最优秀的人。"[①] 这些话语,寻常人虽难解深意,却不难依其规范行为,约束心灵。《论语》的言论在对答之间,《老子》的道理在寓言之中,《庄子》的语义在拟象之侧,《易经》的喻示在卦象之上。这些话语在琢磨后方可运用。相比而言,前者无须多加琢磨便可用于生活。顺次推之,还存在只能琢磨不能运用的话语;再次推之,那些既不可捉磨也不可运用的话语,如果没有揭示高深玄奥的道理,可能就是胡言乱语。关于人生的诸种道理,大概也就藏匿于这些类型的表述中,如果缺少相同的诸种内在体验,可能很难获得相似或相同的理解。甚至可以说,读者内心能构造出的意义决定理解的范围。因此,理解文字或话语的过程,就是在词语或语词的刺激之后形成意义构造。这些构造要么是对已经理解或掌握的认识予以变形,要么是在其上增补新要素。随着词语使用历史和理解历史的变迁,一些词语的意义增加了,一些减少了。在此,词语的使用不是依作者和创造者的原初想法,而是产生了自己的生命轨迹。因此,可以从这一观点出发重新思考概念表述及文本理解的相关问题。

---

[*] 作者简介:何涛,广西大学哲学系。
[①] [古阿拉伯]安萨里:《心灵的揭示》,金忠杰译、金焕文校,商务印书馆2016年版,第2页。

一 词语有其自身的生命

如果对人们使用的某些词语宣示自己的权利，对含义不明的术语限定后再去使用，这蕴含的前提是：词语是没有生命的东西。因此，我们有权利任意支配它。这种天然的权利从何获得，寻常人从来没有论证过，也没有持续思考过。

在中国古代，那些特定的符号，有时是自然物体上呈现的被当作符号的东西，有时是经过某种手段制造的符号，如灼烧龟甲形成的印痕，有时是通过特定经验感受创造的符号，如卦爻，还有诸多具有符号功能的东西，如铭文与牌符，都被视为具有特定的作用或力量。这些符号可以预示未来的发展变化，或具有某种神奇的魔力。时至今日，道家的画符也依然有人视为具有驱魔镇邪、治病安宅等神妙作用。在这些古老做法中，这些符号以及由这些符号发展出来的"语言"，是蕴含力量的东西，有其自身的生命。所以，自古以来，在我们的土地上，人们不仅将语言视为有生命的，对语言也是敬畏的。

而今，机械时代文字可以被大量复制，词语的神奇性逐渐变弱，词语的意义不再完全受制于经典文本制约。一些人凭自己的想法去使用词语，而不完全顾忌别人感受。人们从别人那里看到概念是可以被规定的情形后，逐渐想当然地认为自己可以随意支配这一没有生命的词语。这是词语使用中的平庸。什么是平庸？在这里，缺乏深入的思考就是平庸。因为他没有从词语身上"看到"像人类一样的生命特征，没有像动物那样的生命特征，更没有像植物那样的生命特征，所以，这之中的任何一种伦理关系在人类与文字之间是不会存的。因此，古老文化中虽然也将文字视为具有生命特征的东西，却很少将文字视为一种生命而进行显性的论述。有可能因为策略一旦被挑明，就会失去有效的力量。

由于这一诱因，我胆怯地认为：语词，还有文字，是思维器官的延伸。因此，它是人的生命的一部分，它不是工具，它就是生命。在这一意义上，词语是内在生命的延续，或者说就是人孕育出的新生命。所以，人们会像呵护自己的孩子那样呵护自己的词语及其所构成的表达。因此，有时他会对这个自己孕育的生命所遭受的批评天生地反感。仅当他克服这一反感后，才愿意真正地接受批评并改善自己的思考和表达。所以，在表达者的初始情绪中，"文章总是自己的好，孩子也是自己的好。"说其不好，只不过是后来添加的一种带有掩饰的谦虚。语言的锤炼，从情绪起点上而言，是因为不再愿意承受语言的不当所带来的反感。从情绪出发，将自身的东西视为"好的东西"这样一种初始状态，在人与人之间会产生相互的否定，这种否定带来的是他人的反感，是心灵的不适。为了克服这种不适，如果不借助强力或使自己形成强力，就得构建关于表达的伦理。这也是逻辑起源的动力之一。

就形成强力而言，一方面，为了克服不适、获得强力，就必然促使人思考，这是开启智慧的起点力量之一。在这一意义上，后起的命题有"知识就是力量、思想就是力量"等，均同质而殊形；另一方面，语言可以使力量进行扩散，力量也可以使语言获得力量。较为原始的生活中的人，也认为语言具有神奇的力量，如咒语就是这样的。因此，由于语言起源中存在的强力，语言自身就自然而然地和权利及霸权挂靠在一起，相互辅助。因此，语言自身就可以蕴含强权。因此，军事征服也会顺带语言征服，接踵而至的是文化征服。这都不是什么秘密，只要翻阅战争史就会发现，前人已经对此心领神会且付诸实践。

由于词语是人的思维器官的延伸，所以，词语是通达别人心灵的窗口。因而，也是通达不同民族文化的窗口。那些未破解的文字，也必须通过其中的某个"窗口"而破解。这是一个好的通道，也可以是一个坏的通道。通过词语这些窄小的窗口，可以洞察到人们内心中的一些东西。在这个意义上，人们的语言才成为彼此交流的媒介。当您认真地面对别人的文字，并从她那真切的表达中思索时，对另一个生命的慎重感借助对文字的阅读得以体现。所以，您会在细心揣摩中用自己的语词和别人的语词握手。所以，您可能希望听到的是那些"发自内心"的话语，无论这些话语在何种程度上不合语法，无论它在何种程度上显得蹩脚，您都可以通过这些曲曲弯弯的语言通向他人的内心，彼此之间的亲近感（有时候也是烦感）也就顺此而建立起来了。而那些从别人那里套用的句子，可能更适合于舞台表演，并不完全适合于内心最为贴近的沟通。心灵的沟通是断断续续的，是结结巴巴的，因为需要在思索的同时进行表达，并且这种表达永远是当下进行的，而不是经过精心的准备之后以物理讯息再现出来。

语词有其自身的生命，也就有其自身的命运。在日常语言中，可以通过调整自己的语词以通达别人的内心，而不是让别人适应自己的内心。人与语词之间也应该建立伦理关系，至少应该意识到人与语词的使用之间可能存在的伦理取向。那种霸道的语词，会逐渐地将一个人的性格变得霸气十足。而作为思想者，也应该尽可能地避免自己的想法成为世间力量的主宰。伟大的思想都会带来伤害，她唯有在那个由人为灾难造成的时代才应该挺身而出，在那些平静的岁月中，思想与思想者都应该勇敢地选择蛰伏，而伟大的思想都蛰伏在时间的角落，等待人们在需要的时刻去挖掘，去唤醒。思想的确可以被视为一种力量，但力量在塑造一种东西的时候，也会破坏一种东西。谁若不合时宜地利用思想去刻意改变什么，谁就可能制造人间的灾难。无须把思想变成冬天塑料大棚中的蔬菜以满足欲望，她也不应该是精神餐桌上想有就有的菜肴。

二 概念有其自身的使命

因此，既然词语是有生命的，就不能随意地对那些发自内心的表达指指点点，也不能将自己的表达规则潜在地或习惯性地强加给别人。概念有其自身的使命。如果不是为了开创新领域之所必需，更不能对概念进行僵死的定义后再去表达，那只会习惯地认为别人不懂概念，却从来没有彻底思考过自己是否切中了前人使用的概念。一种内在地对自己和别人的话语的自我负责精神永远不能放弃。

概念的诠释，即使完全符合使用者原意，最终也会消长变换，没有理由保证多年以后人们还会以相同的方式使用这些概念。因此，概念在时间绵延中是有局限性的。如果仅仅停留于文字上，就无法传达内在精神的真正旨趣。伏尔泰说："文字只会害义，而精神能使文章充满生气。"[①] 概念的理解不只是取决于概念界定是否准确，也取决于人们对某一概念或词语的敏感度。无论表述还是理解，那些敏感度逐渐降低的词语或概念会逐渐被抛弃。但人们也需要保留这些文本中的思想，因此，解释活动就是把那些敏感度低的概念或语词以当下的能够激起多数人想法的话语重新转述出

[①] ［法］伏尔泰：《哲学书简》，闫素伟译，商务印书馆2016年版，第88页。

来。对这些转述予以梳理并尽可能地寻找某种方法，以进行更多的挖掘活动并形成一定的理论，是永远需要的。如果这门学问企图达到更为普遍的东西，那么，它就会将自己视为一门哲学。

这都是由语词自身的生命决定的。词语的生命决定了概念的使命。对于那些争议颇多、指向模糊的概念，在使用中会被人们渐渐淡忘，甚至抛弃。没有人愿意使用一个人们不熟悉的概念，也鲜有人情愿使用一个令人费解的概念，因为这不利于交流。除非在找不到更为合适的词语的情况下，才会采取这种临时的做法。实际上，无法对所有人或者说仅仅是哲学家使用的这些概念做出系统的梳理，因为时间、空间、个人需求等诸多条件的限制。可是在思想传承中，一定阶段针对特定的群体仍需要这样去做。在思想表述中，为了交流的需要，我们不得不使用前人使用过的、在今天有较为广泛的使用环境的概念或语词。因为那是另一种生命的延续。

因此，如果不是特定的需要，无须以诠释概念的方式将自己所要表达的东西呈现出来，也不会先定义自己的概念然后开始表述。因为它不是为了开端一门新的学科或论调。定义自己的概念后进行表述，无疑等于重新创造一门自己的语言，然后逼迫人们去理解。在这种做法中，虽然使用的是同样的语词，但核心词语的意义已经完全被限制或改变，已经与创造或革新语言的行为无异。如果"我"无法断定我所"造作"的东西是否是绝然创新的东西，就没有充分的理由去这样做。有人因为自己天才的洞见创设一门新学科而必须那样，有人因为开启了新的研究领域而必须那样。他们是谨慎的。他们不是对那些频率较高的术语做以变革或限定，而是设法重新发展出一些术语，概念旧的使命业已完成，新的使命从此被开启了。这种做法无论其是否考虑到了语言发展变化的一些特点，都不知不觉地执行了较好的术语策略。因此，作为普通人，无须由于征服了别国的土地而后通过语言宣示自己的权利，也无须通过语言及借助律法宣示自己在某一片土地上的统治权利，更无须将自己的认识凌驾于人们的认识之上。需要的是亲近而又平等的交流。

三　著作品有其自身的命运

词语和概念的命运，也影响着著作的命运，因此，著作品也有其自身的命运。因为借助于经典文本，会有助于约定一个人们通常所能理解的意义，但著作却无法必然决定人们对其中的术语的意义使用，也无法必然决定人们对其思想的理解。在一些历史阶段，著作及其核心术语或思想被拉到历史的舞台上，在另一些历史阶段，又淹没在历史的河流中。例如，人们经常使用"理性"一词，可是它在大多数人心中的意义是含糊的，仅仅在"对或正确"的意义上去使用这个概念，却忽视了它在原初产生的语境中的意义或它的起源。如果需要梳理一下那些有影响的哲学家关于这类概念的使用情形，那么，这就假定只有这样做才可以得到关于这类概念的正确理解和使用。但实质上，这样的做法仅仅是有助于理解这一概念，却不必然获得这一概念的确真意义。退一步说，对部分概念的阐释仅仅是一种思维训练，它唤起和激发了我们思维器官的思考和表述。何况我们内心的"清楚明白"在自身的范围内都有可能变得模糊，更别说在他人的传承中会永远清晰。因为理解永远是在含混中进行的，如果没有含混，就不需要理解。

尽管在表述和理解中不能完全克服那种必然存在的含混性，但这并没有抹杀经典哲学文本的存在意义。当意识到表述中的含混性时，避免这种含混性不是哲学的态度。首先，应当辨明其究竟位于怎样的情形中，究竟在怎样的情形下其必然会出现表述的含混性，语言在深层的表述中所显露的含混性恰恰也是它精确性的表现；然后，在此基础上区分其在准确的认识域和不能确定的认识域之间的关系，而不是放弃对它的认识努力。放弃认识就无法获得认识，这可以被视为是认识的根本法则之一。这里，虽然没有克服文本中必然存在的含混性，却带来了其他的发现。这是著作另外的命运所在。

也不能由于经典文本中会阐发出某些不合时宜的观点而抹杀经典文本的历史意义。对经典的批判也是人们表达自己观点的方式，这是著作的命运。对文本的研究不能被直接视为客观性研究，文本在一开始并不是为了叙述客观真理而出现的，它首先是单纯的表述，其次才添加了其他的东西。事实上，任何观点都可能会是片面的，这种片面不是单纯地由理论自身决定的。只要调整评判的角度，理论自身所固有的片面性就无法避免，但仅当它在理论使用中与具体情形结合运用时才会形成效用中的片面性。前一种"片面性"不仅不是有害的，反而将会是有益的，它是理论自身被开显出来的东西,而后一种"片面性"会是有害的,但却是可以避免的。

四 结 语

词语的更替与转义是词语生命的演变。概念与著作的命运因此也不断变化。在有限的辨明中,词语承担着多种分辨结果,但为此使用更多的词语会加重我们表述和理解的负担。如果给每一个事情的样态一个名称,那么不需要多久,名称就会极度膨胀。另外,任何内心的体验都不能直接成为客观化的研究,它仅仅被视为具有了客观性。这些体验在认识的形成中被添加了许多东西,并将其附着在词语身上,有些业已成为骗人的信条。对这些信念的局限性的澄清,有助于在前行的路上避免更大的危害。经典文本无论其是否具有最终的合理性,由于它是多数人阅读的东西,所以,借助于经典文本会有助于澄清这些信条,并形成相对稳定的表述和理解。这些理解不断进入日常语言,成为日常用语的一部分,但由于词语的命运,某些词语总会导致含混。这种含混中隐藏着需要辨明的东西。当注意到了任一学科的任一表述的含混性时,我们似乎就进入了哲学。

当代中国话语体系的三原色

陈 刚[*]

一个国家或民族的话语体系是由她的基本价值体系、信仰体系、理论体系和文明体系为支撑的。话语体系往往是价值体系、信仰体系、理论体系、文明体系以及利益诉求的表达。所以我们讨论当代中国的话语体系建设首先要厘清我们的价值体系、信仰体系、理论体系和文明体系，其组成成分，各成分在当代中国社会的意义和作用，各成分之间的关系，如何在三种基本文明成分的基础上实现融合、超越和创新。

一 当代中国的三种文明体系

我们认为当代中国社会的文明体系可以分为三个主要的成分，那就是红色文明、黄色文明和蓝色文明。

红色文明是中国共产党 1921 年成立以后逐渐形成的文明体系，是马克思主义的基本原理与中国革命具体实践相结合的产物。其基本价值目标是大多数人民的平等解放和民族的救亡与复兴；其信仰体系是马克思主义、列宁主义、毛泽东思想、邓小平理论等；其基本理论体系是辩证唯物主义、历史唯物主义、科学社会主义，理论联系实际，以实践为基础的实事求是的哲学体系；为人民服务的工作作风，官兵一致，团结全国人民，积极构建统一战线的基本策略，等等。如果我们回顾一下《黄河大合唱》《沁园春·雪》《红色娘子军》等文学艺术作品，我们就会认识到，中国

---

[*] 作者简介：陈刚，华中科技大学国家治理研究院/哲学系。

共产党是很有文化底蕴的。中国共产党从延安时期就开始有志于党的全面发展，在陕北、晋察冀等地区形成了以高度民主为特征的政治文明；自力更生、丰衣足食、因地制宜、发展生产的经济文明；以延安文艺座谈会为基调的、面向广大群众、基于生产生活实践的文学艺术体系。中国共产党的红色文化是一种强势的文化，它让中国共产党在没有明显外援的情况下，从贫瘠的陕北高原走向北京，并取得全国革命的胜利。1949年新中国成立后，中国共产党的红色文明又有长足的丰富和发展。虽然红色文明的历史并不悠久，但是它已经成为中国共产党和当代中国人民的新文化传统。比如我们现在开运动会还是离不开《运动员进行曲》等红色文化时期的音乐作品。

黄色文明是中华民族在几千年的历史长河中主要在黄河流域的黄土地上自然形成的传统文化体系。其信仰体系和理论体系既包括儒家、道家、佛教，也包括法家、墨家、名家、阴阳家、纵横家、兵家、医家等诸子百家，其中儒家影响最大，道家影响更广。中华价值体系总结为核心的"仁义礼智信"，以及外围的"忠孝悌节恕勇让"。除了上述的基本价值体系、信仰体系和理论体系外，中华文化体系还具有丰富的内容，包括独特的神话、诗词、曲赋、音乐、小说、戏剧、绘画、建筑、饮食、武术、衣冠服饰、民间工艺，等等。它曾经是一枝独立、完整、全面的、具有世界影响力的文明。近代以来虽然遭受了几次否定和破坏，中国传统文明仍然展现了极其顽强的草根一般的生命力。

蓝色文明主要指1600年前后"西学东渐"以来从海上传入中国的欧美现代西方文明。蓝色文明的基本价值体系和信仰体系可以大致总结为科学、民主、自由、法制、人权、市场经济、基督教等。理论体系包括科学理论、政治理论、经济理论、现代技术、文学艺术等。西方文明传入中国经历了几波高潮，第一波是1600年前后以利玛窦、汤若望为代表的耶稣会传教士经澳门进入中国；第二波是1860年两次鸦片战争以后中国兴起的洋务运动；第三波是1895年甲午战争以后大批中国人去日本留学以及1910年以后的庚子赔款留学计划；第四波是1919年五四运动否定传统文化以后更大规模地向西方学习；第五波应该是1950年起，以苏联和东欧为主的留学和交流计划；第六波是1979年以后的改革开放。作为一种以复兴蓝色地中海沿岸的古希腊罗马文化而逐渐形成的、重视海洋贸易的欧美现代文明，蓝色文明、特别是其中的科学技术，展现了极强的自我更新和不断进步的能力。

如果我们希望有效地讨论当代中国话语体系建设，就不得不首先明确承认当代中国红色文明、黄色文明和蓝色文明三种文明体系并存的基本事实。

二 三种文明之间的关系

三种文明之间显然存在互相冲突之处，但是同时也肯定存在三种文明并存和融合的可能性。是冲突还是融合，关键在于我们在具体的环节如何把握它们之间的关系。从过去的150年的历史经验教训来看，我们中国人在这个问题上的处理结果是相当失败的。

1600年前后的西学东渐，耶稣会传教士的基本策略是通过向中国传授天文学、几何学、大炮火药技术来赢得中国士大夫和统治阶层的好感，最终目的是进而向中国传授基督教。中国人能欣赏相对准确的西方历法和威力巨大的红夷大炮，但是统治阶层拒斥洋教，中国的知识分子欣赏不了看似"平淡"而逻辑严密的几何学，他们更喜欢，或者说更习惯充满警句格言却毫无逻辑论证的《论语》。几何学是西方数理天文学乃至整个西方科学体系的基础，看似平淡的几何学命题实际上是关于世界最基础的空间关系的最重要知识。然而当时大部分中国知识分子狭隘的学术眼光欣赏不了西方知识的最精妙之处，因此西学东渐最终取得的成果是非常有限的。

1860年以后的洋务运动比日本的明治维新起步更早，基础也更好，然而日本取得了成功，而中国却以失败告终。学界普遍认为洋务运动的失败和明治维新的成功是因为，中国采取了"中体西用"的态度，而日本采取了"全盘西化"的立场。详细的日本明治维新历史研究表明，日本主流的立场并非"全盘西化"。虽然以福泽谕吉、德富苏峰为代表的西化派主张脱亚入欧，全盘西化，[①] 而以三宅雪岭、志贺重昂为代表的国粹派

[①] [日] 苅部直、片冈龙主编：《日本思想史入门》，郭连友、李斌瑛译，外语教学与研究出版社2013年版，第169页。

则认为不能牺牲日本固有的文化,不能在西方文明面前自惭形秽、失去民族自信心。[①] 日本的知识界也认识到,西方文化过分强调个人主义和自由主义,日本如果想要强国并称霸亚洲,必须在国民中强调纪律、奉献和牺牲精神,个人主义和自由主义只会让日本精神羸弱。所以日本有一批学者转而重视武士道精神和传统文化,他们当时所谓的日本传统文化实际上就是来自中国的儒家文化和日本的神道。类似于中国存在的洋务派和清流派之间的对立,日本也存在西化派与国粹派之间的争论。所以中国的失败和日本的成功并不是因为"中体西用"和"全盘西化"之间的区别,而是另有原因。从最终结果看,日本的明治维新既成功保留了日本文化,也成功引进了西方文化;而中国的清流派并没有发扬光大中国传统文化,他们只是想阻止洋务派的做法,遗憾的是他们并没有阻止腐败在政府和军队的蔓延。洋务派的自强运动虽然主张向西方学习了,但是并没有学好、学到家。中国的洋务派和清流派是互相掣肘的关系,日本的国粹派和西化派是各司其职的关系。

　　1919 年前后的五四运动,作为一种新文化运动,其实质是否定中国传统文化,引进西方现代文化。遗憾的是我们再次将传统文化与西方文化对立起来。这种态势的形成,首先是因为中国人打了几次败仗和政治改革失败之后,对中国传统文化完全失去信心;其次是因为,传统文化派过于保守,拒绝传统文化的更新和对新文化的接纳,不否定传统文化就无法引进西方现代文化。到 20 世纪 30 年代,中国推翻了传统文化,但是新的文化并没有建立起来。按照当时驻华武官石原莞尔的观察和总结,当时的中国社会是"官乃贪官,民乃刁民,兵乃兵痞"。反观当时的日本社会,日本人做到了天皇与议会并存,神社与工厂并存,和服与西服并存。国民党和共产党都深受五四运动影响,区别是,国民党侧重引进欧美文化,共产党侧重引进马克思主义和苏联的社会主义。但是传统文化不是那么容易被否定的,它以极强的生命力,以各种方式存在于我们的生活中,盘踞国人的思维,影响国人的行动。国民党并没有实施西方式的民主政治,甚至没有建立现代的工业体系,这直接导致了中国抗战的羸弱无力,而国民党的

[①] [日]苅部直、片冈龙主编:《日本思想史入门》,郭连友、李斌瑛译,外语教学与研究出版社 2013 年版,第 190—192 页。

独裁腐败政治直接导致了政权的失败。

共产党建国后通过前期的苏联援助和随后的自力更生，成功建立了基本完整的工业体系，工农业生产水平有巨大的进步，建立了初步完整的教育体系、医疗体制和文化艺术体制，打赢了抗美援朝、援越抗美和对印战争，初步实现了民族的复兴。遗憾的是，因为对黄色文明和蓝色文明的排斥，导致了过于狭隘的、色彩单一的文化特质。因为缺乏民主科学的决策机制，我党也犯了一系列的错误，比如脱离实际的"大跃进"，缺乏历史眼光的破坏文物和传统文化的"破四旧"。极左思潮泛滥的"文化大革命"实质上就是独尊红色文明，彻底否定传统文明和西方文明。1976年以后，我国又开始拥抱西方现代文明和中国传统文化。然而改革开放30年以后，红色文明却开始式微，社会上出现了否定共产党传统基本价值观的趋势，比如，恶搞黄继光、邱少云、雷锋等红色英雄，极右派借"恢复历史真相"，造谣污蔑以毛泽东为代表的红色文明。放弃自力更生、自主创新的发展模式，国内部分市场被外资公司垄断，同时中国赢得"山寨之国"的恶名。贫富差距加大，广大工人农民社会地位下降，为人民服务的干部逐渐变成了为人民币服务的官员，官商勾结、官员腐败现象蔓延。在红色文明式微的同时，中国并没有跟上西方文明的最新发展步伐，比如，忽略当代国际社会兴起的可持续发展的生态文明，以粗放的模式盲目片面追求GDP发展，以GDP世界第二而沾沾自喜。中国即将成为国际社会肆意消耗资源、破坏生态环境的坏典型。中国的传统文化也丢失殆尽，来自昔日"礼仪之邦"的中国游客成为粗俗违规扰民的代名词。

造成以上局面的主要原因是我们总是将不同的文明对立起来，洋务运动和五四运动时期是将中华文明与西方文明对立起来，在当代是将社会主义与资本主义对立起来，而且仍然将传统文化与西方文化对立起来，我们始终没有能够像日本人那样，将各种文明的优秀成分成功地拿来整合，同时剔除各种文明的糟粕。红色文化和传统文化，如果处理得当，应该是我们力量的源泉，是我们身份的定义，因为传统是我们的基本生产方式和生活方式。如果我们处理不当，传统就会失去自我更新的能力，就会成为我们进步的囚笼。

三 三种文明融合的可能性

习近平总书记在十八届中央政治局第二次集体学习时强调指出："不实行改革开放死路一条，搞否定社会主义方向的'改革开放'也是死路一条。"改革开放就意味着向西方先进发达国家和民族学习，就是不能否定蓝色文化。否定社会主义方向就意味着否定马克思主义和中国共产党的红色文化，也是死路一条。关于改革开放前后两个三十年的关系，习近平指出，我们既不能用后三十年来否定前三十年，也不能用前三十年来否定后三十年。其背后的深层含义和宗旨就是，我们既不能用蓝色文化来否定红色文化，也不能用红色文化来否定蓝色文化，而是要正确处理两种文化之间的关系。

我们承认红色、黄色、蓝色三种文化在当代中国并存的基本事实，而且承认三种文化各有所长，都不可偏废。剩下来的问题是，三种文明是否可能实现优势整合？如何实现这种整合？

美国著名哲学家库恩（Thomas S. Kuhn）在《科学革命的结构》（1962）中，在讨论新旧科学理论之间的关系的时候，提出了范式理论。这种范式理论可以用来讨论不同的宗教和文化之间的关系。库恩认为，范式为科学家观察世界提供了一个概念网。不同的范式把科学家的研究导向不同的问题领域，以不同的方式来解释相同的观察数据。不同的范式具有不同的本体论、基本理论、研究方法、研究目标、甚至不同的合理性标准。所以，主张不同范式的科学家"生活在不同的世界"[1]。因为范式内部的理论成分之间存在逻辑自洽性，跨范式的理解是不可能的。"从一个处于危机中的范式向一个新范式的转移、远不是可以通过旧范式的延续和接合发展而达到的一个积累的过程。"[2] "积累式的理论创新不仅事实上是罕见的，而且理论上也是不可能的。"[3] "相反，新范式是一下子出现的，

---

[1] Thomas S. Kuhn, *The Structure of Scientific Revolutions*, The University of Chic Press, 1962/1970, p. 118.

[2] Ibid., pp. 184 – 185.

[3] Ibid., p. 96.

有时是在半夜,在深陷危机的某个人的心中。"① 范式的改变就像"格式塔转换",不存在客观的跨范式的比较和评价标准。跨范式的整合更是不可能的。

然而大量的科学史研究表明,范式现象的确存在,跨范式的理解是困难的,但并非不可能。库恩后期也承认双语现象的可能性,即,一个人完全可以学习另外一种语言文化、另外一个范式中的科学理论,并与另外一种语言文化中的人或另外一个科学范式中的科学家实现交流。也就是说跨范式的理解是可能的。科学革命也不是短时间可以完成的某种整体性的,一蹴而就的"格式塔转换",比如现代科学革命从哥白尼1543年发表《天体运行论》开始,到牛顿1689年发表《自然哲学的数学原理》,大致经历了150年之久。这中间经历了多个新旧理论兼容并存的中间状态。哥白尼只不过是将宇宙的中心从地球改为太阳,他的基本理论体系大体上还是守旧的,比如天体运行轨道仍然是旧的本轮—均轮体系。第谷积累了大量系统的、高精度的观察数据,但是因为观察不到恒星视差,构造了一个折中的宇宙结构:行星围绕太阳转,太阳围绕地球转。开普勒利用第谷积累的观察数据,发现了行星运动三定律,其中的第一定律就是将行星运动轨道从旧的本轮—均轮体系改为椭圆轨道。伽利略首次用望远镜发现,宇宙中间存在多个中心,并且发明了新天文学所需要的力学。牛顿的最重要贡献就是发明了微积分,实现开普勒三定律与万有引力定律之间的推导过程,整合了在此之前的所有工作,最终完成了经典力学体系,成为现代科学的"集大成者"。现代天文学和力学的案例表明,库恩夸大了科学范式的逻辑完整性和跨范式理解、交流和整合的困难。在社会领域,文化范式的逻辑完整性比科学范式更弱,所以跨文化范式的理解、交流和整合比科学范式的可能性更大。日本明治维新之后的案例则以历史事实表明,多种文化的并存和整合是可能的。

同为东方国家,在同一个历史时期,为什么日本对东西方文化实现了兼容、并存、整合,而中国却将东西方文化对立起来?存在着一种广为人知的说法,"一个中国人是一条龙,十个中国人是一条虫",相反,"一个

---

① Thomas S. Kuhn, *The Structure of Scientific Revolutions*, The University of Chic Press, 1962/1970, pp. 89 – 90.

日本人是一条虫,十个日本人是一条龙"。该说法形象地说明了中国人和日本人在人与人之间合作态度上的差异。在日本,人与人之间的合作态度决定了他们所主张的理论和行为之间的兼容可能性。在中国,人与人之间的不合作态度决定了他们所主张的理论和行为之间对立的可能性。对此问题,我们也许还可以找到更多的解释,比如日本人更好学,日本人做事情更认真、更扎实,日本人对传统文化没有那么保守,等等,我们认为"合作态度"可能是其中最中肯、最基础的解释。中国人需要加强那种倾听、理解对方观点,尊重对方利益的理性精神。

这种文化对立态度在当代仍然困扰着中国文化的发展。比如改革开放之初的80年代就存在"姓资"与"姓社"的争论。"姓社"派关注的不是如何保护和发扬社会主义的优秀成分,改革当时中国社会的不合理成分,而是反对引进西方的行之有效的社会经济管理经验;"姓资"派则忽视社会主义文化的优秀成分,在学习西方经济管理经验的时候并不能保证原汁原味地学好,其中最典型的案例是,与西方发达国家的股票市场相比,中国股票市场的投资特征很淡,而投机色彩很强。正如洋务运动时期,当代中国虽然也向西方学习了,但是未必学正、学好、学地道了。"姓资"派与"姓社"派之间对立态度非常明显。在这种对立之间,红色文明的优点失去了不少,而蓝色文明的优点并没有学好。

如果说在1949年以前我们所要关注的是如何处理中国文化与西方文化之间的关系,在当代中国我们所要关注的是如何处理红色文明、黄色文明和蓝色文明之间的关系。我们认为三种文明都不可偏废。从正面的角度看,首先,红色文明曾经使得共产党带领中国人民取得了抗日战争、解放战争和建设新中国的巨大胜利。红色文化传统是中国共产党力量的源泉,也是中国人民力量的源泉;其次,儒家文化与其说是孔孟为中国人开出的行为处方,还不如说是对中国人民族心理特征、思维模式和行为模式的总结和加强。而老庄的道家文化更是深入民间,是中华文明的草根文化,既不可否定,也有待提升和发展。西方文明是一种现代文明形态,而且更新、进步能力极强,目前更是世界范围的主流文化,同样不可偏废。从负面的角度看,如果我们只坚持红色文明,否定黄色文明和蓝色文明,其表现形态就是"文革"时期的极"左"泛滥现象。在当代,想要否定红色文明和蓝色文明,回到传统黄色文明完全是一种逆历史潮流的选择,而且是一种完全不可能的选择。如果主张全盘西化，否定红色文明和黄色文明，中国人将失去自己的民族身份认同，而且会出现文化上的异体排斥综合征。只有实现三种文明优势成分的有机整合，我们才有可能构建一种具有更大适应性、丰富全色的、强大的、现代的新文化体系。

四 如何构建当代中国的话语体系

正如在绘画中红、黄、蓝三原色的调和可以得出表现力丰富、万紫千红的色彩体系，我们在构建当代中国的话语体系时，通过红、黄、蓝三种文化体系的创造性组合，也可以得出适应各种环境和用途的、解决各种实际问题的、适应性强的话语体系。

如果我们真想有效地探讨当代中国论话语体系的建设，就应该摆脱理论束缚，不能回避三种文明在当代中国并存的基本事实，明确采取三种文明都不可偏废的基本态度。特别是对待黄色文明和蓝色文明不能再采取语焉不详的态度，对红色文明在当代中国式微的局面也不能采取鸵鸟政策。要旗帜鲜明地彰显红色文明的主导地位，同时明确承认黄色文明和蓝色文明的重要意义和作用。我们应该明确认识到，三种文明各有长处，同时也各有局限性。针对不同的场合和需求，我们应该如何以不同的方式来实现三种文明的综合？

在构建对外话语体系的时候，我们显然应该加强蓝色话语体系的分量。对外言说的目的是实现交流。用别人无法理解的语言或者别人无法接受的前提来言说显然不能达到理解和交流。即使像美国这样的世界强国也无法循此途径而达到目的。中国目前还不是世界第一强国，所以不应该过分强调或过早强调中国特色的话语体系。实际上每个国家的话语体系，即使不强调自己的特色，都不可避免地、或多或少具有自己的特色。但是一开始就明确强调自己的特色，忽略语言的可理解性和公共交流性，很可能使自己的话语体系不被他人接受。那么，在构建对外话语体系的时候，为什么要加重蓝色话语体系的分量？红色话语体系和黄色话语体系应该具有什么地位？我们不妨通过回顾国际话语体系的演变过程来理解我们的答案。

在西方贸易和殖民主义者来东方之前，中国周边的国际秩序是以中国为主导的朝贡体系。日本、朝鲜、琉球、越南等国基本上接受了以儒家为代表的中华文明,由此形成了中华文明圈。在这个时期,以中国传统文化为基础的话语体系通行于几乎整个东亚和东南亚地区。西方贸易和殖民主义者进入东南亚以后,作为政治秩序的朝贡体系开始解体,许多国家的文化体系也开始出现变化,首先是日本大量引进西方文化,其次是1950年以后的韩国和新加坡逐渐西化,菲律宾、泰国、马来西亚、印度尼西亚等国的文化也逐渐吸收西方文化并形成自己的文化体系。今天与这些东南亚国家对话,儒家文化话语体系虽然没有完全失效,但是仅靠儒家文化词汇显然无法实现交流,需要更多地加入蓝色文化的成分。

在世界范围内,20世纪50年代以后以社会主义和资本主义的意识形态对立而形成的"冷战"格局决定了世界话语体系的格局。在东方社会主义阵营中通行的显然是红色文化话语体系,同理,在西方资本主义阵营中通行的是西方资本主义文化体系。各国的民族文化话语体系被压缩。在苏联东欧剧变之后,东方阵营瓦解。在与东欧国家的交往中,红色话语体系几乎成为禁忌;在与俄罗斯的交往中红色话语也基本失效,除了一些苏联歌曲仍然能起到一点交流作用。在与朝鲜、越南、古巴的交往中,红色话语体系虽然仍然存在,但也不再像以前那么重要。国与国之间的交往,意识形态的重要性已经下降,利益和实力成为国际政治的主要变量。

那么是不是说红色话语体系在与世界主要国家的交往中已经完全失效呢?答案是否定的。从20世纪60年代开始,许多西方发达国家开始社会福利制度的变革,完全自由的资本主义市场经济也开始向政府调控的市场经济过渡,其实质是吸收社会主义的优势成分。只是因为意识形态的限制,他们没有口头上公开明确承认这一点。西方社会目前强调的关注中下阶层的利益和福利,削减贫富差距等政策正是出自或者符合红色文明的基本价值观。在与世界各国各地区的交往中,红色文化所包含的深层价值观并没有过时。比如在英国和美国,强调社会平等,代表中下层利益的工党和民主党不仅从来没有从政治光谱中消失,而且时常登堂入室,主政国家。我们在与香港、台湾地区的交往中犯的错误之一是,只关注与上层政界和商界的交往,忽略了中下层的利益诉求和思想形态。

中国传统的文化话语体系在国际交往中也不可简单否定。在许多时候,越是民族的东西就越有世界性。不仅在与东南亚国家的交往中,即使在与非亚洲国家的交往中，特别是在文化交流中，中国传统的文化话语体系仍然具有极强的生命力。孔孟老庄永远是中国对外文化交往中一批亮丽的名片，是我们的文化独特性之所在。当然我们也应该认识到，在国际政治、经济、军事交往中，实力和利益才是根本性的变量或参数；在这些领域，西方的现代话语体系占据着主导地位。中国的外交官必须具备国际眼光，对所在国的文化有精熟的了解，必须具备语言双语能力和文化双语能力。近年来中国的部分外交官开始具备这种能力。比如我国驻英大使刘晓明在伦敦与日本大使关于钓鱼岛主权的电视辩论中，凭着良好的风度、主动的对话态度、流利的英式英语、对中英日三国历史文化的了解，取得了完胜。刘晓明大使借用英国当代流行奇幻小说《哈利·波特》中的"伏地魔"来比喻日本，效果甚佳。中国驻美大使崔天凯，一反中国人传统的隐晦、内敛、谦让特征，以公开、坦率、直接的话语方式宣讲中国的立场和利益诉求，也取得了良好的效果。

在国内的话语体系建构中，红、黄、蓝三种文化则呈现另外一番颜色组合。执政党的红色文化在我们的国内治理话语体系中必须占据主导地位。在此前提下，我们应该明确肯定中国传统文化和世界现代文化的重要性，有选择地保留、学习、光大其中的优秀成分。在三种文化之间创造性融合的基础上，寻求突破和创新，最终创造出一种全新的文化体系和话语体系。

构建中国话语体系将是一项长期而又艰巨的工作，其背后是以当代中国的文化发展，或者说文明发展为基础的。当代中国不仅仅在经济上是发展中国家，在整体文化上也是发展中国家，软实力薄弱只是表现症状之一。构建中国话语体系是以国家治理和全球治理为目的的。我们必须认识到，文过饰非、自说自话的话语体系是不能达到目的的。我们还应该研究世界历史中的大国兴衰过程，特别是其中话语体系的继承、变化、转换和发展过程。

法哲学的缺失与中国传统
法律文化的终极预设

董尚文[*]

传统中国没有产生现代意义上的法哲学是一个不争的事实,虽然导致这一状况的具体原因是多种多样的,但是总有一个根本原因起着决定性的作用。探讨传统中国缺失法哲学的根本原因是一个值得认真探讨的课题。任何法律作为一种观念形态总是受到一定社会历史文化条件的制约,离开相应的社会历史文化土壤而孤立地谈论法律现象是结不出法哲学之果的,只有从文化哲学的角度反思中国传统法律文化才能找到它缺失法哲学的根本原因。

任何一种文化都有一个不证自明的逻辑出发点,一种文化传统就是从这个逻辑出发点上演化而来的,它隐藏在文化传统的根本之中,不仅支撑着文化传统拥有自身的合理性,而且构成了一种最隐秘的不可抗拒的话语霸权,人们只能被迫接受它并用它来对传统文化中的各种现象进行终极解释。这个逻辑起点实质上是一个囊括了理解框架、解释形式、观察视角和价值标准在内的全部知识背景,它是使一种文化得以突出的终极依据,在此意义上我们可以称之为文化的终极预设。传统中国之所以缺失法哲学,从根本上讲是因为中国传统法律文化的终极预设决定的。本文试图从传统中国法哲学的缺失这一现象发出,追问中国传统法律文化的终极预设,以便从文化哲学的角度对产生这一现象的根本原因提供解释。

---

[*] 作者简介:董尚文,华中科技大学人文学院哲学系教授。

一

从严格意义上讲，中国迄今为止都没有属于自身的法哲学，即便从最宽泛的意义上讲，中国现代法理学乃至整个法学作为一种知识样态是中国传统文化逐渐西化的产物。在近代中国走向现代化的进程中，改革旧制、学习西法成了早期中国救亡图存的一项重要内容。尽管始于清末的法制改革是在西方帝国主义入侵的强大压力之下进行的一场注定要遭受失败命运的尝试，然而其改革的深远意义则超越了改革本身的悲惨命运。虽然清末在技术方面的法制改革以流产告终，但是它保留了西法的形式体系。民国初期的宪政改革使西法的形式化体系得以进一步巩固。从此以后，不仅西法的形式得以在中国确立，而且西法的方法论得以在中国法律中运用。经过一百多年的演变，中国现代意义上的法学几乎完全是西化的，更不用说法哲学的输入。那么，决定中国传统法律文化不能孕育出现代意义上的法哲学乃至整个法学的根本原因究竟是什么呢？

检视我们的知识传统，不难发现法学在中国传统知识体系中根本就没有其应有的位置。虽然现代法律学者费尽心思挖掘整理了中国法制史和中国法律思想史，但是所整理出来的这些东西在中国文化传统中至多是一堆史料，而不属于中国传统知识体系中的知识范畴。倘若我们在最宽泛的意义上把凡以法律作为研究对象的学问称为法律之学的话，那么这种法律之学便大体上可区分为两类：一类是在运用法律的过程中产生的经验、技艺和相应的专门知识，姑且可称之为"律学"；另一类则通过对法律现象的抽象化所形成的关于法律本身的规律性知识，姑且可称之为"法学"或者"法理学"。对法律之学的这种区分有助于我们更好地说明它在中国传统知识体系中的地位。中国法制史和法律思想史充分表明，能够纳入中国传统知识体系中的显然只有律学，而根本就没有法学可言。即便就律学而言，它在中国传统知识体系中也是屡受排挤的，因为律学只不过是注释法条和适用法律的致用之学罢了。无论从严格的知识样态的科学定义上讲，还是从中国传统的学术标准意义上讲，律学其实根本就算不上一种具有逻辑性的"学"，它只是一种技艺性的"术"，即围绕法律条文的实际应用展开的一种技艺性知识。与律学这种知识样态在中国传统知识体系中遭受轻视相对应，作为知识主体的知识分子即传统士大夫也将职司法律的吏师排斥在自身之外。事实上，中国古代职司法律的吏师从来就没有成为一个相对独立自主的知识群体。"古代的律家从来也不是一种自足的身份，后人所谓的律家，不过是帝国官吏和士大夫中间熟谙律令并且对法律的研究有所贡献的那部分人罢了。"[①] 由于这部分人对法律的研究仅限于注释法条、阐明法意并适用判例，因此他们的研究在很大程度上是一种非学术化的活动，实际上他们根本就没有把对法律本身的知识追求当作自己的奋斗目标。这样，他们的研究成果至多不过是使既有的法律变得更加具有明晰性和可操作性罢了，而根本就不是一种富有深度的知识产品。因为这个缘故，传统士大夫在建构知识体系的时候试图把这种缺乏思想性的律学排斥在理论思想的视域之外便是一件十分自然的事情。

在中国传统法律文化中律学的命运尚且如此，法学更是无法在自身的文化传统中生成，更遑论法哲学。揆诸知识的渊源，法律是与文明一样久远的事件。法律之学不单是与特定时空中的法律形态相关联，而且与特定时空中的知识样态相关联。从知识社会学的角度来看，西方的法律之学在其自身的历史演变过程中不仅演绎出了一整套具有形式的精确性和逻辑的连贯性的实在法体系，而且演绎出了建立在抽象性和系统性的科学方法论基础上的法哲学，从而构成了西方知识传统的有机组成部分。与此相反，中国古代虽然从商鞅变法开始就基本形成了自身的律学传统，但是它始终都没有自身的法理学或法哲学，从而失去了它在自身传统知识体系中的地位。虽然中国自古就有所谓的法家学派，但是它毕竟未能在自身的文化传统中像儒学那样成为一以贯之的显学，这已是不争的事实。在中国传统知识体系中律学式微、法学缺失，这并非传统中国不能产生的法哲学的原因，而是同一现象的古老表现，正如中国古代很早就自身的名家却没有产生严格的逻辑学一样。对这种现象的原因之追问，只有深入到与这种现象同样古老的传统文化的根基中去，才能寻得正确的答案。

---

① 梁治平：《法治进程中的知识转变》，载于《读书》1998年第1期，第15页。

二

在中国传统法律文化中，一个广泛应用的基本原则是"德主刑辅"，它在中国古代国家治理和社会治理中发挥决定性的作用。早在西周时期，周公鉴于夏商暴政灭亡的教训而提出了"明德慎罚"（《尚书·康诰》）的思想，春秋战国时期，儒家学派创始人孔子提出了"引礼入法"的思想，要求在法制中融入道德元素。西汉初期统治者鉴于秦亡的教训而主张"礼法并重"，汉儒董仲舒在深入探讨了德刑关系后提出"德主刑辅"的思想，它在此后成了我国封建社会治国方略中长期恪守的基本原则。"德主刑辅"原则的核心是"礼义教化""前德而后刑"（《春秋繁露阳尊阴卑》）。礼是德的具体的制度性体现，德是礼的内在的核心理念，从这个意义上讲，"德主刑辅"亦可称之为"礼主刑辅"。尽管如此，礼与刑的关系并非完全等同于现代意义上的道德与法律的关系。这是由礼的特殊性决定的。一方面，礼是以血缘亲属关系为基础推衍出来的规范体系，它含有具体的道德义务规定，属于道德范畴；另一方面，礼又是以封建等级制度为内涵，包含了一整套具有强制性的统治秩序和具有约束力的习惯性法规，在此意义上它又属于法律范畴。因此，礼既是道德又是法律，但它又不是纯粹的道德和纯粹的法律。这一点黑格尔看得特别清楚，他说："在中国人那里，道德义务本身就是法律、规律、命令的规定。所以中国人既没有我们所谓法律，也没有我们所谓道德。"[①] 不仅如此，由于礼源于俗，它与风俗习惯相一致，代表着社会关系中最具稳定性的一面，因此它本身就是一个社会的习惯法甚或成文法。因此，礼与刑的对立只有在相当狭隘的范畴内才是有意义的，也就是说，统治者在国家和社会治理中将在尽可能的情况下直接诉诸礼，只有在失礼的情况下才入刑。事实上，"失礼则入刑"也是中国传统法律文化中的另一个基本原则，它反过来确证了礼具有法的性质。这就意味着中国古代法律只有在得到礼俗认可的前提下才能获得有效遵守，在中国传统法律文化中礼的重要性由此可见一斑。当

---

① ［德］黑格尔：《哲学史讲演录》第1卷，贺麟、王太庆译，商务印书馆1978年版，第125页。

然，这并非中国古代取向于"德主刑辅"原则的原因，毋宁说它是对这种取向的进一步阐释。真正的原因在于这种"德主刑辅"的原则取向中隐匿着关于个体人格道德自足的价值信念，正是在这一信念的支撑下，礼的特殊地位和重要性才得以凸显甚或膨胀。

个体人格道德自足是儒家文化的一个基本信念。孔子大力推进了礼治的道德化因素。他以"仁"释"礼"，把社会外在的秩序规范转化为个体内在的心理自觉，强调通过个体人格的道德修养，不仅可以安顿内在，而且可以解决社会历史和宇宙自然的一切问题。儒家学派的知识分子表达了对个体人格道德的高度自信。孟子曰："万物皆备于我，反身而成，乐莫大焉。"（《孟子·尽心上》）荀子曰："天地者，生之始也；礼义者，治之始也；君子者，礼义之始也……故天地生君子，君子理天地。君子者，天地之参也。"（《荀子·王制》）由此可见，在以儒学为代表的中国传统文化中注重个体人格的道德修养具有十分重要的意义。儒学把"正心诚意修身"视作"齐家治国平天下"的根本，在一定程度上就是出于对个体人格道德的充分自信。

儒家文化为个体人格的道德自信所提供的学理依据是个体与社会秩序的统一。个体是具有自由意志的人，但是人的自由意志需要有他律作为自身的根据。因此，个体必须与群体相结合，只有在礼的统摄之下遵守共同的伦理规范，社会才不会成为一盘散沙。"是故圣人作礼以教人，使人以有礼，知自别于禽兽。"（《礼记·曲礼》）礼是人所固有的异于一般动物的社会性标志。无论孔子的"克己复礼"还是荀子的"行义以礼"，其目标都是要导向个体与社会的和谐统一。礼原本是一套外在的秩序规范，一旦内化为个体的人格内涵，它又反过来为个体人格提供了道德根据。个体因此感觉到自己有义不容辞的社会历史责任和至上的社会义务。个体与社会秩序的统一，在儒学义理中的本质内涵就是个体与历史王道的统一。所谓历史王道，原本所指的是社会历史发展的客观规律，它最终被儒学义理抽象为一种主观性的历史法则。历史王道显现在社会历史发展过程之中，社会秩序不过是历史王道的体现罢了。个体与社会秩序的统一，就是要求个体把历史王道内化为自身的人格基础，通过修身养性而自觉地成为历史王道的传承者。然而，历史王道毕竟是一个抽象的历史法则，要想实现个体与这个抽象的历史法则的统一，还必须有一个中介。儒学当然也提供了这样的中介，那就是尧舜禹周文武等先王圣人，这样的先王圣人就是历史王道的化身。因此，只要个体以先王圣人为模范，进行道德人格修养，他就可以达到与历史王道的统一。孔子大力作《春秋》以大义微言，原本就是为了传承先王古道，此所谓："彼其人者，生于今之世而志于古之道。"（《荀子·君道》）

至此，我们可以清楚地看到历史王道为礼治的合理性提供了一种根据，礼因此而可以摆脱特定历史条件的限制，获得某种形式化的稳定性，从而成为具有长久社会性意涵和作用的普遍原则。认识到这一点，对于理解为什么中国传统法律文化没有产生法哲学这个问题具有十分重要的意义。中国古代具有实体法性质的礼，原本可以继续沿着这一抽象化路线向前推进，并因其抽象性和形式化而能够适应社会历史的发展变化，成为一种具有革命性的活跃因素。这就具有演绎出一种高于和优于实体法的法理学或者法哲学的可能性。事实上，中国传统法律文化在这方面的推进已经达到了相当高的程度。"夫礼，天之经也，地之义也，民之行也。天地之经，而民实则之。"（《左传·昭公二十五年》）遗憾的是，那些源于先王古道的烦琐具体的细则规定却使礼变成了一个封闭的体系，这就排除了它继续向着形式化和抽象化方向发展的可能性。它的抽象性不仅不能对具体性展开富有见识的批判，反而被淹没在具体性之中了。因此，在中国传统法律文化中，法哲学诞生的可能性始终都未能转化为现实性，从礼中最终未能产生西方法律意义上的那种具有神圣根基的自然法，更不用说能够产生出为自然法提供合理性解释的法哲学了。

三

当儒学传统把历史王道视为礼的根据时，历史王道只是礼的相对根据，而不是它的终极根据，因为把历史本身加以道德理性化只是一个有待证明的预设。我们还必须继续追问儒学传统凭什么能够肯定历史王道具有绝对的合理性？到底凭什么把先王古道说成是个体人格修养必须遵守的准则？揆诸儒学义理，我们不难发现儒家文化并没有在此止步不前。相反，它继续朝着这一方向作出了推进，为历史王道预设了一个终极根据：个体与天道或者天理的统一。这实际上就是中国传统文化中最具有解释力和影响力的一个古老观念,即"天人合一"观念。

根据儒学义理,历史王道之所以具有绝对可靠的合理性,是因为它乃天启之道,是先王圣人秉承天启而获得的。因此,"王道"有"天道"作为它的内在根据,它不过是"天道"在社会历史中的显现罢了。这还只是"天人合一"观念的一种粗浅解释。在儒学义理中,"天"是一个自然的本体,但是这个自然本体没有任何实体意义,只具有形而上学意义,也就是说,"天"是自然的秩序、法则、规律或运数的总称。既然如此,那么"天"就是自然的一种自在自为的力量,它不仅具有推动宇宙万物(自然)生长运行的自由意志,而且还具有主宰人世(社会)的自由意志,不过它不能具体推动人事罢了。在人世中,由于"天"不能言(所谓"天何言哉?"),"天不言,以行与事示之而已矣"(《论语·阳货》),需要君王代天而言,因此儒学传统向来就把君王视为天的代言人。同样地,由于"天"不能动,因此就需要人主动担当事天的使命代天而动(所谓"替天行道")。总而言之,天的意志需要通过人的意志的中介才能得以实现。这就是"天人合一"观念最基本的含义。然而,问题在于天与人何以能够相通呢?儒学义理为我们提供了一个相通的基点,即生命意志。天有生命意志,人也有生命意志,它们都是同一个生生不息的生命意志。在儒学义理中使用了一个极富伦理色彩的词来把这个生命意志标识为"诚"。"诚者,天之道也;诚之者,人之道也。"(《中庸·第二十章》)儒学人生论之大讲特讲"至诚",就是要求个体穷尽自己的生命意志,以便达到参赞化育、与天同一的境界。孟子曰:"唯天下至诚,为能尽其性;能尽其性,则能尽人之性;能尽人之性,则能尽物之性;能尽物之性,则可以赞天地之化育;可以赞天地之化育,则可以与天地参矣。"(《中庸·第二十二章》)总之,有了生命意志这个相通的基点,个体只要能够按照礼的规定尽心操养,则可以达到"与天道同一"(《孟子·尽心上》)的境界。这样一来,儒学义理就把作为个体人格道德根据的礼的形而上学根据最终确立在个体与天道的统一上了,天道借着历史王道为个体人格道德提供终极的合理性。

至此,我们也可以概述一下中国传统法律文化的三个预设对中国古代法的发展所产生的深远影响了。

首先,儒学传统以人的原生命本体为出发点,把个体的生命意志贯注到社会规范秩序和道德伦常实践中去,引导出对社会历史形态和国家形态的肯定。其结果必须导致以"王道"为核心的社会礼治秩序观念,这是中国传统法律文化的第一个理论预序曲。"德主刑辅"原则的确立,就是以这理论预设为逻辑起点的。对于中国古代法的发展来说,这一理论预设构成了一股巨大的富有压迫性的力量,导致了相当严格的理论和实践后果。一方面,在理论上,法被纳入了礼义体系,不仅使法的发展失去了自身的独立性,而且窒息了法理学或法哲学产生的可能性;另一方面,在实践上,法的功能被严重削弱,法的应用被限制在了较低的水准上,迟滞了中国的法治化进程。例如,审判活动被变成了把是非方面的技术性问题翻译成伦理方面的善恶问题从而进行道德评判活动,实施惩罚的过程被变成了宣教过程,把法场变成教场,把判决词写成训诫词,凡此种种都是这一理论预设的必然后果。

其次,儒学传统把"王道"依托于"天道",并以此为社会礼治秩序提供终极的形而上学合理性,引导出了一个涵盖"天"(自然)与"人"(社会)的和谐的宇宙秩序观念。这是中国传统法律文化的第二个理论预设,它实际上构成了中国传统法律文化的决定性的支撑背景。"失礼则入刑"的原则正是依托于这一背景的支撑才得以确立的。失礼行为,不仅意味着对社会礼治秩序的破坏,而且更严重的是意味着对自然秩序的威胁。因此,失礼行为往往会被夸大为"伤天害理""天理不容"的犯罪行为。这样,不仅道德上的过失容易被以犯罪目之,而且一切纠纷和争讼都易于以刑罚处断,最终导致不同程度的人治恶果。这对于中国古代法的发展来说同样在理论上和实践上都产生了严重的影响。一方面,在理论上,它造成了法律体系以刑法为主的单一化的畸形发展模式;另一方面,在实践上,它导致把"和解"和"息讼"(实际上教唆词讼也是十分严重的罪名)作为追求的目标。在此,仅以被视为中国古代最具持久影响力的刑罚理论为例,我们就可以看到这一终极的形而上学的理论预设所产生巨大影响。"王者欲有所为,宜求其端于天。天道之大者在阴阳。阳为德,阴为刑,刑主杀而德主生……天使阳出布施于上而主岁功,使阴入伏于下而时出佐阳;阳不得阴之助,亦不能独成岁。"(《汉书·董仲舒传》)事实上,中国古代君王也往往把政事中刑狱杀人之事视为"人命关天"的大事,常常"观临于天",十分谨慎,唯恐因造成冤狱而招致天怒和天谴,而且时常进行"天下大赦"。

最后，儒学传统基于原生命本体的"天人合一"的内在整体观念构成了中国传统法律文化的终极预设。儒学传统把"天道"与"人道"统一在一个原生命本体的基点上，实质上就等于把"天道"又复归于"人道"了。"'天道''人道'从来就是一个道。这本是儒家传统思想。"①无论儒学传统赋予天以生命意志还是道德本性，它最终都是以人为据。从这个意义上讲，儒学传统的内在整体观念所提供的就是一个一重化的经验世界的存在模式。这与西方世界恰好相反。无论是源于作为希腊精神的柏拉图的绝对理念还是源于作为希伯来精神的绝对上帝，它们所提供的都是二重化的经验世界与超验世界的存在模式。在本质上作为一种正义论的西方自然法之所以能够对实在法进行富有见识的理性批判，其根本原因就在于它源自于一个超验的神圣世界，因此它能够为实在法提供绝对的价值根据和标准。但是，中国古代"天人合一"的内在整体观念排除了超验世界的存在，从根本上阻断了中国古代法的神圣渊源。因此，"中国人不把法律看作社会中来自外界的、绝对的东西；不承认有什么通过神的启示而给予人类的较高法律。摩西的金牌律是神在山顶上授予他的，但孔子只是从日常生活中推究事理，而不求助于任何神灵。他并不宣称他的礼法获得了什么超自然的认可。他只是拐弯抹角地说这些礼法来自自然领域本身的道德性质，来自这个世界，而并非人类无从认识的另一个世界。"②儒学传统中一重化的经验世界的存在模式无法为礼治秩序提供绝对根据，因为经验世界本身就是有限的和相对的，"天道"为"王道"提供的终极合理性也是相对的，因为它仍然属于有限的和相对的经验世界，它所提供的合理性最终变成了由"人道"本身所赋予的合理性，这种人为的合理性本身就是令人生疑的。事实上，在中国传统文化中，道家就从与儒家相同的原生命本体论立场出发，走向了对社会与国家形态和历史王道的彻底否定，这足以表明"天道"并不足以担当中国传统法律文化的终极预设之责。

---

① 李泽厚：《中国古代思想史论》，人民出版社1985年版，第132页。
② 梁治平：《寻求自然秩序中的和谐》，中国政法大学出版社1997年版，第335页。

试论李泽厚"天人新义"的理论路径与现实指向

罗绂文[*]

我们知道"情本体"是李泽厚哲学思想的最后归宿，美学因而也就成为"人类学历史本体论"哲学中的"第一哲学"；就其夫子自道认为，这一"情本体"思想是"从马克思开始、经过康德、进入中国传统"[①]。因此，在中国当下的马克思主义哲学、西方哲学和中国固有之传统思想智慧三分天下的语境中，李泽厚的"人类学历史本体论"哲学是重新发现利用马克思主义哲学的"活的东西"对中国传统的"天人合一"进行改造、并赋予"天""人"新的含义，从而形成"循着马克思、康德、孔夫子前行"的现代"天人合一"思想。本文对李泽厚这一"天人新义"思想的形成过程的解析，展示"情本体"哲学思想的建构过程中的思路和目的，并揭示其给我们如何"综合"利用中西思想资源"创新"地解决中国思想问题的启示与方法。

一 "情本体"与马克思"活的东西"

李泽厚的"人类学历史本体论"哲学是从沿着马克思前进，是以马克思主义哲学核心思想"唯物史观"为其根本起点，对中国传统的"天人合一"思想进行现代转化的。这就面临两个问题：一、何为马克思主

---

[*] 作者简介：罗绂文，华中科技大学哲学博士后流动站研究人员，哲学博士，贵州大学哲学与社会发展学院教授，主要研究方向为美学。

① 李泽厚：《课虚无以责有》，《读书》2003年第7期，第61页。

义哲学的核心思想？二、如何理解"唯物史观"？在李泽厚看来，马克思主义哲学在当下中国与在世界一样"在今后一段时期仍将有重要影响"，但其前提要对马克思、恩格斯本人的思想进行区分，找出其中哪些是"死的东西"即被历史所证明是无效与过时的东西，哪些是"活的东西"即至今还有生命力的东西，"并结合总结它在中国的经验教训，从而考虑在现时代如何与中国现实和传统再次交融汇合"，使其成为建构中国现代哲学思想"综合创新"的重要理论资源。① 对当下现实来说，李泽厚认为马克思主义哲学"活的东西"有三：第一，"唯物史观"。这是恩格斯认为是马克思的两大发现之一"人们首先必须吃、喝、住、穿，然后才能从事政治、科学、艺术、宗教等等"②，也是李泽厚反复申明的马克思主义"活的东西"。他认为"唯物史观"是"以制造——使用工具作为人'吃饭'的特征，即人的实践活动与动物界自然生存的分界线"，使得原典儒学的"天地之大德曰生""生为贵"等重视生命、关怀人生的观念获得了现代生活的物质的基础，故而在"人类学历史本体论"中将其通俗化为所谓的"吃饭哲学"，目的是强调"人在天地宇宙中的地位"日益重要，其核心是"科技——生产力"，"科技——生产力是社会存在的根本……科技——生产力在今日及未来，在决定人类生存、生命、生活上，将越来越起着无可估量的巨大作用。"③ 第二，个体发展论。即马克思在《共产党宣言》中的著名论断"每个人的自由发展是一切人自由发展的条件"④ 以及《资本论》中关于"自由王国"的阐述，是马克思关于个体与社会发展的根本理论。在"人类学历史本体论"中这个根本理论之所以成为"活的"，是因为它"吸取"并"优于自由主义"，原因在于"它不是以假设的或先验的'原子个人''天赋人权'等观念为基础，而是把个体放在特定时空的社会条件和过程中来具体考察，认为它是人类历史走向的理想和成果，个人不是理论的出发点，却

---

① 李泽厚：《历史本体论·己卯五说》（增订本），生活·读书·新知三联书店2003年版，第146页。
② 《马克思恩格斯全集》第7卷，人民出版社1972年版，第374—375页。
③ 李泽厚：《历史本体论·己卯五说》（增订本），生活·读书·新知三联书店2003年版，第146页。
④ 《马克思恩格斯选集》第1卷，人民出版社1972年版，第273页。

是历史的要求和归宿。"① 第三，心理建设论。这个"活的东西"来源于马克思在早期著作《1844年经济学哲学手稿》中提及之后，后来包括马克思自己和各派马克思主义者均未重视的"自然的人化"。李泽厚在1980年代将之纳入儒学传统中"心性"范畴，创造性转化为与"深层历史学的唯物史观相对应的深层心理学"，其核心就是"内在自然的人化"，也就是古老的"人性"问题，即"研究'人性'不同于动物性（纯感性）不同于机器（纯理性）之特征所在"。因此，"内在自然人化"是将马克思主义与儒学中的"内圣"心性学说相融合之后创造性地发展出来的"人性论"。这一"内在自然人化"的"人性论"认为"人性心理是历史发展的成果，从而重人文、重情感、重塑建人性，将心理学、教育学提为新世纪的中心学科，以抵抗感性异化和理性异化的现代机器——权力世界。"②

马克思的哲学思想中这三个"活的东西"在"人类学历史本体论"哲学之前的马克思主义哲学研究中并没有得到应有的重视。这导致两种结果：首先，在中国人们往往将马克思主义哲学等同于"辩证唯物主义"和"历史唯物主义"，李泽厚认为这就导致将马克思的哲学思想概括为"革命的哲学"和"斗争的哲学"的根本原因，实际上是以马克思的哲学思想中"死的东西"取代了"活的东西"③；其次，西方马克思主义则经历了另一种发展道路，亦即从马克思思想中的"经济和政治批判"入手，演变为"文化批判"（马尔库塞）和"语言批判"（哈贝马斯）。其实，这也是类似于"革命的哲学"与"斗争的哲学"，只不过这些"斗争""批判"大多发生在个体思想意识形态领域，而没有直接进入或体现为现实生活的"革命"与"斗争"活动而已。李泽厚认为其"人类学历史本体论"哲学和中国主流马克思主义的"革命的哲学""斗争的哲学"与西方马克思主义"批判的哲学"具有根本的不同，在性质上是一种"建设的哲学"思想，在理论上是将马克思主义哲学中"活的东西"作为一个

---

① 李泽厚：《历史本体论·己卯五说》（增订本），生活·读书·新知三联书店2003年版，第147页。

② 同上书，第148页。

③ 李泽厚、刘再复：《告别革命——回望二十世纪中国》，天地图书有限公司2004年版，第141—149页。

整体，也就是"历史唯物史观"——人类"活"的历史之"如何成为可能的""个体发展论"——个体的人"主体性"之"如何成为可能的"和"心理建设论"——"内在自然人化"之"人性"心理结构"如何生成的"作为一个有机体结合起来，最后要达到的目的是为"人生在世"的"情本体"来解决当代中国的人面对思想信仰的真空与价值判断的缺失之"活得怎样：生活境界与人生归宿"① 问题。

二 "天人合一"的根源与流变

李泽厚在用马克思的"唯物史观"给予"天""人"新义之前，首先梳理了传统"天人合一"命题的文化根源和历史流变的过程。李泽厚认为作为中国传统文化的首要命题的"天人合一思想"，就其发展"大概说来，可以分为'古代'与'现代'"②。

在古代部分，李泽厚将"天人合一"的流变分为"源起"的"巫史传统""汉人"的"天人感应"和"宋明"的"道德形而上学"三个阶段。第一阶段远古的"巫史传统"。李泽厚认为中华文化来源于"巫史传统"：

> 我以前曾提出"实用理性"、乐感文化、"情感本体""儒道互补""儒法互用""一个世界"等概念来话说中国文化思想，今天则拟用"巫史传统"一词通摄之，因为上述我以之来描述中国文化特征的概念，其根源在此处。③

中华哲学智慧的核心思想"天人合一"与这个"巫史传统"一样，直接"源起"于远古"巫君合一"中的巫师们"通神灵、接祖先"之巫术活动。在巫术活动中超验的"祖先""上帝""神灵""天"与现实经验的人、人际、社会通由巫师可实现沟通交流、并相互影响，形成"天"

---

① 李泽厚：《世纪新梦》，安徽文艺出版社1998年版，第25页。
② 李泽厚：《历史本体论·己卯五说》（增订本），生活·读书·新知三联书店2003年版，第237页。
③ 同上书，第156—157页。

"帝"总是与"人事"相关联,后再经过巫术仪式的不断理性化而演变成为礼仪制度,从而奠定了"人道即天道、天道即人道"的以"天帝、鬼神、自然与人际交互制约、和睦共处为准则的中国宗教——哲学"的"天人合一"思想基本框架。这就是中华文化"天人合一"核心哲学思想源头,儒、道两家许多基本观念、范畴均来源于这个"天人合一"巫术礼仪人文化和理性化[①]。

第二阶段的"天人合一"思想。汉代以"阴阳五行"为构架的"天人感应"的宇宙生成模式,是巫术时代"天道即人道,人道即天道"外在形式的直接延续:"天"与"人"在生命、生存乃至社会体制、风俗习惯、伦理道德各方面同构合拍、交流感应从而构成了巨大"天人合一"反馈系统。这一"天人合一"不但作为"人生""在世"以及人的其他如社会生活、政治活动的最后依据与实在,而且也成为人了解自然、利用自然和控制自然的思想基础,这个"自然"在李泽厚看来"包括外在的自然(环境)和内在的自然(身心)"[②],尤其是对"外在的自然"的探求,而展示为"天人合一"的"外王"思想。

第三阶段的"天人合一"则是"宋明理学"。如果说"汉儒的'天人合一'是为了建立人的外在行动自由的宇宙模式,这里'天'在实质上是'气',是自然,是身体",那么宋明儒学的"天人合一"则是"为了建立内在伦理自由的人性理想,这里的'天'则主要是'理',是精神,是心性"。因此,汉代儒学是一种"自然"为"本体"的宇宙论,而"宋明理学"以"性(理)"为"本体"的"性本体"的道德形而上学。汉代儒学的"天人合一"是"现实的行动世界,'生生不已'指的是这个感性世界的存在、变化和发展(循环)",而"宋明理学"则是"心灵的道德境界,'生生不已'只是对整体世界所作的心灵上的情感肯定"[③]。所以,汉代儒学"天人合一"的核心思想在李泽厚看来是可以用马克思的"活的东西"——"自然的人化"思想即可得到合理的诠释,而"宋明理学"则需要使用李泽厚将"自然的人化"发展成为"外在自然的人化"

---

① 李泽厚:《历史本体论·己卯五说》(增订本),生活·读书·新知三联书店 2003 年版,第 238 页。
② 同上。
③ 同上书,第 239 页。

和"内在自然的人化"中的"内在"方面才能解释得清楚，也就是说"宋明理学"在"心灵上的情感肯定""只是一种主观意识的投射，不过是将此投射提高到道德本体上来了，即将伦理作为本体与宇宙自然相通而合一"①，即"性本体"的道德形而上学乃为"内圣"之学。

"天人合一"在现代部分的历程发展过程大致分为三个时期：一、萌发期，以康有为、谭嗣同的"天人合一"为代表。他们以"天人同质""物我一体"而能相互沟通以及随之而来的"宇宙即我心""自然即社会"的思想为基础。就此原因，西方的现代科学概念"电""磁""力""以太"等同样具有自由、平等、博爱等社会规律，并"具有感应人心、穿透万物之累的神秘魔力"。因此，在儒家仁学的"托古改制"的旗号下，康、谭搬用西方这些现代自然科学概念来解说现代化的社会结构和关系，李泽厚认为这种新的"天人合一"的理论并未得到充分展开而显得"佛光掠影，粗糙浅薄"："既没有深入阐释传统，又没有准确把握现代"②。二、回光返照期，以熊十力、冯友兰和牟宗三等"现代新儒家"的"天人合一"为代表。他们追求或于宇宙论中悟得"体用不二"而"推之于人生则天人为一"（熊十力），或将人生托于宇宙之"大全"的"一"（冯友兰），或天人感通的"心、性、天为一"（牟宗三）。李泽厚认为，这些"现代新儒学"追求的"人天地合一的'天地境界'或道德精神"仍然是宋明理学的回光返照，是其"道德秩序即宇宙秩序"的延续，不但没有创新之处，反而失去康、谭等人追求"济世救人、作用现实，合'内圣''外王'于一体的博大气概"，从而是一种倒退③。三、中国马克思主义哲学的"天人合一"为代表。1949年中国由于接受了马克思主义而强调唯物主义、理性主义的"天人相分"，而批判、否定传统的具有半神秘半经验的"天人合一"。但仔细分析发现，由于对马克思主义哲学"活的东西"的理解问题，以及以中国"天人合一"的传统文化心理为基础来接受理性的马克思主义哲学，形成了以儒家为"里"马克思为"表"的"天人合一"，也就是将中华文化核心"天人合一"赋予新

---

① 《中国古代思想史论》，人民出版社1979年版，第320页。
② 李泽厚：《历史本体论·己卯五说》（增订本），生活·读书·新知三联书店2003年版，第240页。
③ 同上。

的意义——马克思主义哲学的意义即中国马克思主义哲学的"天道""自然—社会发展的必然规律"和"人道"——"共产党'必然胜利'"的"沟通合一",正因为中国马克思主义哲学以这样的宇宙观("天")与人生观("人")"合一"为基础,使得中国人更容易"信仰和景从"[①],也就是说,这种一种儒家式的马克思主义哲学,更容易让中国老百姓接受但离其真正的中国化似乎还有一定距离。

真正实现"天人新义"的则是现代第四个时期的李泽厚的"天人合一",也就是"天人合一"的第四个阶段。

三 "天""人"的"新义"与现实指向

经过马克思唯物史观的洗礼之后,以"情"为本的李泽厚"人类学历史本体论"哲学的"天人新义"则是将"内圣"与"外王"结合起来的"天人合一"第四个阶段,也就是现代"天人合一"的第四个时期,其目的是为了解决当下"人生在世"的意义问题。

古代和现代的旧"天人合一"思想与李泽厚所阐发的"天人新义"即新"天人合一"之间具有继承的"同"就是在这些所有不管传统的、还是现代的,"旧"的还是"新"的"天人合一"思想都是一种思想的前置性的"一"的预先设定,而创造性达到"一"的过程的不同,这个过程有"源起"的"巫君合一"、有汉人的"天人感应"、有宋明的"民胞物与"和当代的"必然规律"。但在李泽厚看来这些都不是"活的东西",真正"活的东西"是马克思的"唯物史观""个体发展"和"心理建设"三个方面而归结为"一"——"自然的人化"。李泽厚以这三个"活的东西"为依托,将这个"一"的预设发展为"外在自然的人化"即以"制造——使用工具"为核心的人类科技发明和物质文明不断进化的"外王之道"和"内在自然的人化"即以"人性"健全为核心的"文化心理结构"的"内圣之道"。从"人类总体"发展来说是根植于"外王"的"外在自然的人化"之核心"制造——使用工具",它"不仅开

---

① 李泽厚:《历史本体论·己卯五说》(增订本),生活·读书·新知三联书店2003年版,第240—241页。

发出'外在自然的人化'"即"天";同时也"开发出人的'内在自然的人化'的认识领域的（自由直观）和伦理领域（自由意志）"即"人"，而且还进一步伸展到"与'人自然化'相交融，而构成审美领域（自由享受）"即"合一"。这就是"人类学历史本体论"的"天人合一"①。这就形成了李泽厚的"情本体"的"天人新义"。

这一"天人新义"，是一种用马克思三个"活的东西"和"自然的人化"与中华传统文化核心思想"天人合一"共同解决现代、后现代根本问题"人生在世"之意义的"情本体"思想智慧。"情本体"思想是李泽厚面对中国当下的时代精神困境而提出的。他认为马克思主义哲学也将随着时代进入后马克思主义哲学，"历史唯物主义"将走向超"历史唯物主义"而成为"唯物史观"②。由于物质经济的发达和人们基本生活问题的解决，在现实生活中发挥作用的"唯物"之"主义"变成隐藏于其后而成为一种"史观"，也就是说在当代社会里可以将"吃饭哲学"视为一种隐性的根本存在，更重要的是为"人生在世"寻找精神家园。

在给予"天"和"人"的"新义"过程中，李泽厚凸显了马克思主义哲学中没充分发展的"个体发展论"的个人"主体性"和"心理建设论"的"内在自然人化"，即"情本体"哲学思想。这样做，李泽厚的"新义"具有明确的现实指向的，因为在现代和后现代社会里"吃饭"问题已经基本解决的情况下，"人类学历史本体论"或者说李泽厚所谓的"马克思主义哲学"遇到了前所未有的另一种历史挑战，即个体的"在世"的意义问题：在西方哲人看来是"存在"的意义，在东方贤者则是"天人之际"。在"上帝死了，人还活着"的社会现实面前，人和人类还得依靠自己的力量继续"活着"，李泽厚作为一个中国当代思想家虽然也感到"儒门淡泊，已近百年"之荒寒，但与海德格尔"怀着一股乡愁为无家可归的人们寻找重新返回家园的道路"和德里达"既无思乡的愁绪，也无还乡的希冀，而是将人放逐于精神的荒原"③ 有极大的差异，他还是要"贞下起元"，以达"好望"：即"不是再去重新呼唤上帝（如海德格

---

① 李泽厚：《历史本体论·己卯五说》（增订本），生活·读书·新知三联书店 2003 年版，第 266 页。
② 李泽厚：《实用理性与乐感文化》，生活·读书·新知三联书店 2005 年版，第 123 页。
③ 彭富春：《中国当代思想的困境与出路》，《文艺研究》2001 年第 2 期，第 28 页。

尔的'在'),不是去企冀'超人',也不是另造单调的红色乌托邦",而应该"立足在普普通通平平凡凡的每个个人的基础上,立足在作为真正现实的人的主体性的基础上"来决定自己的"在世"意义问题。而在这"由于再没有上帝、再没有形而上学或乐观的乌托邦指引、庇护和安慰,而变得格外艰难、苦痛和'失落',但它又毕竟是在建设,是怀着惴惴不安、忧伤恐惧去期望、去奋斗、去追求那心旷神怡、天人合一"[①]。在经历"肉身"和"精神"无家可归的李泽厚,建构"宗教性道德"的"人类学历史本体论"以"情"为本的哲学,虽然在某种意义上受惠于海德格尔的存在主义哲学,但中国当代思想的建立不可能完全西化,不可能回到海德格尔的古希腊或者直接而简单的回到孔子的"仁"、朱子的"性(理)"、阳明的"良知"。所以,为了迎接这个前所未有的历史挑战即解决"人生在世"的生存意义问题,在以"情本体"为核心的"人类学历史本体论"哲学中,李泽厚所提出的"天人新义"的解决之道则是将马克思主义哲学的"活的东西"和儒家的"活的东西"相结合:将中华文化核心思想"天人合一"观念乃至传统儒学思想创造性地现代转化,同时又将马克思主义"自然的人化"思想中国化。

---

① 李泽厚:《世纪新梦》,安徽文艺出版社1998年版,第120页。

传统文化的思想工作维度

别祖云　赵若兵[*]

我们常说，政治工作是生命线，是我们的优良传统和最具特色的政治优势。政治工作包含思想工作和组织工作，那么，毫无疑问，我们就可以说，思想工作也是我们的传统和最具特色的优势。当反思这一结论的时候，我们不禁要问：这种传统和优势是从哪里来的？或者说，这种优势的"根"在哪儿？下面，我主要从传统文化的视角，试图回答这个问题。并在此基础上，简要论述另外两个问题。

一　思想工作优势的传统文化之根

第一，从治国治人的理念来看。法治与人治是治人治国的两种基本理念。当中国古代社会由蒙昧时代进入文明时代时，由于其典型的农业文明特征（西方是典型的商业文明），我们的祖先安土重迁，世代聚居在一起，其血缘关系没有被打破，于是，西方式的契约文化便无从形成，而典型的伦理文化便得以建立。要而言之，中国传统文化从一开始就崇尚以礼乐教化来治人治国，而不是以法令来治人治国。换种说法，西方重凡人式的法治，中国倡圣人君子式的人治。

《论语》从未从法律意义上提到"法"字，"刑"字提过四次，其中两次是这样说的："道之以政，齐之以刑，民免而无耻；道之以德，齐之以礼，有耻且格。"（《论语·为政》）"礼乐不兴，则刑罚不中。"（《论

---

[*] 作者简介：别祖云，陆军勤务学院基础部教授；赵若兵，陆军勤务学院七大队二十九队学员。

语·子路》）前者是说，仅仅用行政命令、刑罚手段只能暂时有效，要使老百姓从思想上、根本上、恒久性上不反抗，则要德治礼教，德、礼优于政、刑。这种观念形成了德治重于法治的传统治国治人思想；后者是说，刑罚要有效必须以礼乐兴为前提。可见，孔子是重视明君圣主之治的，而且主张明君圣主之治要以礼、德为主，以法为辅；以法治国要以礼治国、以德治国为前提。

孟子说得更明白，他认为，只要做到了"老吾老以及人之老，幼吾幼以及人之幼"，就可以达到"治天下可运于掌"的效果。也就是说，整个国家的大治基于这样一种类血缘关系就可以达成。"君仁，莫不仁；君义，莫不义；君正，莫不正。一正君而国定矣。"（《孟子·离娄上》）这和孔子的思想如出一辙。儒家认为，他们抓住了治国的根本，而法家之法只不过是一种小伎俩而已。荀子公开提出"有治人而无治法"的思想，意思是只有人才能治，法是不能治的。"君子也者，道法之总要也，不可少顷旷也。得之则治，失之则乱；得之则安，失之则危；得之则存，失之则亡。故有良法而乱者有之矣，有君子而乱者，自古及今，未尝闻也。"（《荀子·致士》）

因循这种逻辑，中国传统文化必然特别强调思想工作的重要性。孟子就说："仁也者人也，合而言之道也。"（《孟子·尽心章句下》）仁是人之所以为人之道，人只有实践仁，方成其为人，人的本质就在于人有仁爱之心。既然人都有仁爱之心，那么只要着力提高人们的道德修养，就可以维护社会秩序，做到齐家、治国、平天下，而刑作为惩罚的手段，其功用在于修补和谐秩序下的漏洞，是礼和道德教化的补充而已。儒家还有一个说法，叫"《春秋》之义，原情定罪，赦事诛意"。意思是说，《春秋》的精神是根据你的情来定罪，事情可以得到赦免，但是你的意图必须消除。儒家的法治观念就是"诛心"。这就不是法律问题，而是思想工作的问题了。所以，从治国治人的总纲目来说，作为中国传统文化主流形态的儒家认为人治是纲，法治是目，纲举才能目张。换言之，做思想工作是纲，其他是目。

第二，从人性论视野来看。孔子有两句著名的语录："人而不仁，如礼何？人而不仁，如乐何？"（《论语·八佾》）"朝闻道，夕死可矣！"（《论语·里仁》）前者是说，人们在行礼作乐的时候，若不能贯彻仁德的本性，那还要礼乐干什么呢？后者是说，人只要体悟到了仁德，并顺随仁德之心做事，何必在乎天长地久。孟子更是明确地说："人性之善也，犹水之就下也。人无有不善，水无有不下。"（《孟子·告子章句上》）人性都是向善的，人人都有内在的自我完善的可能性。张载也继承了上述思想，他说："形而后有气质之性，善返之则天地之性存焉。故气质之性，君子有弗性者焉。"① 朱子也一脉相承，他认为，人之性就是人之理，它只能是善，不可能是恶，也不可能是善恶混。到了陆王心学，这种关于人的本质的理论越发趋于大众化，陆九渊说，本心即天理即良知。王阳明说，满街都是圣人。禅宗与中国传统文化相互影响，它认为佛就是人的本体，佛就在心中，一念迷，就是众生；一念悟，就是佛。革命领袖也曾受到传统观念的影响，毛泽东主席就曾豪迈地说：六亿神州尽舜尧。既然人的本性都是向善的或就是善的，那顺乎情理，就只要去除蒙蔽，施以教化，使人回归本性就足够了。所以，有什么问题，做思想工作（按中国传统文化的说法就是启发人的本心、本性，开启人的良知）就成为最自然、最简单和最必须的事情了。

第三，从知行观视野来看。思想工作，说到底就是做人的工作，使人明白并接受某种"观念"或某种"主义"。这恰好与中国哲学强调"明理"、强调"学者须先识仁"是暗合的。

在此，我认为中国哲学有两个特点要引起注意，它们与思想工作密切相关。一是强调认知或知识的极端重要性。重视认知和知识本没有什么不好，但片面化就会导致走向"知先行后""重知轻行"甚至"消行以归知"的极端。不幸的是，宋明道学（对后世中国人影响最大的哲学流派）恰恰走向了这个极端。这里以王阳明为例。王阳明是主张知行合一的，其核心就是认为动机即是行为，动一念起一意就是行为。他说："今人学问，只因知行分作两件，故有一念发动，虽是不善，然却未曾行，便不去禁止。我今说个知行合一，正要人晓得，一念发动处，即便是行了。发动处有不善，就将这不善的念克倒了，须要彻根彻底，不使一念不善潜伏在心中，此是我立言宗旨。"（《传习录》下）在这里，他模糊了所谓行的含义，以为行不一定是身体的活动，一切思念活动甚至本能活动都是行，实

---

① 冯友兰：《中国哲学史新编》，人民出版社1988年版，第147页。

际上等于抹煞行。王阳明的知行合一说本意是重行的，但却有"以知代行""只知不行"的嫌疑，按照其发展逻辑可能会陷入"消行以归知"的陷阱（阳明后学也果真走到了这一步）。大程子强调要首先体悟"仁"，即"学者须先识仁"；王阳明说最重要的是克倒不善之念。一方面，这确实抓住了思想工作的要害和真谛；另一方面，"消行以归知"，也会导致空谈心性的弊端。孙中山先生在领导国民革命时大力强调"行先知后"，就是针对中国哲学这种流弊而言的。

二是中国哲学所谓的"即物穷理"，其实就是"即事明理"。程颐明确说，穷理就是"或读书讲明义理，或论古今人物别其是非，或应事接物而处其当"（《二程遗书》卷十八）。朱熹也基本沿用了程颐的说法，当然更权威。他说，穷理用力就是"或考之事为之著，或察之念虑之微，或求之文字之中，或索之讲论之际"（《大学或问》）。由此可见，中国哲学家所谓的"物"就是"事"，是一些"事务"之物，而不是"客观之物"。即学习研究的基本是人事之理而非物事之理。王阳明更是走向极端，其《大学问》有句名言："意所在之事谓之物"，即所谓的"物"就是"意"的对象，并不是客观世界中任何一件东西。因此，"物"就有善恶或正与不正可言了。格物就是为善去恶，"正其不正以归于正"。同时，由于王阳明提倡"心即理"，认为"本心""良知""天理"是同一个东西，这又走向了另一个极端，认为读书、应事接物都是支离破碎的，没有必要的。所以，"格物"就是"格心"："格者，正也，正其不正以归于正之谓也。正其不正者，去恶之谓也；归于正者，为善之谓也。"（《大学问》）"致良知"就是把自己固有的"良知""天理"贯彻到事事物物当中去，也就是说，人的认识就是本心或"良知"的自我认识过程（类似黑格尔讲的绝对精神），"致良知"能够达到本心的"良知"，也就是达到了真理的认识。在上面论述的基础上，我们想想："格心"不就是可视作为"思想工作"的另一种说法吗？我们在作思想工作时，不正是在劝诫我们的对象"应该怎么样"或"不应该怎么样"吗？

思想工作按逻辑来说，本来有两个重点，一是"思想"，二是"工作"，前者是逻辑起点，后者是逻辑结点，二者不可偏废。大家想想，我们现在有些从事思想工作的人，偏好于做宏大的说教而自己不身体力行，偏好于谈所谓的人事而无能于物事，满足于所谓"特殊材料说"而不言及人性之全体,是不是在继承思想教育传统的同时也一并继承了其糟粕!

第四,从修养论视野来看。道学的主要目的是提高人的精神境界,其主要关注点不在于追求物"理"而在于提高道德修养(第三点已有所涉及)。"圣人"是理学家和心学家的共同目标,但他们达到这个目标的修养方法不同。心学的方法是"先立乎其大者";理学的方法是"即物穷理"。

我们先看看孔夫子怎么说的:"弟子,入则孝,出则悌,谨而信,泛爱众,而亲仁。行有余力,而以学文。"(《论语·学而》)作为人,做到孝悌、谨严、诚信、关爱众人,达到了仁德圣贤,如此还有余力,就可以学点文化、文献、文学、文艺了。可见,孔子认为作为一个人首先要搞好自己的品质,确立正确的人生观价值观,把握好自己做人的基本原则,培养好自己的基本人格,再去学习学问与技能。我们今天强调的"做事先做人""德才兼备,以德为先"都是对这一传统的继承。

朱熹认为,人人物物都有一个完整的太极(万物之理的全体),所以理也就在我们内部,只是由于我们的气禀所累,这些理未能明白地显示出来。太极在我们内部,就像珍珠在浊水之中。我们必须做的事,就是使珍珠重现光彩。做的方法有两个,一是"致知",一是"用敬"。"盖人心之灵,莫不有知;而天下之物,莫不有理。惟于理有未穷,故其知有不尽也。是以大学始教,必使学者即凡天下之物,莫不因其已知之理而益穷之,以求至乎其极。至于用力之久,而一旦豁然贯通,则众物之表里精粗无不到,而吾心之全体大用无不明矣。"(《大学章句·补格物传》)(看到了顿悟学说的影子);若不用敬,则格物就很可能不过是一种智能练习,而不能达到预期顿悟的目的。在格物的时候,我们必须心中记着,我们正在做的,是为了见性,是为了擦净珍珠,重放光彩。只有经常想着要悟,才能一朝大悟。这就是用敬的功夫。这种修养方法,与柏拉图差不多,朱熹人性中有万物之理,就是柏拉图的宿慧说。"我们在出生以前就有关于一切本质的知识",所以"顺着正确的次序,逐一关照各个美的事物"的人,能够"突然看见一种奇妙无比的美的本质。"[①]

王阳明有一句名言:"一念发动处就是行。"(《传习录》下)意思是,修养功夫上,潜在的念头、动机、意向就是行动的开始,善念要呵护,恶

[①] 冯友兰:《中国哲学简史》,北京大学出版社1985年版,第350—351页。

念要克服。尤其是恶念，必须加以消除，才是真正的修养功夫。这也就是说它包含着更高的伦理道德要求了。因为没有付诸行动的坏念头同坏的行动一样是坏的，就是说坏念头也是不可以有的（它所谓"破山中贼易，破心中贼难"与上述观念互为佐证）。

中国传统文化强调自身的品行修养，强调对德行的"悟"或"开窍"，强调要树立正确的人生观价值观，是一种优良传统，我们当然要发扬光大。

第五，从强调"心"（主观精神或主观能动性）的地位与作用的视野来看。中国古代主流的哲学家基本上都是极其强调"心"的作用的，总的说法是："大其心""先立乎其大者"或者叫"发明本心"。孔夫子认为，一个人要成为君子，必须靠人的自觉，着眼于人的内在自觉与内在修养。"爱人不亲，反其仁；治人不治，反其智；礼人不答，反其敬。行有不得，皆反求诸己。"（《孟子·离娄上》）凡事要严于律己，时时反思，如此"人皆可以为尧舜"。讲"我欲仁，斯仁至矣"。孟子讲"贫贱不能移，富贵不能淫，威武不能屈""养浩然之气"，还说"苦其心志，劳其筋骨，饿其体肤，空乏其身"，意即实现自己的人生价值和人生理想，需要一番艰苦的磨炼过程。张载讲修养的人必须"大其心"，即修养的人要从自己本身做起，"大其心则能体天下之物"（《正蒙·大心篇》）都是对主观能动性的极度张扬。陆九渊有一段话更是鲜明地印证了这一点：近有议吾者云："除了'先立乎其大者'一句，全无伎俩，"吾闻之曰："诚然。"（《象山全集》卷三十四）他认为，天理、人理、物理只在我心中，宇宙是吾心，吾心是宇宙，所以，治学主要是"发明本心"，不必多去读书外求，仁义之心人所固有，只待发明且光大而已。

思想工作是做人的工作的，说到底，是做改变"人心"的工作的。"人心"的改变当然不全是"做"出来的，但首先必须"做"。所以我们现在讲"合情合理"，讲"入情入理"，讲"以情感人，以理服人"。也正因为如此，传统文化讲的"直指人心""大其心"，从心抓起，发挥主观能动性，是一条做好思想工作的最根本最直接的路子。

以上，我们从多个维度探讨了传统文化与思想工作的关联。总之，我们共产党人之所以有做思想工作的优势，之所以有做思想工作的优良传统，一方面有赖于我们有丰富的传统文化资源，另一方面也有赖于我们对传统文化资源的积极扬弃（当然扬弃是一个过程）。

当我们把上面的问题讲清楚后，下面两个问题就比较简单了。

二 传统文化中思想工作的功能

信念教育和规范教育是思想工作的两大基本功能。信念是指人们对特定知识内容和价值目标的肯定性评价，是信念持有者对知识内容的主观确信和对特定价值目标的情感认同。规范教育是培养人的自觉而合理的"应当""应该"意识，也即是把外在规范变成自律，树立正确的人生观和价值观。它包括规范内容、规范根据以及情感教育、榜样教育和环境的"无声教育"几种形式。[①] 据前所述，中国文化的主流是一种叫人如何"做人"而不是叫人如何"做事"的传统，而且，我们共产党人今天很好地扬弃了这一传统，所谓"德才兼备，以德为先"就是显例之一。信念和规范的总和大致等同于中国古代所说的"道"，而"道"恰恰是中国古代思想家最为看重且矢志追求的东西。《汉书·艺文志》在论及儒家的源流时就说："儒家者流，盖出于司徒之官，助人君，顺阴阳，明教化者也。游文于六经之中，留意于仁义之际，祖述尧舜，宪章文武，宗师仲尼，以重其言，于道为最高。"儒家倡导"立志乐道"，立志就是确立人生的目标和理想，使一个人有明确的努力方向。孔子以实现仁道为人生目标，十分重视"立志"在实现这种人生目标中的意义，并把它放在首位，"志于道，据于德，依于仁，游于艺"（《论语·述而》）首先要求学生树立坚强的理想信念。孟子把"志"与"气"结合在一起，提出"持志""养气"，以立志为基础，养成大丈夫的"浩然之气"。朱子认为"志"是心之所向，对人的成长至为重要。他也把立志放在为学之法的首位，"问为学功夫，以何为先？曰：亦不过如前所说，专在人自立志"（《性理精义》卷七）王阳明亦称"志不立，天下无可成之事"。（《王文成公全书》卷二十六）他们都把"立志"视为道德教育和道德修养中首先要解决的主要问题，充分注意到"立志"在强化个人修养心性的动机上的

[①] 罗敏：《政治理论教育的功能特征与教育方式选择》，《南京政治学院学报》1997年第1期。

作用。

"立志乐道","立志"是立寻道践到且最终乐道之志。要"乐道"就必须做到情感认同,做到内化,正如《大学》所言:"所谓诚其意者,毋自欺也。如恶恶臭,如好好色。此之谓自谦,故君子必慎其独也。"(《礼记·大学》)《中庸》也说:"道也者,不可须臾离也;可离,非道也。是故戒慎乎其所不睹,恐惧乎其所不闻。莫现乎隐,故君子慎其独也。"可见,我们今天有思想工作的优势,一方面有赖于我们抓住了思想工作的精髓,另一方面也有赖于我们有这种悠长的做思想工作的土壤和优良传统。而且,我们确信:对精髓的把握和这种优良传统成了我们共产党人血脉的一部分。

三 传统文化中思想工作的路径与目标

第一,思想工作的路径。按照中国哲学的意思,做思想工作,其路径就是把本体内化。本体是什么呢?就是天理,就是良知,就是本心。我们涤除了私欲,清除了蒙蔽,就会发明本心,关照天理良知,最终就会按照天理良知去行事。用现代语言表述,世界观就是本体,就是我们每一个人的精神家园,那么,思想工作的路径就是通过教育、示范、强制等方式把信念、理想和规范等内化,比如说把规范伦理转换成德性伦理就是如此。我们现在讲的"铸牢军魂""真学、真信、真用"也是这一路径的具体运用。

第二,思想工作的目标。这里所谓的思想工作的目标,就是主体通过思想工作,希望客体所达成的那个样子。传统文化最高的人生境界就是"极高明而道中庸",在穿衣吃饭、担水劈柴(不一定要做非凡的事,不一定要成就非凡伟业)中成为圣人、真人和佛。中国人讲内在超越(即自我超越),与外在超越(人本身没有价值,是被超越的对象,要依赖于高于人的万能的主)相对而言。内在超越不是对人的否定,是对凡人的否定,是超凡入圣(不慕仙、不慕神),价值目标是圣人、完人,即最像人的那个人。大家在平凡的工作岗位上都成为了最像人的那个人,这样,社会就和谐了,国家富强,民族振兴,人民幸福便指日可待了。我们经常讲"立足岗位作贡献""不求轰轰烈烈,但求问心无愧"就是这个意思。

于是，我们可以说，思想工作作用最大，但也最难；如果思想工作做好了，也就是说它的目标达成了，就不需要领导者了，当然也不需要思想工作了。一句话，思想工作就成为历史了。

上面，我们从三个方面论述了思想工作与传统文化的关系，深深感到中国传统文化的理念深深浸润于我们今天思想工作的方方面面。这里有两个结论：要做好思想工作，一定要借鉴学习和利用传统文化的丰厚资源；一定要剔出传统文化诸如谋人不谋事、空谈心性、片面夸大主观能动性等糟粕。如是，我们的思想工作必将进入一个新的时代。

走向社会主义的澄明之境[*]

——论社会主义核心价值观的践行路径与现实意义

冯旺舟 罗玉洁[**]

任何一个民族和国家都不可缺少核心价值和价值观,它决定了这个民族和国家发展的基础和方向。新中国成立前,中国经历百余年的战乱,国破家亡,民生凋敝,人民的思想观念遭受剧烈震荡,由传统伦理道德转向了现代价值观念。新中国成立以来特别是改革开放 30 多年以来,中国的政治、经济、社会和文化发生了巨大变化,已经进入了"新常态"[①]的发展阶段。虽然取得了举世瞩目的经济建设成就,但是经济体制、社会结构、利益分配等方面的变化也带来了人们思想观念的深刻变化,人民群众面临着价值观重塑的历史要求,从实质上来看就是要实现中国文化现代化和人的现代化。由于历史和现实的原因,在快速的发展过程中产生了诚信缺失、制假售假等道德失范现象,如果不予以重视和解决就会导致这些思

---

[*] 基金项目:2015 年国家社科基金青年项目:"转型资本主义"批判理论及当代价值研究(15CKS024);2015 年中国博士后科学基金第 57 批面上资助项目:艾伦·伍德的资本主义批判理论研究(2015M571076);湖北工业大学校级教研项目:高等学校"嵌入式"开展社会主义核心价值观教育的途径与方法研究(2014093)。

[**] 作者简介:冯旺舟,湖北工业大学马克思主义学院副教授,哲学博士,中共中央编译局博士后(在站),主要从事政治哲学、马克思主义中国化、国外马克思主义哲学研究;罗玉洁,湖北工业大学硕士研究生,主要研究方向为国外马克思主义。

[①] "新常态"一词是习近平总书记在 2014 年考察河南的时候提出的,是指不同于以往高速发展的相对稳定的发展阶段,主要特征是经济上从高速增长转为中高速增长,经济结构优化升级,从要素驱动、投资驱动转向创新驱动;政治上稳步推进政治体制改革,消除一切体制顽疾;社会建设上创新社会治理体制,推进法治社会建设,倡导社会风尚,促进和谐社会幸福社会建设;文化上推进以社会主义核心价值观为引领的文化软实力建设;生态上更加积极主动以生态文明建设为目标,建设美丽中国。

想和行为腐蚀社会主义建设的大厦。因此，在当前世情、国情、党情发生巨大变化的时候，在利益多元化和价值多元化的现代社会，加强社会主义核心价值观的宣传与教育具有重要意义，最终为实现"中国梦"提供强大精神动力和智力支持。

一　社会主义核心价值观的内涵

核心价值观引领社会其他弱势的价值观念，同时也是一个形成于历史中的得到人们普遍遵守的行为准则，有稳定性、排他性和独特性等特点，比如中国封建社会的"三纲五常"等价值观就对社会的稳定与发展起着重要作用。社会主义核心价值观与社会主义核心价值体系都是对中国历史和现实进行的深刻反思，是对中国特色社会主义道路、理论体系和制度中蕴含的价值观的高度概括，是对中华民族的共同理想在新时代的明确回应，是凝聚中华民族精神的催化剂和强心剂。社会主义核心价值观是在社会主义核心价值体系基础上提炼概括出来的，反映了人们对中国特色社会主义建设的看法和态度。社会主义核心价值体系包括："马克思主义的指导思想，中国特色社会主义的共同理想，以爱国主义为核心的民族精神和以改革创新为核心的时代精神，社会主义荣辱观"。党的十八大报告明确提出："社会主义核心价值体系是兴国之魂，决定着中国特色社会主义发展方向。要深入开展社会主义核心价值体系学习教育，用社会主义核心价值体系引领社会思潮、凝聚社会共识……倡导富强、民主、文明、和谐，倡导自由、平等、公正、法治，倡导爱国、敬业、诚信、友善，积极培育和践行社会主义核心价值观。"[1]

倡导"富强、民主、文明、和谐"是社会主义国家价值的集中体现。党的十八大将中国特色社会主义的总格局定义为"五位一体"，"富强、民主、文明、和谐"即是中国特色社会主义和实现中国梦的要求，它贯穿于中国特色社会主义的经济建设、政治建设、文化建设、社会建设和生态文明建设的五大方面。中国梦内涵之一是国家富强，这与社会主义核心价值观中的"富强"一致，"富强"即坚持解放和发展生产力，实现国家

---

[1] 本书编写组:《十八大报告辅导读本》，人民出版社2012年版，第32页。

综合国力提升、富足强盛。"民主"即人民当家做主,保障公民各项权利得到实现,不断推动中国民主政治建设,建设现代政治文明,促进人民群众自由全面发展。"文明"即通过提升全社会的文明程度,构建社会主义的精神家园。这需要继承和发展中华文明和西方文明的优秀成果,中华文明具有几千年的历史,在推进中国梦的过程中实现中华文明的新的辉煌,同时融合西方现代文明,推动中国特色社会主义的物质文明和精神文明进一步发展。"和谐"是指建设一个人与自然、社会和人之间和谐的社会,使山川秀美、社会良性发展,丰富中国梦内涵,助推中国梦的实现。总而言之,富强是根本、民主是保障、文明是导向、和谐是目的,共同体现中国梦的整体要求。

倡导"自由、平等、公正、法治"是社会主义社会价值的集中体现。为了更好建设中国特色社会主义,必须以社会主义核心价值观为引领。"自由"是指公民有人身自由和信仰自由等各种自由,这种自由是积极自由,为实现人的发展奠定基础。"平等"指人们依法享有平等权利和义务,不会受到任何强制力的制约和限制。"公正"即公平正义,指建立以权利公平、机会公平、规则公平、救济公平为中心内容的保障体系,形成公平正义的社会环境,造福于全体人民。"法治"是指国家的各项方针、政策和行为要按照宪法和法律的规定来进行,任何人都不能违反法律,否则将受到惩罚。法治发挥作用要以国家强制力为后盾,依靠制定和实施法律规范的形式来推进和实施,实现科学立法、严格执法、公正司法,全民守法。将社会主义核心价值观与培养社会主义法治精神相结合,是加快建设中国特色社会主义法治体系的必然要求,也是推进"四个全面"总体战略中的全面依法治国的题中之意。自由是前提、平等是基础、公正是要求、法治是保障,四者相互联系,成为社会价值的重要要求。

倡导"爱国、敬业、诚信、友善"既是社会主义公民个人价值的集中体现,也是中华民族传统文化的重要表现。中华民族优秀传统文化是中华民族发展史的凝聚和结晶,是中华民族生生不息的动力之源,其内在的核心价值观更是具有强大的生命力。中华民族优秀传统文化之所以延续至今,深层次的原因在于其价值观的影响力。"爱国"就是热爱祖国,为祖国的繁荣昌盛而努力工作。自古以来,中国人就具有爱国爱家的情怀,有着"国家兴亡,匹夫有责"(《左传》),"先天下之忧而忧,后天下之乐而乐"(范仲淹《岳阳楼记》)的价值追求。"敬业"是指爱岗乐业,忠于自己的职业,不断增强职业道德,提高知识技能,如"春蚕到死丝方尽,蜡炬成灰泪始干"(李商隐《相见时难别亦难》)一样恪尽职守,如"鞠躬尽瘁,死而后已"(诸葛亮《出师表》)一样竭尽所能。"诚信"即诚实守信,如"欲正其心者,先诚其意,意诚而后心正"(《大学》)中所讲的,诚信是人的立身之本,是国家兴旺发达的基石。中华民族道德体系大厦就是建立在诚实守信的基石之上,践行承诺是中华民族传统美德。"友善"是对个人在处理与他人关系上应遵循的行为准则。唐代诗人王勃的"海内存知己,天涯若比邻"则充分体现了这一点,它要求人们待人亲和友善,严于律己,推动形成"我为人人、人人为我"的社会风气。社会主义核心价值观的"爱国、敬业、诚信、友善"都属于中华传统优秀文化中的"德"的范畴,包含了社会公德、职业道德、家庭美德、个人品德等基本行为规范,表达了对公民个人层面的价值追求。

纵观"三个倡导"它彰显了时代精神、继承了民族优良的传统、整合了理想和现实的诉求、折射出了"有容乃大"的包容精神和中华民族高度的文化自觉、文化自信,是我党的重要理论创新。社会主义核心价值观直接揭示和规范了社会主义的本质,是引领中国特色社会主义发展的镜子和指南针,国家、社会和个人三个层面价值目标相互关联,融会贯通,体现了政治理想、社会取向、个人行为准则的统一,充分体现了中国特色社会主义以人为本的本质要求。中国特色社会主义以人的自由全面发展为目标,以人民的利益为最高利益,坚持最大限度的自由、公平和正义。在改革开放的过程中,中国社会主义的发展不断开辟了中国历史发展的新坐标,彰显了中国的新气象和活力,并且在激烈的世界竞争中让中国跻身世界先进民族之林。

二 践行社会主义核心价值观的路径

社会主义核心价值观植根于中国近现代的历史中,与中国文化软实力建设紧密相连,推动着中国经济社会的发展。"社会主义核心价值观是文化软实力最根本要素、是文化软实力最强大'磁源'、是国家软实力中最主要竞争力"①。在"新常态"背景下,培育和践行社会主义核心价值观必须从以下五个方面入手。

第一,大力发展文化产业。对于中国这样历史悠久的古国来说不缺文化,但缺乏的是能够对当代世界产生重大影响的文化产品。中国特色社会主义制度、道路与理论不仅要推动中国的可持续发展,也要具备一定的世界影响力,否则中国特色社会主义就缺乏活力。中国特色社会主义要在世界产生重大影响就必须依靠社会主义核心价值观来凝聚人心,整合社会,发展中国的文化软实力。因此,要践行社会主义核心价值观、推进中国文化软实力建设必须借助现代化的手段,发展文化产业,推动中国文化大发展、大繁荣。首先要坚持"双百"方针和"二为"方向,要植根于中国特色社会主义的伟大实践中,将文化消费与群众需求和国家意志结合起来,推动中国传统文化的现代化和中国现代文化的建立,为中国梦的实现提供强大的精神动力和智力支持。其次,要培养文化人才,推动文化产业主体的建构,形成一批又一批具有创新精神和世界眼光的文化工作者,推动中国电影、电视和各种艺术文化作品走向世界,影响世界。要在国际上多拿奖、拿大奖,扩大中国当代文化的世界影响力。

第二,大力进行理论宣传与教育。当前中国在大力宣传社会主义核心价值观,采取各种措施提高中国文化的软实力,虽然取得了一定的成效,但是仍然存在诸多问题,需要进一步加强理论宣传与教育。首先要科学准确阐述社会主义核心价值观的内涵与提升文化软实力的意义。理论阐释要从中央领导人与中央领导机构的相关讲话与文件开始,要从个人、社会、国家三个层面进行深刻阐释,厘清三者之间的关系。要从中西方文化比较的视域出发,既要挖掘中国传统文化中具有世界意义的核心价值观,又要揭示西方价值观与文化同中国文化与价值观的异同,彰显社会主义核心价值观与中国文化的魅力与价值。要大力宣传马克思主义的价值观与社会主义的文化,明确社会主义的价值观与文化要远远高于资本主义的价值观与文化。"'实现人的自由而全面的发展'是马克思主义的人的发展的最高目标,'平等'恰恰是社会主义本质的充分体现,而发扬社会主义民主更

---

① 周薇:《社会主义核心价值观是文化软实力建设重中之重》,《南方日报》2014年3月3日。

是我们党和国家一直追求的目标。"① 在对西方文化的深刻剖析，对社会主义文化中自由、民主、平等等价值观的揭示的基础上彰显社会主义文化软实力。在信息时代，各种宣传与教育手段层出不穷，要搞好社会主义核心价值观的宣传必须借助新媒体的作用。要通过微博、微信、网站等网络媒体对广大的网民进行社会主义核心价值观的宣传与教育，营造健康向上的网络文化，将网络建设成为社会主义核心价值观与文化软实力建设的新阵地。要搞好群众教育，通过新媒体，借助各种新颖的形式，用群众喜闻乐见的故事等将社会主义核心价值观与社会主义文化融入人们的生活中。

第三，大力加强制度建设。理论宣传固然重要，制度保障更加重要。制度建设直接关系着社会主义核心价值观践行的成效，直接决定着文化软实力建设的成败。"制度是社会主义核心价值观从理念、理想转化为现实的媒介，是培育和践行社会主义核心价值观的根本保证和支撑。"② 良好的制度保障使社会主义核心价值观遵循一定的运行规范，在实践中不断丰富和发展，最终形成人们遵循的生活方式。一是要使宣传手段制度化。这时指在进行社会主义核心价值观宣传与教育的过程中，既要利用传统的报纸、电视等媒体，也要利用现代网络媒体的作用，丰富宣传教育工具的种类，通过各种方式宣传社会主义核心价值观与文化软实力建设的内涵与价值。二是要做到宣传内容的制度化。在培育和践行社会主义核心价值观与推动文化软实力的建设中要做到将重点落实到人们的学习、生活和工作中去，并用制度来规划人们的言行。

第四，构建践行社会主义核心价值观的载体。践行社会主义核心价值观的载体主要包括：一是重大纪念日、民族传统节日等。比如，将社会主义核心价值观融入抗日战争胜利纪念日、中秋节、春节等节日活动中，提升人民群众的爱国热诚、激发对中国文化的热爱，增强工作干劲。二是城市和农村中围绕某个具体的重要问题开展的讨论和实践等。比如城市围绕交通、环境、就业等议题开展讨论，在讨论中融入社会主义核心价值观，明确努力的方向，在实践中提高市民的文明素质，在农村围绕城乡差距、

---

① 李社:《培育和弘扬社会主义核心价值观》，《理论与当代》2014年第3期。
② 乔春霞、张泽一:《加强社会主义核心价值观培育的制度建设问题探讨》，《理论导刊》2014年第12期。

留守儿童、留守老人、村容村貌等，用社会主义核心价值观引领这些议题，提升村民对村务的关注，切实维护自身的合法权益。三是以学校为主要教育阵地开展的各项政治学习、实践活动等。全方位提升广大青年学生对社会主义核心价值观的认同，带动社会的整体认知水平，推动社会主义核心价值观入脑、入心、入行（动）。

第五，将社会主义核心价值观融入马克思主义中国化。社会主义核心价值观与马克思主义中国化是一脉相承的，坚持用马克思主义中国化的最新理论成果武装全党、教育人民，指导实践，能够更好地把社会主义核心价值观贯彻到各项工作中去，充分发挥社会主义核心价值观的导向作用。马克思主义中国化的过程呈现出分子化学反应，马克思主义理论是分子，它的各种成果是原子，通过不断地中国化，与中国的革命、建设和改革的实践相结合，与中国的文化相融合就诞生了社会主义核心价值观，而社会主义核心价值观就是原子核的一部分。毛泽东思想、邓小平理论、"三个代表"重要思想、科学发展观、"四个全面"总体战略等是马克思主义中国化过程中的中观理论（等同于原子），那么社会主义核心价值观就是贯穿这些理论并且居于核心的原子核。社会主义核心价值观的提出就是对马克思主义中国化的进一步呈现，顺应了时代发展的不同层次需求，是马克思主义指导下的理论精华，是符合大众发展需求的重要指南，社会主义核心价值观的提出为当代社会的价值观引领了正确的方向，对于社会主义建设具有非常重要的现实意义。

三 培育和践行社会主义核心价值观的意义

培育和践行社会主义核心价值观事关中国社会主义现代化的完成和中国梦的实现，关系着"四个全面"战略和五大发展理念的实行，对未来中国的发展具有重要的理论和现实意义。

第一，巩固马克思主义意识形态的需要。社会主义核心价值观的提出体现了党对当前意识形态领域的清醒认识和对意识形态工作的重视。伴随着全球化时代的到来，每个民族和国家都不能独立于世界而发展，西方的价值观势必会渗透进中国，使中国形成官方文化和大众文化的割裂。党领导中国人民进行社会主义现代化建设，必须要有科学的理论作为指导，马克思主义及其中国化的成果自然成为中国共产党的指导思想，马克思主义是中国主流的意识形态，但同时利益多元化带来了价值和文化的多元化。因此，党的十八大明确指出要"牢牢掌握意识形态工作领导权和主导权，坚持正确导向，提高引导能力，壮大主流思想舆论。"[1] 习近平总书记在2013年8月19日和2014年2月14日的讲话更加凸显了意识形态工作的重要性，意识形态工作事关党和国家的命运，事关社会主义现代化建设的成败，因此，必须通过强有力的宣传思想工作实现思想的统一，由思想的统一做到行为的统一，以形成建设中国特色社会主义大合唱，成为当代中国的好声音、最强音。社会主义核心价值观是针对社会主义主流意识形态受到侵蚀提出来的，其主要表现在西方新自由主义、拜金主义、享乐主义、极端个人主义、无政府主义等思潮和价值观的影响，这些思潮和价值观宣扬个人价值之上，人权高于主权、自由市场高于政府管理、资本主义优于社会主义、社会主义已经失败等观点。这些思潮之所以在中国颇有市场，究其原因在于中国出现了严重的社会问题——部分党员干部贪污受贿、社会道德滑坡、贫富差距拉大、诚信缺失，生态环境恶化，对于这些问题，一方面，国内学术界还没有做出科学和准确的回答，无法消除人民群众的疑虑；另一方面，境内外的敌对分子利用这些问题贬低社会主义的功绩，抹黑社会主义，妄图对中国进行和平演变和"颜色革命"。当前中国各种社会意识并存，相互激荡，既促进了社会思想的丰富和活跃，又导致社会主义主流意识形态的弱化。因此，在这个背景下，巩固社会主义的意识形态和文化领导权就迫在眉睫，我们要按照为人民服务的宗旨，运用多种手段，开辟多个平台，让中国共产党始终成为代表中国先进文化的发展方向的领导者，不断运用社会主义核心价值观来丰富社会主义意识形态的内容，不断提升人民群众的思想觉悟和社会主义的信念，为中国社会主义现代化建设提供精神动力和智力支持，不断增强中华民族的凝聚力，最终实现中国梦和共产主义理想。"积极培育和践行社会主义核心价值观，既是增强社会主义核心价值体系自身逻辑魅力的必然要求，也是有效抵御西方敌对势力对我实施价值演变的重要举措，对于巩固马克思主义在意识形态领域的指导地位、巩固全党全国人民团结奋斗的思想基础，具有重要

---

[1] 本书编写组：《十八大报告辅导读本》，人民出版社2012年版，第32页。

而又深远的意义。"①

第二,和谐社会建设的需要。培育和践行社会主义核心价值观是构建和谐社会的动力、基础、本质要求和主要内容。经过改革开放30多年的经济快速发展时期,中国已经进入了"新常态"的发展阶段,这个阶段面临的主要问题是我国政治经济发展不平衡,经济发展模式落后,人口、资源和环境的压力加大,科技创新能力不足,社会公平正义缺失。总的来说,主要有两大方面:"一是社会转型期制度供给不足造成的体制失范和社会失序,二是伴随社会利益结构日益多元化形成的价值观念多元化及其熵增效应(乱序扩散效应)。二者均影响社会运行和谐度,且都可以在全面深化经济政治体制改革的基础上,通过培育和践行社会主义核心价值观来调节与弥合。"② 这迫切要求运用社会和谐价值观指导和谐社会建设,促使政府转变职能,提升公民的道德水平和文明素质,成为和谐社会建设的推动力。社会主义核心价值观的要求与社会主义和谐社会的特征具有内在一致性,是其内在本质要求和主要内容。社会主义和谐社会的主要特征是民主法治、公平正义、诚信友爱、充满活力、安定有序、人与自然和谐相处。社会主义和谐社会的这些特征鲜明地符合社会主义核心价值观的要求,体现了社会主义的本质、立足点和目标,是对人、自然和社会三者关系全新的解读,是对社会主义建设规律新的深化,充分反映了新时代中国人的共同理想。培育和践行社会主义核心价值观有助于调节各地区人民群众由于利益格局导致的思想波动,使各个阶级和阶层的群众能自由融洽交流,和谐相处,树立共同理想,增强民族凝聚力和向心力,形成良好社会风气,减少社会矛盾,促进社会治理有序推进,实现我国和谐社会的发展目标。和谐社会建设的目标之一就是实现社会的民主法治,发展中国的政治文明。社会主义核心价值观可以保证中国政治文明建设的方向,及时解决各种违背社会主义建设目标的问题,比如在迅速的社会转型中产生的体制漏洞和法律欠缺等问题,时刻规范各级政府及其公务员的行为,保证每一项政策、措施、法规的制定都是严格从人民群众的实际出发,以维护人

---

① 吴潜涛:《培育和践行社会主义核心价值观重要意义的几点思考》,《思想教育研究》2015年第2期。

② 刘晨晔:《用社会主义核心价值观引领和谐社会建设》,《大连日报》2014年3月14日第3版。

民群众利益的切身利益为目的。"社会主义核心价值观是社会主义制度的内在精神和生命之魂。离开社会主义核心价值观的指导,政治体制改革失去正确的方向,社会主义和谐社会也将失去生机和活力。"[①] 社会主义制度的巩固和发展有赖于培育和践行社会主义核心价值观,也为和谐社会建设提供政治保障。

第三,实现"四个全面"总体战略和五大发展理念的需要。"四个全面"是指全面建成小康社会、全面深化改革、全面推进依法治国、全面从严治党。它的提出表现了新一届党中央领导集体治国理政的总体战略布局,是对社会主义建设规律的新的认识,是马克思主义与中国现代化实践相结合的产物。"四个全面"立足于中国发展的实际,围绕人民群众关心的热点问题,确立了新形势下党和国家各项工作的战略方向、重点领域、主攻目标,是坚持和发展中国特色社会主义道路、理论、制度的战略抓手。经过 30 多年的改革开放,中国的改革已经进入深水区,全面深化改革事关中国特色社会主义和中华民族的前途,不平衡、不协调等问题仍然突出,引起了诸多社会矛盾,需要用社会主义核心价值观规范人们的行为,正确认识当前改革中的问题。"五大发展理念"是指创新、协调、绿色、开放、共享的发展理念。经过三十多年的改革开放,我国现已进入经济新常态阶段。"在这一背景下,我国在全面建成小康的决胜阶段,经济也面临着增长'换挡'和发展'转型'问题。这五大发展理念无疑是针对我国经济社会发展中的突出矛盾提出来的,贯穿着鲜明的问题导向。创新发展主要关注解决发展动力问题,协调发展重点解决发展失衡问题,绿色发展注重解决人与自然和谐相处问题,开放发展主要解决发展内外联动问题,共享发展注重解决社会效率和公平问题"[②]。社会主义核心价值观反映了新时期人民群众的迫切需求,通过培育和践行社会主义核心价值观有助于化解社会矛盾和冲突,为经济发展提供政治保证,减轻改革阻力,规范党员干部的行为,减少贪污受贿、坑蒙拐骗等现象,让人民群众正确认识改革中的问题,自觉与党中央和政府保持一致,不断推动民生问题的

[①] 程姝佩:《社会主义核心价值观对社会主义和谐社会构建的意义》,《经济研究导刊》2014 年第 35 期。

[②] 孙祥、林雪馥:《对五大发展理念的几点思考》,《哈尔滨职业技术学院》2016 年第 2 期。

解决，保证人民群众的生活水平持续提高，为"四个全面"总体战略和"五大发展理念"的实施提供重要的思想、政治和群众基础。

第四，提高文化软实力的需要。文化软实力是国家综合国力的重要组成部分，关系着我国综合国家和国家竞争力的提升，是中国梦实现的重要条件和基础。要推动我国文化软实力的持续提高，必须要培育和践行社会主义核心价值观，形成一种具有中国特色的社会主义文化体系，促进文化的和谐发展，激发人们的智慧，为人类文明的进步发挥更大的作用。社会主义核心价值观是文化软实力的灵魂，为我们发展文化软实力提供科学的世界观、方法论和锐利的思想武器，使我们在文化软实力建设中能辨是非、权利弊、明善恶、察优劣、御谬误、扬正气。对社会主义核心价值的认同有助于形成最大共识，自觉捍卫共同利益。文化软实力也只有通过社会主义核心价值观形成统一意志和共通理想，并在不断发展中坚守社会主义的方向，形成符合时代发展的社会主义先进文化。社会主义文化软实力的建设的方向就是先进文化，先进文化是兼容并包的，只有在不断同外来文化的交流中完善社会主义核心价值观的内容，提高其话语权，才能实现中华文化的复兴。

第五，维护国家统一和民族团结的需要。中国作为一个具有几千年文明历史的多民族国家，在长期的历史发展中形成了爱国、诚信、团结等优良传统，"仁、义、礼、智、信"是中华民族传统美德的核心价值理念和基本要求，这些传统美德充分反映在社会主义核心价值观中。中国地域辽阔，人口众多，民族多样，随着改革开放的推进，中国出现了政治经济发展不平衡的问题，突出的反映在各个民族和地区的发展不平衡，涉及民族地区的宗教、经济和政治利益问题突出，民族矛盾在局部地区有被激化的危险，因此，加快区域协调发展特别是老少边穷的民族地区的发展事关重要，影响着边疆的安宁和国家的稳定，影响着中国社会主义现代化的建设。因此，需要用社会主义核心价值观来引领各个民族的发展，在倡导民族精神和时代精神中统一各个民族的思想，树立正确的理想信念，形成共同的行为规则，转化成维护国家统一和民族团结的动力。

总之，在"新常态"的背景下，社会主义核心价值观事关党和国家发展的兴衰成败，是具有全局性和根本性特点的重要问题。是发展和繁荣社会主义文化、建设文化软实力的紧迫任务，是贯彻落实党的十八大与十八届三中全会精神，全面深化改革，推进国家治理体系和治理能力现代化的重大举措，也是实现"四个全面"总体战略、五大发展理念和实现"两个一百年"奋斗目标的重要保障。